Johann König

Kinder sind was Wunderbares

Das muss man sich nur IMMER WIEDER sagen.

BASTEI
LÜBBE
TASCHENBUCH

BASTEI LÜBBE TASCHENBUCH
Band 60872

Dieser Titel ist auch als Hörbuch und E-Book erschienen.

Originalausgabe

Copyright © 2016 by Bastei Lübbe AG, Köln
Autor: Johann König, Kontakt: www.hpr.de
Mitarbeit: Jana Runde
Textredaktion: Dr. Ulrike Strerath-Bolz, Friedberg
Illustrationen Innenteil: Leonard Riegel, leonardriegel.de
Titelbild: © Boris Breuer
Covergestaltung: KURSIV Oliver Forsbach, Melanie Knaus
Satz: hanseatenSatz-bremen, Bremen
Gesetzt aus der Optima LT STD
Druck und Verarbeitung: GGP Media GmbH, Pößneck
Printed in Germany
ISBN 978-3-404-60872-0

2   4   5   3   1

Sie finden uns im Internet unter
www.luebbe.de
Bitte beachten Sie auch: www.lesejury.de

Für euch

Inhalt

Fegen, saufen, Einhorn kaufen

oder:

Wie das Nassfutter für die Katze ins Playmobil Kam

Montag, 10. Februar

Schiebe den Dreck des Tages in die eine und das Spielzeug des Tages in die andere Ecke, greife anschließend zum Kehrblech, fege die Kuchenkrümel, zerdrückten Erbsen, Salzstangenreste, Bockwursthälften, getrockneten Dattelstückchen, Erdklumpen, Fritten, Steinchen, Fruchtriegelbrösel, Plastikteile und Batteriefach-Schräubchen darauf und betrachte die Mischung. Kurz überlege ich, die einzelnen Dinge irgendwie zu sortieren. Diesen Gedanken verwerfe ich aber schnell wieder und schleudere stattdessen das volle Kehrblech wie einen Brautstrauß hinter mich in die Spielzeugecke. Dann schalte ich das Licht aus und verlasse den Raum. Gehe in die Küche. Im Kühlschrank ist noch Licht. Ein Bier strahlt mich an.

Es gibt eine Grundregel, die einem überbordenden Kindergeburtstag Einhalt gebieten soll: pro Lebensjahr ein Kind einladen.

In diesem Fall: sechster Geburtstag, sechs Kinder. Dazu die drei, die eh hier wohnen, macht neun. Plus ich. Ja, herzlichen Glückwunsch.

Das mit dem Kehrblech war nicht in Ordnung, denke ich bei der zweiten Flasche Bier. Zu meiner Verteidigung muss ich allerdings anmerken, dass meine Zurechnungsfähigkeit durch ein paar Ouzos beeinträchtigt war. Schuld daran war unter anderem mein Vorsatz, Deutschlands weltweiten Spitzenplatz im Bereich der Nahrungsmittelvernichtung nicht weiter zu unterstützen. Was hier im Land an Essen weggeworfen wird, ist ein absolutes Armutszeugnis, hatte ich vor Kurzem gelesen. Aus diesem Grund wurden nun bei allen angebissenen Kuchenstücken, Würstchen und Fritten die Anbissstellen abgeschnitten, auf den Katzenteller geworfen und der Rest in bunte Aufbewahrungsboxen geschüttet. Und um die übrig gebliebenen Getränkereste nicht komplett wegzuschütten, hatte ich die Idee, alle exquisiten Mischungen aus den Tassen und Gläsern der kleinen Gourmets auf ex auszutrinken. Diese Erfahrung war bereits nach dem ersten Schluck derart eindringlich, dass nur ein guter Tropfen vom Griechen das Geschmackserlebnis zur kulinarischen Vollendung führen konnte.

»Ich trink Ouzo, was machst du so?« Diesen leicht angestaubten Kalauer werde ich gleich meiner Frau in die Ohren rülpsen. Sie müsste bald fertig sein vom Blagen-in-den-Schlaf-Schlagen. Tragen, meine ich. Und singen. *Lalala, batte, batte, Tuchen, der Bätter hatterufen, der Mond ist auf, auf einem Baum ein Tutut, simsalabim, der Tutut und der Esel, die hatten einen Streit, wer … wer hat die Totusnuss detlaut.*

Ach, ist das schön, wie der Alkohol den Groll auf die Umstände dämpft. Ihm seine aggressive Energie nimmt. Diesem Groll, der immer mal wieder in puren Hass umzuschlagen droht. Allerdings in einen verpönten, nicht geduldeten, schambehafteten und unterdrückten Hass.

»Was hasst du?«, fragte mich neulich der Große.

»Dich«, sagte ich, »mit der Betonung auf *dich*.«

Er: »Nein, was du hast?«

Ich: »Ach so. Nichts, mein kleiner großer Furzknoten, gar nichts habe ich. Ich habe nur gerade, als ich zeitnah verhindern wollte, dass die Mittlere der Kleinen die Möhre unzerkaut in die Speiseröhre schiebt, da also habe ich nicht nur mein Glas Milch über Mamas Käsebrot gestoßen, sondern auch mir an der Tischkante dermaßen den Musikantenknochen, dass ich einfach mal kurz innehalten musste.«

Darauf er folgerichtig: »Ham wir noch Leberwurst?«

Ich trinke noch ein Bier und schiebe mir dabei mit der anderen Hand die dünn geschnittenen Scheiben von dem teuren Rosmarinschinken schier in den hungrigen Schlund. Vorsichtig kommt unser Kater Hekto-Pascal herein und sagt: »Ich mag keinen angebissenen Kuchen. Und Fritten schon gar nicht. Will auch Schinken.« Ich muss schmunzeln. Das war wohl gerade eine auditive Projektion. Eine nach diesem Tag verständliche, phantasievolle Fehlleistung meines angeschlagenen zentralen Hörsystems.

Jetzt schnurrt er mich an, der friedliebende Kerl, ich werfe ihm ein paar Scheiben auf einen Kinderteller und stelle den Teller auf die Terrasse. Gucke mich in der Küche um. Sehe ein Plastik-Einhorn der Mittleren unnütz auf dem Tisch herumstehen. Es ist rosa mit blauen Sternchen. Das Horn ist weiß. Fast wie in echt, denke ich. Bis auf die Sternchen natürlich. Dass es so etwas gibt, dass Mädchen mit drei so etwas lieben, dass Menschen daran verdienen, dass es aus Erdöl ist, das ist alles schon schlimm genug. Aber am meisten hasse ich, dass ich dieses Einhorn gekauft habe. Das passt einfach nicht zu mir.

Wann kommt denn meine Frau? Ist sie wieder mit eingeschlafen? Oder liest sie im Dunkeln mit ihrem Elektro-Buch Fantasy-Horrorgeschichten, um runterzukommen?

Nehme die Rede in die Hand, die ich heute Nachmittag vor dem versammelten Haufen gehalten habe. Eine selbstverfasste Geburtstagsrede, bei der die Kinder vorher die fehlenden Wie-Worte reinrufen mussten, die ich dann an Stellen meiner Wahl einsetzen konnte. War das ein Spaß! »Liebe <u>fette</u> Geburtstagsgäste, verehrter <u>stinkiger</u> Hein-Mück. An diesem schönen <u>braunen</u> Tag freuen wir uns alle, den <u>geilen</u> sechsten Geburtstag des baldigen <u>dummen</u> Schulkindes feiern zu dürfen.« Was haben wir gelacht. Kinder, die in dem Alter sind, dass sie aufs Sofa springen, sich vorbeugen und rufen: »Ich bin die allergeilste Arschkanone der Welt«, solche Kinder lachen über so etwas. Das ist schön. Für die Kinder.

Meine Frau kommt rein. Endlich. Sie blinzelt müde in das gleißende Licht des offenen Kühlschranks. Sie will etwas sagen, aber ich bin schneller: »Oh, da kommt ja endlich meine ekelhafte Frau mit ihren blauen Beinen und ihrem bescheuerten Gesicht.« Erwartungsfroh lache ich sie an.

»Was willst du? Hast du getrunken? Mach doch mal den Kühlschrank zu.« Natürlich. Sie kommt aus einer anderen Welt. Aus einer dunklen Welt mit Geschichten, Gezeter, Verhandlungen, Erpressungen, Hörspielen und Horror. Ich habe einen großen Vorsprung. Sie muss aufholen. Ich schütte ihr einen Ouzo ein. »Du trinkst Ouzo …«, setze ich an.

»Hast du aufgeräumt und gefegt?«

»Jawohl. In der Reihenfolge. Und jetzt …«

»Ich mag jetzt keinen Schnaps.«

»Kein Problem«, sage ich und opfere mich.

»Was riecht denn hier so?«

»Das ist der Grieche.«

»Sag mal, sehe ich das richtig, dass hier gerade das Einhorn auf der annen Herdplatte schmilzt?«

»Was? Oh. Wie konnte das denn … äh …«

»Sag mal, spinnst du? Wenn das anbrennt!«

»Oh Gott, das arme … keine Beine mehr, wie soll es denn da …« Ich ziehe das bis zum Rumpf eingedampfte Tier fädenziehend von der Platte. »Aber das Horn, das Horn steht noch. Das ist das Wichtigste. Das weiß glänzende Horn steht stolz im Wind der tausend Elfen. So kann es immerhin noch …«

»Du bist ja total besoffen!«

»Das ist nur passiert, weil ich den Kühlschrank schließen musste.«

»Hä?«

»Mit einem aufen Kühlschrank hätte ich auch die anne Herdplatte besser erkannt.«

»Das hast du doch schon vorher draufgestellt, du …«

»Wie fandest du eigentlich meine Rede?«

»Wieso steht denn da draußen ein Kinderteller?«

»Was?«

»Du weißt doch, dass ich es nicht mag, wenn du das Geschirr der Kinder für die Katze benutzt.«

»Ja?«

»Bis morgen. Und deck schon mal den Frühstückstisch.«

»Nichts lieber als das.«

11. Februar, 7.30 Uhr

Das Frühstück verläuft reibungslos. Es gibt wie immer Schokomüsli. Aber ohne Rosinen. Ohne jegliches Dörrobst. Das Dörrobst kommt den Kindern nicht auf den Tisch. Sondern darunter.

Für die Kleine gibt's irgendetwas Zermatschtes. Sie hat aber keinen großen Hunger mehr, weil sie zum Ende der Nacht noch gestillt wird. Damit sie still ist und die Restnacht eine stille Nacht bleibt.

Meine Frau legt vor den Augen der Kleinen das nötige Frühstückslätzchen auf die Fensterbank und macht irgendetwas anderes. Fünf Sekunden später fragt sie: »Wo ist denn jetzt das Lätzchen?« Die Lätzchenbenötigende macht einen Laut wie »Oh«, was so viel heißt wie: »Keine Ahnung.« Ich zeige lässig auf die Fensterbank, die Kleine ruft: »Da!«, und meine Frau haut sich mit der Hand auf die Stirn. Das nennt man wohl übertragbare Stilldemenz: Das Kind saugt der Mutter die Gedächtnisfähigkeit aus dem Körper, ohne sie anschließend selbst zu nutzen.

Nebenan auf dem Tisch im Spielzimmer liegt ein weißes Blatt mit einem großen, schönen, blauen Kreis in der Mitte. Das weiß ich genau, denn ich habe ihn selbst gemalt und das Blatt dort hingelegt. Auf dem blauen Kreis ist das Einhorn. Es sieht so aus, als ob es durch einen See schwimmt oder watet. Die Mittlere hat aufgegessen und stürmt rüber. »Oh tutt mal, das Einhorn schwimmt im See!« Mit einem verschlafenen Gewinnerlächeln schaue ich meine Frau an. Dann kippt drüben die Stimmung.

14.30 Uhr

Stehe an der Kasse der Spielwarenabteilung im Kaufhaus und bezahle einen mittleren zweistelligen Betrag für ein mehrteiliges Einhorn-Set. »Wegen die Schmelzung von Einhorni«, wie die Mittlere anführt. »Wegen der …«, starte ich den Versuch einer Verbesserung in Richtung Genitiv, ende dann aber mit einer Sinnlosigkeit darstellenden Handbewegung. Die Mittlere grapscht sich die Packung und stapft davon. Sie hat – seit wir losgegangen sind – den Blick einer völlig im Recht seienden Trotzgöre. Dieser Blick, der sagt: Alter, wenn du jetzt nicht ohne Murren kaufst, was ich sage, oder sonst irgendeine dumme Bemerkung machst, dann schreie ich das gesamte Kaufhaus in Grund und Boden. Dieser Blick ist extrem respekteinflößend. Überlege beim Gehen, ob das Kind weiß, dass es in der Wirkung ein großer Unterschied ist, ob ein Tobsuchtsanfall in der passantenvollen Öffentlichkeit stattfindet oder wenn wir allein im Wald sind? Ich glaube, ja.

15 Uhr

Hole mit der Mittleren den Großen vom Kindergarten ab. »Hast du das neu?«

»Jaha. Hat der Papa mir deschenkt.«

»Oh, das ist gemein, ich will auch was Neues, warum kriegt die was und ich nicht?«

»Hallo, mein Großer, schön, dich zu sehen, wie war's denn im Kindergarten? Wart ihr auch draußen? Wo sind denn deine Handschuhe? Morgen hat ja der Malte Geburtstag. Hast du eigentlich schon ein Geschenk für ihn? Was gab's denn heut zum Mittagessen? Ach, guck mal, was der für ein tolles T-Shirt anhat, der Niklas.«

Ja, das ist meine Taktik, wenn Probleme im Anmarsch sind: ablenken, ablenken, ablenken. Und wieder klappt es. Er guckt mich an und sagt: »Das ist Finn.« Erst dann erleidet er seinen Zusammenbruch. Heulen, schreien, um sich schlagen, Schuhe wegwerfen.

15.30 Uhr

Stehe erneut im Kaufhaus und erwerbe für den Großen einen Wecker mit Stoppuhr und integrierter Taschenlampe. Das Plastikungetüm hat die Form seiner Lieblingsfigur von Star Wars. Er nennt sie »Lars Wheida«. Ich finde das so lustig, dass ich ihn nicht verbessere. Darth Vader, wie sollte ich ihm das denn auch erklären? Sage zur Verkäuferin: »Hier, einmal Lars Wheida, bitte«, und schmunzele sie kräftig an. Darauf sagt sie mitleidig zu ihm: »Na, hat der Papa dir auch was eingeschmolzen?«

16 Uhr

Sind alle zu Hause. Der Große fragt, warum Hekto-Pascal in seiner Legokiste sitzt und eine halbe Bockwurst isst. Ich sage: »Weil er das einfach gerne mal machen wollte«, und begebe mich außer Hörweite.

18.30 Uhr

Mein Squashpartner Reiner sagt mir beim Verlassen der Halle, dass er mittlerweile das Gefühl hat, die Familie würde mir alles in allem doch sehr guttun, auch hinsichtlich meiner sportlichen Leistungen. So stark, so wild entschlossen, mit so viel Biss, Wucht und unbändiger Schlagkraft hätte er mich ja selten zuvor erlebt. »Jaja«, sage ich, »das stimmt, das ist wirklich … die tut … so kann man's natürlich auch … also dann.«

22.30 Uhr

Liege völlig fertig im Bett und denke über die Erfolge des Tages nach. Bin schon fast eingeschlafen. Dann denke ich an die Kindergarten-Abholgeschichte. Es gibt meines Wissens zwei Handlungsvarianten bei derartigen Tobsuchtsanfällen.

Erste Möglichkeit: Ruhig bleiben, sich runterbeugen, das Kind in den Arm nehmen, Verständnis mimen, das allgemeine Abhol-Gebrüll aushalten, das Gebrüll des eigenen Nachfahren vom Ohr weghalten, das sinnlose Geschwätz des dicken Malte ausblenden, *Papa, ich muss Tatta* von der Mittleren ignorieren, tief ein- und ausatmen. Und wenn dann alle gegangen sind, in aller Ruhe gut zuhören, zureden und erklären, um am Ende sein Gefühl des Ungerecht-behandelt-worden-Seins mit kluger Raffinesse so zu verbiegen, dass er sich verbal nicht mehr wehren kann.

Zweite Möglichkeit: Beide Kinder plötzlich und unerwartet packen und ohne Rücksicht auf Verluste aus dem Kindergarten zerren, in den Doppelkinderwagen reindrücken, anschnallen und nach Hause rennen. Scheiße, Jacke vergessen. Zurück. Mütze auch. Und Schuhe! Alles grapschen und brutalst anziehen. Wieder festschnallen. Wieder los. Beide heulen wie am Spieß. Die alte Frau von schräg gegenüber kommt uns entgegen. Sieht uns. Sagt: »Och, gibt der Papa euch nichts zu essen?« Der Frau volle Möhre mit dem Kinderwagen in die Parade fahren. Weiterrennen. Beinverletzte schreiende Frau durch plötzliches Bremsen vom Schoß des Großen auf den Asphalt befördern. Vorwärts huppelnd über die Beine der Frau weiterfahren. Zu Hause ankommen. Tür aufreißen. »Hallo, Liebling« zur Frau sagen. Von der die Kleine in den Arm gedrückt bekommen. Die hat sehr große Augen. Ihr Kopf wird roter und roter.

»Hä?«

»Ach, die hat ein bisschen viel von dem Pastinaken-Brokkoli-Brei in sich reingestopft.« Ich halte sie in den Achseln und

schaue genau in ihr Gesicht. Die Frau drückt mit beiden Handflächen kräftig Bauch und Rücken zusammen. Es kommt zum
oralen Vulkanausbruch. »Jetzt geht's ihr besser.« Wische mir
die Lava von den Augen und schaue der Frau nach.

Sie hat kaum etwas an, rennt zum Straßenrand und steigt in
ein Auto.

»Halt, wohin?«

Darauf sie: »Ich bin doch heute beim monogamen Grup-
pen-Pilates.«

»Ach ja? Nein«, rufe ich. »Nein. NEIN! Das ist morgen.«

»Ruhig. Du hast geträumt. Alles ist gut. Wir sind hier.«

»Was? Wir? Wer?«

»Wenn du jetzt eh noch wach bist, könntest du die Kleine
kurz wickeln?«

Donnerstag, 13. Februar, 12.30 Uhr

»Ich weiß ja, dass wir weniger wegschmeißen sollten, aber das
hier ist echt fies«, sagt meine Frau und schüttet leicht angewidert eine bunte Mischung aus sauber angeschnittenen Fritten,
Würstchen und Kuchenstücken in den Müll. »Hast du schon
gepackt? Essen ist fertig. Wo geht's denn eigentlich hin?«

»Görlitz, Cottbus, Jena«, zähle ich ihr leicht angewidert
meine Tourwoche auf, wobei sich die Abneigung in diesem
Fall ausschließlich auf die unzähligen zurückzulegenden Kilo-
meter bezieht und nicht auf die mittelgroßen Ost-Städte.

»Oh«, sagt sie, »klingt irgendwie … weit weg.«

»Richtig.«

»Und kannst du vorher bitte noch deine Sporttasche wegräumen?«

»Aber klar.«

Mittwoch, 19. Februar, 8 Uhr

Die Tour war ausgesprochen schön. Görlitz ist eine tolle Stadt ohne Überraschungen. Ganz anders als die Kinder. Der Große ist auf Krawall gebürstet. Sagt zur Mittleren: Du guckst so dumm wie die Wäsche. Alle lachen. Das Telefon klingelt, die Mittlere springt auf, den Großen halte ich prophylaktisch am Arm fest. Er schreit, als hätte ich ihm mit der bloßen Hand den Oberarm zertrümmert. Als er ruhig ist, lauschen wir dem Gespräch. Die Mittlere sagt: »Ja … Nein … Ja … In der Tüche … Die ist am Tisch und sitzt … Otay.« Dann kommt sie zu uns. »Mama, da ist eine Frau, die …«

Meine Frau geht zum Telefon, legt den Hörer auf und sagt: »Die hat sich verwählt.« Coole Sau.

Der Große scheint fertig gefrühstückt zu haben und signalisiert dies, indem er den Löffel auf den Boden schmeißt. Ich sage: »Aufheben.« Er: »Nein.« Die Mittlere sagt: »Ich heb den schon auf.« Der Große sagt: »Nein, ich«, und steht auf. Die Mittlere kommt zu spät, ist ganz empört und sagt: »Das ist … das ist … das ist Erpressung.« Die Erwachsenen lachen. Sie wirft ihre Sirene an. Der Große schmeißt den Löffel wieder hin. Brüllt: »Dann hier, bitte schön, Dummkopf.« Die Kleine weint aus Solidarität einfach mal mit. Ein heulgeschreiiges Geräuschemonstrum fräst sich durch meinen koffeinfreien Frontallappen in Richtung Medulla oblongata.

Mit einem Schlag auf die Tischplatte beende ich offiziell das Frühstück. Beuge mich runter, will kurz den Löffel aufheben. Die Sirene der Mittleren verstummt, sie lacht und fragt: »Papa, warum hast du denn oben auf dem Topf ein Treis in deine Haare deschneidet?« Schaue sie an und überlege, sie im Affekt mit einem gezielten Handkantenschlag niederzustrecken. Dann fällt mir ein, dass das offiziell verboten ist, und lache künstlich mit.

13.30 Uhr

Kinder sind wundervoll. Ein Geschenk. Ein wundervolles wachsendes Geschenk voller Überraschungen. Kinder sind einfach toll. Was wären wir ohne Kinder. Kinder sind super. Kinder sind supertoll. Supertoll und wundervoll. Das sind Kinder. Das muss man sich einfach nur immer wieder sagen.

Schön ist aber auch, wenn die Kinder mal weg sind. Das ist fast noch schöner. Ohne Betonung auf *fast*. Das ist noch schöner. Ohne Kinder ist es ganz wundervoll. Aber nur, wenn man sie vorher zu lange um sich rum hatte. Also immer. Eine ganz einfache Rechnung. Und hier liegt auch der Vorteil für alle Eltern. Drei Tage ohne Kinder sind ja nichts, worauf sich ein kleinkindloser Mensch bereits Monate im Voraus freuen kann.

Das ist ein bisschen so wie mit Krankheiten: Gesundheit weiß derjenige viel mehr zu schätzen, der sehr lange krank war. Ein gutes Beispiel!

Die kinderlose Zeit, die ich mit meiner Frau verbringen kann, ist die Dreiviertelstunde, in welcher der Große und die Mittlere noch im »Tinderdarten« sind und die Kleine erfolgreich zum Mittagsschlaf genötigt wurde. Wenn ich zu diesem Zeitpunkt ebenfalls zu Hause bin, dann geht es richtig ab. Denn in dieser heiligen kurzen Weile fällt uns meistens nur eines ein: Wir eilen in die Küche, um endlich einmal in aller Ruhe richtig ordentlich zu essen. Das sind Momente des Glücks. Essen ohne Geräusche. Ohne Füttern, Auffüllen und Nachschütten. Ohne zu sagen: »Iss das doch erst mal auf«, »das ist noch heiß«, »da muss kein Salz dran«, »der Brokkoli ist so lecker«, »du magst keinen Pfeffer«, »das ist nicht mehr heiß«, »nur Chicken-Nuggets gibt's nicht«, »probier doch erst mal«, »habt ihr euch eigentlich die Hände gewaschen?«, »nicht nur Apfelsaft«, »dann gibt's keinen Nachtisch«, »ich möchte *bitte* noch Soße«, »nein, die sind nicht von einer Kuh«, »komm, noch drei Nudeln«, »vor dir!«, »von mir aus«, »ja, Chicken heißt Schwein«, »Teller mitnehmen«.

All das nicht. Sondern einfach nur essen. Und schweigen. Kauen und schauen. Und sofort denke ich, jetzt könnten wir mal all das sagen, was sonst untergeht. Und dann erzählt man die Erlebnisse, bei denen der andere nicht dabei war: »Vorhin beim Windelkauf war so eine blöde Kassiererin …«

»Hm.«

»Sagte nicht Guten Tag, guckte mich nicht an.«

»Hm.«

»Und fragte dann, ob ich den Fruchtriegel aus dem Kinderwagen nicht auf das Band legen wollte.«

»Aha.«

»Da hab ich gesagt, den habe ich nicht hier gekauft, der lag da schon vorher drin für die Kleine.«

»Ja.«

»Da sagt sie: Ja, ja. Nächstes Mal aber Bon mitbringen.«

»Hm.«

»Da hab ich gesagt, meine Frau kauft hier jeden Tag. Das ist eine Unverschämtheit, mir hier irgendetwas zu unterstellen.«

»Ach, die kenn ich.«

»Ich sah allerdings auch ein bisschen aus wie ein Penner.«

»Ja, ja. Nicht schlimm. Gestern hab ich da zwei Pakete Schokomüsli geklaut.«

»WAS?«

»Aus Versehen.«

»Hm.«

»Hatte das einfach übersehen unten im Kinderwagen.«

»Ah.«

»Und dann hab ich es gesehen, wollte es sagen …«

»Und?«

»Aber die guckt einen ja nicht an.«

»Hm.«

»Sie sagte dann die Endsumme, und da war's mir dann auch egal.«

»Klar.«
»Schmeckt übrigens sehr gut.«
»Aber *du* hast doch gekocht.«
»Ach ja.«
»Ich nehme mir noch was.«
»Jetzt iss das doch erst mal auf.«
»Oh Mann!«
»Da muss kein Salz dran.«
»Hast du dir eigentlich die Hände gewaschen?«
»Jaha.«
»Jetzt aber nicht nur Apfelsaft.« Das Babyfon quäkt.
»Oh. Dann geh ich mal.«
»Teller mitnehmen!«

21 Uhr

Stehe in der Küche und schrubbe einen letzten Rest Einhorn von der Herdplatte. Wenn die Frau die Kinder zu Bette bringt, dann macht der Mann den Rest. Ich mache das wirklich gern. Lange und sorgfältig ab- und aufräumen, sodass ich auf jeden Fall noch etwas zu tun habe, wenn sie runterkommt. Oh. Da kommt sie auch schon. Und schon kratze ich eine Spur eifriger. Sie fragt als Erstes, ob ich mir erklären kann, warum der Große heute Nachmittag eine Dose Nassfutter geöffnet und ins Playmobil geschüttet hat. »Nein«, sage ich ernst und versuche, mein Gesicht so zu halten. Sie beginnt von Hekto-Pascal und Bockwurst zu erzählen, und ich ahne, wo das endet. Reflexartig schalte ich den Wasserkocher ein. Der ist in seinen besten Momenten so laut, dass eine normale Unterhaltung unmöglich ist. Sie bleibt in der Küche und wartet. Der Wasserkocher kocht und geht aus. Sie schaut mich an. Ich erfasse die Situation blitzschnell, hole Tasse und Beutel und gieße mir einen Tee auf. Darauf sie: »Du trinkst Stilltee?«

   »Äh, nein. Für dich.«

»Und weißt du, was er sagte, als ich ihn fragte, was das mit dem Nassfutter sollte?«

»Nein.«

»Er sagte, dass Hekto-Pascal das einfach gerne einmal machen wollte.«

»So, als wenn der sprechen könnte, oder wie? Der hat sie doch nicht mehr alle. Na ja. Weißt du eigentlich, wer heute mit 5:0 Sätzen beim Squash gewonnen hat? Dein Mann. Und weißt du auch, was der jetzt macht? In die Badewanne gehen.« Sie hält kurz inne und dann das Babyfon ans Ohr. »Hab gar nichts gehört«, sage ich.

»Doch. Mist, die Kleine ist wach. Ich geh mal schnell. Ach so: Die Badewanne ist übrigens voll mit eingeweichtem Playmobil. Du müsstest also kurz das alte Wasser ablassen, das Playmobil abbrausen und dann zum Trocknen einfach in die … auf den … einfach ins Waschbecken oder so. Ich mach das dann morgen weg. Also, falls wir uns nicht mehr sehen: Gute Nacht.«

22 Uhr

Ein Mann sitzt nackt in einer Badewanne und braust mit warmem Wasser Nassfutterreste aus dem Inneren eines Plastik-Piratenschiffs. Um an das schlimme und demütigende Bild, das er hier abgibt, immer weniger zu denken, hat er vorher eine Flasche vom schlechtesten Rotwein des Kellers emporgetragen und beginnt nun, ihn sich möglichst wirkungsvoll einzuverleiben. Die abgebrausten Männchen, Autos, Pferde und Goldstückchen werden von ihm behutsam auf das am Boden liegende große Handtuch geworfen.

Wenn man die Szene in der 3. Person Singular beschreibt, dann lenkt es kurz davon ab, dass man es selber ist. Mit der Betonung auf *kurz*.

Ich brause also und werfe und trinke, brause, werfe, trinke, immer in dieser Reihenfolge. Der Geruch ist unerträglich.

Hekto-Pascal kommt rein, setzt sich hin und schaut mir zu. »Ja, guck nicht so. Nur wegen dir das Ganze hier«, sage ich in leicht gespielter Erzürntheit. Er scheint nachzudenken. Dann geht er aufs Handtuch und beginnt, das Piratenschiff abzulecken. Da sind wohl noch kleine Futterreste dran. Erstaunt schaue ich ihm nun zu. Er beginnt zu schnurren. Ich bin ganz gerührt. Er erkennt meine Not und hilft mir. Toll. Hekto-Pascal, mein guter alter lieber Kater, den wir vor vielen Jahren aus dem Tierheim befreit haben, weil wir noch kein Kind hatten. Der älter ist als der Große. Und klüger. Der, auf dessen Namen ich während des Wetterberichts gekommen bin. Der, dessen großer Einschnitt in seinem Leben die Geburt unseres Großen war, weil seine Beachtungs- und Beliebtheitskurve wie ein Wasserfall abbrach, nur weil er haart und Zecken hat. Der, der seitdem draußen fressen und schlafen will. Und muss. Und der sich seitdem nur noch abends ins Haus traut. Was macht dieses gepeinigte Tier? Keine Vorwürfe, keine verbitterten Bemerkungen, kein schlechtes Gewissen. Nein. Es ist einfach nur da. Es ist da und hilft, wenn ich mich in einer der einsamsten und lächerlichsten Lagen der letzten Jahre befinde. Das ist groß. Das ist einfach stark. Das ist …

Ein paar Tränen kullern über mein Gesicht auf meine nackte Brust. Wische sie weg und sauge ein paar kräftige Schlucke aus der Rotweinflasche. Jetzt brause ich weiter. Überlege, extra schlecht zu brausen, damit er mehr Reste zum Abschlecken hat. »Ach, Hekto-Pascal«, seufze ich. »Wenn ich dich nicht hätte. Ich verspüre zu dir so eine tiefe Verbundenheit, ich weiß auch nicht.« Er hört auf zu schlecken und schaut mich an. »Ich weiß nicht«, sage ich nachdenklich, »du gibst mir irgendwas, das können mir die anderen gar nicht geben. Weil es … weil sie … keine Ahnung.« Er scheint tatsächlich leicht zu nicken. »Und dass du die halbe Bockwurst im Lego gefunden hast …«

Er grinst mich an. Ich grinse zurück. Hä? Können Katzen grinsen? Überlege, ob ich jetzt nicht erschrecken müsste, lasse es dann aber sein. »Du bist wirklich ein Kamerad«, sage ich. »Manchmal glaube ich, du wirst uns alle überleben. Du kleiner Tiger du, du … du ewige Katze.«

Da öffnet er plötzlich den Mund und sagt laut und deutlich: »Ist dir nicht kalt?« Ich erschrecke bis ins Mark, rutsche nach hinten weg, die Rotweinflasche kippt und zerbricht, alles rot, überall Blut, Hekto-Pascal rennt weg, meine Frau kommt rein: »Was machst du denn da? Du solltest doch …«

»Er hat gesprochen.«

»Was?«

»Er hat gesprochen.«

»Wer?«

»Ist dir nicht kalt?«

»Mir?«

»Nein, ob mir nicht kalt ist.«

»Das wollte ich dich gerade fragen.«

»Das hat *er* mich gefragt: ›Ist dir nicht kalt?‹, hat er ganz deutlich …«

»Ich geh ins Bett.«

23. Februar, 14 Uhr

Es ist Sonntag. Wir fahren in den Zoo: die Mittlere, der Große und ich. Hatte im Vorbeigehen eine Zeitungsüberschrift gelesen, nach der es dort ein Elefantenbaby zu bestaunen gibt, und so die beiden überzeugt, mitzukommen. An der Zookasse erfahren wir dann, dass *in Wuppertal* ein Elefantenbaby zur Welt gekommen ist. Hier also nicht. Große Enttäuschung. Und dann direkt die zweite: Der Alte ist nicht bereit, seine lauffaule Brut im Bollerwagen durchs Gelände zu ziehen.

»Och, aber das ist so weit alles. Ich hasse laufen.«

»Jaja. Los jetzt.«

Plötzlich kommt eine Frau in Rot auf uns zu. Ah, sie will Fotos machen, die wir nachher kaufen können. Das Rot ist ihre offizielle Fotografen-Uniform. »Wollt ihr euch mal kurz zusammenstellen?« Klar wollen wir. Knips, Knips. Hier. Für sie. Ein Zettel mit einer Nummer. Nr. 58. Danke.

»Wir wollen zum Spielplatz.«

»Aber wir sind hier, um Tiere zu sehen.«

»Wir wollen aber.«

»Von mir aus.«

Setze mich in eine Ecke und warte. Ob wir heute noch ein exotisches Vieh zu sehen bekommen? Ich bin da nicht besonders zooversichtlich, denke ich, und schmunzele still in mich hinein.

Endlich geht's weiter. Da, die ersten Tiere. Erdmännchen. Wie putzig. Meine beiden Affen klettern sogleich auf das eingrenzende Mäuerchen, um etwas zu sehen. Stehe hinter ihnen und schaue den Erdmännchen beim Zuschauen zu. Zwei sitzen unter einer Wärmelampe und glotzen die Besucher an. Wer beobachtet hier eigentlich wen? Lustig, wie sie da sitzen. Ist es für diese drolligen Höhlenbauer wohl immer wieder aufs Neue interessant, welche ausgelatschten Menschenarten an ihnen vorbeistottern? Sehen sie deswegen immer wieder hektisch woanders hin, weil ihr Glaube den Blick in ein offenes Kameraobjektiv verbietet? Fragen über Fragen.

Plötzlich rutscht die Mittlere ab und fliegt bäuchlings in eine begraste Ecke des Geheges. Wie erstarrt bleibe ich stehen. Weiß einen Moment nicht, was ich machen soll. Dann nehme ich den Großen bei der Hand und wir ziehen weiter. Weder er noch die anderen Menschen scheinen Notiz zu nehmen von dem Vorfall. Auch die Betroffene nimmt es mit ungewöhnlicher Gelassenheit hin. Sie hockt sich in eine Ecke und beobachtet ihre neuen Spielkameraden. Toll. Ohne großes Hadern fügt sie sich in ihr Schicksal.

Rasch freundet sie sich mit den umtriebigen Rackern an. In der Kolonie ist sie schnell als Autorität anerkannt, weil sie mit knappem Abstand die Größte ist. Sie genießt es sehr, nicht mehr von ihrem Bruder geärgert zu werden, und erlernt das Buddeln und Graben allein durch Zuschauen und Nachahmung. Und schon nach kurzer Zeit kann sie sehr gekonnt Insekten fangen und Würmer aus der Erde ziehen. Monate später komme ich mit der Restfamilie an ihrem Gehege vorbei. Sie sitzt aufrecht unter einer Wärmelampe, hat die Arme angewinkelt, die Händchen stehen auf Brusthöhe ab wie kurze Pfötchen. Ruckartig bewegt sich der Kopf und hält Ausschau nach Feinden. Wir kommen näher. »Papa.« Wird sie uns erkennen? »Papa!« Wird sie mir ein schlechtes Gewissen machen? »PAPA!!!« Wird sie mir sagen, ich hätte sie absichtlich über die Mauer geschubst?

»PAPA, können wir jetzt endlich ein EIS!!!!!!!!!!!!!«, höre ich es aus zwei Kinderkehlen krakelen.

»Was? Eis? Ja, klar. Da bist du ja wieder!«

»Hä? Papa, was ist los mit dir?«

»Nichts, mein Kind.«

»Eis! Wir wollen Eis.«

»Ja doch. Gerne.«

Also Eis für alle. Super. Sitzen, schlecken, schweigen. Innehalten und nachdenken. Was sagen eigentlich diese Tagträume über mein Verhältnis zu den Kindern aus? Keine Ahnung.

»Darf die Ziege auch von mein' Eis?«

»Das ist ein Lama. Und: Nein, es darf kein Eis.«

»Ey, die Ziege hat mein Eis runtergehauen.«

»Warum hältst du es ihr auch hin?«

»Hab ich gar nicht.«

»Aha.«

»Will ein Neues.«

»Hier nimm meins.«

»Bähhhh, die Ziege hat mich angespuckt.«

»Oh.«

»Voll ins Auge.«

Ich muss lachen. »Ja, das machen Ziegen manchmal.«

Wir schlendern weiter. Kommen zum Affenfelsen. Hier ist immer was los. Rosa Ärsche, so weit das Auge reicht. »Guck mal, der Affe da knallt immer gegen den anderen Affen. Warum macht der das, Papa?«

»Das habe ich euch schon beim letzten Mal erklärt: Das sind Paviane. Und die knallen nun mal gerne aneinander.«

»Ach ja.«

»Kommt jetzt.«

»Ja.«

Wir trotten weiter. So ein Zoo ist doch ein Universum für sich. Die Tiere, die Besucher, das Personal, alles passt zusammen. Toll. Ich mag das hier. Die Tiere strahlen oft so eine Ruhe aus. Klar, sie sind eingesperrt. Aber das ist nötig. Damit wir sie kennenlernen. Nur was man kennt, kann man auch schützen. Und ihre in der Wildnis lebenden Artgenossen profitieren von den Erkenntnissen, die der Mensch nur aufgrund ihrer totalen Eingesperrheit erlangen kann. Sie sind quasi das Bauernopfer, das allen anderen am Ende einen Vorteil beschert. So die Theorie.

Ist natürlich nichts für Veganer hier. Ein bekannter Veganer, bzw. ein Bekannter von mir, der Veganer ist, aber ansonsten nicht sonderlich bekannt, außer bei seinen Veganer-Freunden natürlich, bei seinen grimmigen Veganer-Freunden, bei seinen schlecht gelaunten, korkgürteltragenden Pflanzenfresser-Freaks, seinen streitsüchtigen, militant-dogmatischen, dürren, humorlosen und inhumanen Tierprodukt-Verweigerern, um mal die gängigsten Vorurteile abzuarbeiten … dieser Veganer erzählte mir also, dass er keinen Honig isst, weil er den Bienen nicht die Süßspeise klauen möchte, und dass er nur in einen veganen Zirkus geht, also einen tierlosen.

»Einen veganen Zoo hast du aber noch nicht gefunden,

mein blasser Freund, oder?«, hatte ich ihn damals aufgezogen und ein müdes Lächeln geerntet. Wie kam ich jetzt darauf? Ich weiß es nicht mehr. Ich finde es auf jeden Fall großartig im Zoo. Das wollte ich sagen. Es ist großartig, mit den Kindern in den Zoo zu gehen. Das muss man sich nur immer wieder sagen …

Da, der alte Gepard! Wie schön. Der ist wie ein alter Bekannter. Dreht wie immer stoisch seine Kreise. Immer den gleichen, ausgetretenen Pfad am Zaun entlang. Immer die größtmögliche Runde. Immer die Hoffnung auf ein Loch im Zaun.

Ein mittelalter Mann in Safari-Klamotten fotografiert ihn mit seinem Teleobjektiv. Steht einfach da am Zaun und wartet. Und jedes Mal, wenn der Gepard wieder auftaucht, hält der Mann seinen Finger auf den Dauerauslöser, um anschließend die Ergebnisse auf seinem kleinen Bildschirm zu betrachten. Ein merkwürdiges Schauspiel. Doch was ist das? Der eintönige Kreislauf scheint durchbrochen. Die Wildkatze hat die Richtung geändert und kommt nun von der anderen Seite. »Du Schlawiner«, sagt der Mann und ballert sich unbeeindruckt weitere Bilder in seinen Kasten. Wem zeigt der Mann diese Bilder? Und was würde der Gepard mit ihm machen, wenn er ein Loch fände? Das schnellste Landtier der Welt. Gefangen im umzäunten Nichts. Immer laufen, nie ankommen. Immer unzufrieden, aber keine Möglichkeit, etwas zu ändern. Keine Erinnerung an früher, zum Glück. An die Wildnis. Die Eltern, die leckeren Antilopen. Vielleicht eine Ahnung. Keine Kenntnis von der eigenen Sterblichkeit. Immer nur im Hier und Jetzt der Unfreiheit. Wenn Tiere zum Suizid fähig wären … »Papa?« … dann sähe es hier … »Papa?« … dann wären hier aber einige …

»Papa?«

»Ja.«

»Papa, warum guckt der Tiger so traurig?«

»Ich weiß es nicht, mein Kind. Vielleicht …«

»Papa?«

»Vielleicht möchte er einfach …«

»Papa?«

»Außerdem ist das ein Gepard.«

»Papa?«

»WAS IST DENN?«

»Können wir Geld haben?«

»Wofür?«

»Dafür.«

»Ach so. Ja, hier.«

Die Kinder laufen vor zu einer Art Spenden-Rondell. Eine ganz ausgeklügelte Geld-aus-den-Taschen-zieh-Methode. Man schiebt eine Münze in einen Schlitz, von dem aus sie dann nach dem Loslassen auf der schmalen Münzkante in einer Abwärtsspirale in einen großen, tubaartigen Trichter rollt. Wenn zwei Münzen aneinander rasseln, rutschen sie direkt in die Tiefe. Das passiert auch, wenn man sie gezielt in den Trichter wirft, um das elegant rollende Münzrad der Schwester zu torpedieren.

»Können wir noch mehr?«

»Okay, jeder noch drei Münzen.«

»Papa?«

»Ja.«

»Wo rollt das Geld eigentlich hin?«

»Äh, in ein … äh, in einen Sack.«

»Und was machen die mit dem Geld?«

»Die reparieren die Löcher in den Käfigen. Damit der Gepard nicht ausbricht.«

»Können wir noch mehr?«

»Nein.«

»Warum nicht?«

»Ja, hier.«

Münzgelderleichtert latschen wir weiter. Da wird meine Erleichterung noch größer: Der Ausgang ist in Sicht! Eine Wand mit Fotos auch. Ach ja. Was waren wir noch? Nr. 58. Da sind wir ja. Ein DIN-A4- und ein DIN-A5-Abzug liegen da. »Wollen Se mal sehen?«, fragt eine andere rotwestige Frau.

»Ja, gern.«

»Dat kleine sechs, dat große zehn Euro.«

»Ah ja.« Ich nehme die Bilder in die Hand. Wirklich tolle Ausdrucke. Keine zwei Stunden alt. Alle drauf. Schön. Sie drucken es aus, ohne dass man es bestellt. Interessant. Wahrscheinlich ahnen sie, dass, wenn man es erst in der Hand hält, dass man dann denkt: »Ach, es ist ja schon ausgedruckt. Hm, und wenn ich's jetzt nicht mitnehme, dann bleibt es hier unnütz liegen. Ein Foto von mir und den Kindern liegt dann einfach hier rum den ganzen Tag. Und jeder kann's angucken. Und am Abend schmeißen sie es weg. Das will ich nicht.« Ganz schön perfide, diese Zoogesellschaft.

Da kommen auch schon die beiden Nachkommen angerannt, grapschen das große Bild aus meinen Händen und zerren daran aus entgegengesetzten Richtungen. Entreiße es ihnen unter unterschiedlichen Androhungen. Es ist total verknickt. Ich gebe es der Lady in red wieder und sage: »Nein, danke. Das ist mir …«

»Zu verknickt, oder watt?«

»Ja. Nein, natürlich nicht. Es ist einfach … keine Ahnung … zu teuer.«

»Ja, wie? Erst zerknicken Sie es und jetzt ist es Ihnen zu teuer?«

»Ja.«

»Aber Sie wussten doch vorher, vor dem Zerknicken, watt dat kostet.«

»Ja, wusste ich wohl.«

»Ja, und?«

»Ja, und? Ja, und? Ich selber habe es ja gar nicht zerknickt, wie Sie vielleicht gesehen haben«, sage ich forsch.

»Ja, dat hab ich gesehen, dat waren deine Kinder. Und jetzt

soll ich dafür gerade stehen, dat du deine Blagen nicht im Griff hast, du Tünnes?«

»Was ist denn Ihr Schaden, Sie ... Sie ... Können Sie das Bild jetzt nicht mehr verkaufen, weil es zerknickt ist, oder watt? Gibt es denn noch weitere Interessenten? Wie viele potenzielle Käufer für dieses Foto laufen denn noch hier rum in Ihrem widerwärtigen Tieregefängnis?«

»Pass mal auf, du Kappes-Kopp ...«

»Und überhaupt, die ganze Fotoaktion hier ist eine einzige, perfide Geldschneiderei, die auf dem Rücken der ... die unter, unter fadenscheinigen ... das ist alles eine riesige ... genauso wie mit dem Rund, wo das Geld reinkommt! Ja, das können ruhig alle hören!« Die Kinder schauen der Auseinandersetzung mit offenem Mund zu. Schaulustige bilden einen kleinen Kreis. »Ich rufe jetzt den Sicherheitsdienst, da wird Ihre ganze Mischpoke aber mal ganz schnell von den Zoo verwiesen.«

»Des Zoos, Sie Pavian!«, brülle ich. Dann – wie auf ein Kommando – stürzen wir drei uns mit großem Geschrei auf die Frau, legen sie uns zurecht, schleppen sie ein Stück und werfen sie »bei drei« über die Mauer zu den Erdmännchen. Dann klopfen wir uns den Staub von den Händen und gehen unauffällig nach Hause.

16 Uhr
Der Polizist fragt, ob ich mit einer *Verwarnung* einverstanden bin. »Aber klar«, sage ich. »Gelbe Karte also. Für beide aber, oder? Auch für die Foto-Uschi.«

»Auf Wiedersehen. Herr König.«

»Wiedersehen, Herr Wachtmeister.«

»Und ein Jahr Zooverbot für Ihre ganze Bagage«, brüllt uns Foto-Frau hinterher.

»Aber gerne doch. Kommt, Kinder.«

23.15 Uhr

Schiebe mir noch schnell eine schöne Scheibe Schinken in den Schlund, bevor ich ins Bett gehe. Bin völlig im Eimer vom Squash mit Reiner.

Da stiefelt Hekto-Pascal in Richtung Katzenklappe und will nach draußen. »Ey, Kollege, wieso bist du drinnen?« Keine Reaktion. »Hey, warte mal. Willste auch 'ne Scheibe?« Er kommt angelaufen und verschlingt sie zügig. »Sag mal, was war das da vorgestern im Bad?«, frage ich ihn ernst. »Als du mich so verständnisvoll ansahst? Und dann fragtest: Ist dir nicht kalt? Hab ich das richtig gehört? Du kannst doch nicht wirklich sprechen, oder?« Er schaut mich an. Lange. Schaut mir tief in die Augen. Dann schüttelt er kurz den Kopf und rast davon. »Was war das denn jetzt? Hey, bleib hier, du …«

Montag, 3. März

Die Mittlere kommt völlig fertig aus dem Kindergarten, zieht mühsam einen Schuh vom Fuß und fragt: »Mama, wo kommen die Schuhe hin?« »Na, überleg mal. In die Toilette.« Ein müder Schmunzler des kleinen Mädchens verrät: Sie hat die Ironie verstanden. »Nein«, sagt sie, »in die Schuhtiste.«

»Ach ja, richtig.«

Witz und Ironie sind bei Kindern ein immer wieder aufs Neue auszutarierendes Feld. Ironie funktioniert nur, wenn die komische Übertreibung sehr offensichtlich ist. Beispiel: »Papa, ich muss mal.«

»Oh, das ist schlecht, dann musst du wohl mit dem Bus zur Oma fahren, wir haben leider kein Klo.«

»DOCH!!!«

Manchmal kann man es als Erwachsener aber auch schlecht einschätzen. Gestern sagte ich zum Großen beim Fußballgucken: »Wenn die Stuttgarter gegen Köln verlieren, dann kriegen die danach kein Abendbrot.«

»Nein?«

»Nein. Dann müssen die sofort ohne Zähneputzen ins Bett.«

Am nächsten Morgen, Köln hatte gewonnen und ich den Scherz längst vergessen, sagte er plötzlich: »Aber heute kriegen die wieder Abendbrot?«

»Wer? Was?«

»Die Stuttgarter.«

»Die Stuttgarter?«

»Ja, die ham doch verloren.«

»Das stimmt.«

»Aber das war ja gestern.«

»Genau.«

»Also dürfen die heute wieder Abendbrot essen.«

»Ach so. Ja klar. So viel die wollen.«

Dienstag, 11. März

Spiele mit dem Großen und seinem Freund Niklas im Garten Fußball. Bevor ich kam, haben sich die beiden bereits warm geschossen. Das heißt, sie haben versucht, mit dem Ball den flüchtenden Hekto-Pascal zu treffen. Jetzt spielen wir Papa gegen alle. Meine kleinen Gegner spielen extrem, sagen wir mal, ballorientiert, was mir alle räumlichen Möglichkeiten für Konter bietet. Natürlich möchte ich sie knapp gewinnen lassen, weil in Anbetracht ihrer spielerischen Klasse das Verlieren-Lernen für sie eine allzu harte und eintönige Angelegenheit wäre. Es geht bis zehn, und es steht neun zu acht für mich. Da schieße ich aus Versehen noch ein Tor, weil einer der beiden Dösbaddel einen harmlosen Kullerball reinrollen lässt. »Oh nein«, denke ich. Das war so nicht … das tut mir … was tun wir? Es gibt jetzt nur noch zwei Möglichkeiten: Entweder mein Großer bekommt einen mittelgroßen Nervenzusammenbruch, weil sie eh keine Chance gegen mich haben, weil sie nie eine hatten, weil ich zu gut bin, weil ich nur darauf aus bin, sie fertig zu machen, und weil ich blöd bin. Oder wir spielen bis zwanzig. Dann überrascht mein Sohn aber tatsächlich mit einer eleganten dritten Möglichkeit. Und zwar sagt er einen Satz, den er schon oft gehört, aber noch nie verstanden hat. Er sagt: »Das gilte nicht!«

»Warum das denn nicht?«

»Das war abseits.«

Ich muss lachen. Dann sage ich in aller Ruhe und Sachlichkeit: »Wisst ihr eigentlich, was abseits ist?«

»Nein.«

»Passt mal auf. Guckt mal. Ich zeig euch das mal. Also: Hier ist das Tor, das ist der Torwart.«

»Das ist ein Stein.«

»Ja, angenommen, mal angenommen, Niklas, das ist der Torwart, das sein Verteidiger, und das hier …«

»Das ist meins.«

»Ich will's dir doch nur zeigen. Also das … und das sind die zwei im Angriff.«

»Angriff. Star Wars.«

»Ich hab Lars Wheida als Wecker.«

»Zeig.«

»Genau. Und wenn jetzt dieser Stürmer …«

»Oder wir spielen bis zwanzig.«

»Oder so.«

20.30 Uhr

Bin gut drauf und darum gerade dabei, Squash-Reiner den zweiten Satz gewinnen zu lassen, damit wir in einen dritten Entscheidungssatz gehen können, da verbaselt er das Vorhaben mit dem dritten leichten Fehler hintereinander. »Bin ich heute eigentlich nur von Flachpfeifen umgeben?«, denke ich leicht genervt, sage aber etwas anderes: »Der gilte nicht, das war abseits!« Daraufhin verlässt er den Platz. »Komm, lass aufhören«, sagt er. »Und rede bitte nicht mit mir wie mit einem Kleinkind.«

»Alles klar. Entschuldigung.«

Mittwoch, 12. März, 9.10 Uhr

Latsche wie so oft am frühen Vormittag als Erstes in Richtung Biomarkt, um die momentane Leere des Ladens zu nutzen für einen zügigen und stressfreien Einkauf. Die große Hürde dieses Vorhabens sitzt vorne im Kinderwagen, den zu schieben ich genötigt bin, weil ich heute früh die Kleine habe.

»Am Vormittag die Kleine haben«, was für eine schreckliche Formulierung. Wobei Form und Inhalt sich hier in Sachen Grausamkeit die Klinke in die Hand geben. Denn die Müdigkeit, die grausame Müdigkeit, die noch in meinen Knochen steckt, erschwert die Geduld, die nötig ist, um das Geschäft wohlsortiert und ohne Geschimpfe wieder zu verlassen.

Vor dem Markt steht ein Mann mit einem pappigen Plastikbecher in den Händen und begrüßt jeden mit einem freundlichen »Guten Morgen«. Das tut er, damit man sich beim Rausgehen an die nette Begrüßung erinnert und ihm als Dank ein bisschen Kleingeld gibt. Jaja. Ich habe ihn durchschaut. Ihn und seine perfiden Methoden. So wie der arbeitet, könnte er auch im Zoo anfangen, denke ich, als ich kopfnickend seine Anrede erwidere und eintauche in den Laden meines Vertrauens.

Im Eiltempo durchwandere ich die bekannten Gänge mit den bekannten Produkten an den bekannten Positionen im Regal, die ich schlafwandlerisch herausgreife und unten in den Wagen schmeiße. Flott ist mein Tun, um der Kleinen keine Möglichkeit zu geben, auf dumme Gedanken zu kommen. Dumme Gedanken könnte sie bekommen, wenn sie länger irgendwo rumsteht. Diese wären dann: Etwas haben wollen, zumindest aber anfassen wollen, dafür näher ran wollen, dann aus dem Wagen wollen, sich selbstständig weiter umsehen wollen, den Honig aus dem Regal ziehen und nachher nicht aufwischen wollen.

Auf dem Weg zur Kasse bekommt sie eine Fruchtschnitte in die mürrische Schnute geschoben, die Verpackung davon kommt mit aufs Band, und ich sage wie immer zur Kassiererin, dass ich keine Punkte sammele, die mir dann etwas zurückzahlen bzw. mit denen ich dann umsonst oder etwas billiger etwas bezahlen kann, das ich neu kaufen muss. Das ist mir viel zu kompliziert. Und zu hinterhältig. Ein perfides kapitalistisches Bonussystem mit dem alleinigen Ziel, den Konsum zu steigern und die Kaufsucht zu fördern. Ohne mich. Wenn es jetzt eine Kneipe gäbe mit der Regel, je mehr Bier man am Abend trinkt, desto mehr Bier kann man für das gleiche Geld am nächsten Abend trinken, dann würde ich … ich meine, das würde doch gar nicht erlaubt, oder?

»Das könnten Sie sich auch mal merken«, denke ich also bei der Verneinung der Punkte-Frage, als meine Tochter das übliche »Na, dir schmeckt's aber, was?« mit einem kleinen Heulanfall quittiert.

Dem Mann vor der Tür gebe ich flüchtig, aber respektvoll ein paar Münzen in sein Behältnis und freue mich bereits auf den Höhepunkt meines Morgenrituals, auf meinen koffeinhaltigen Stammplatz, auf den täglichen Kaffee im Café. Kaffee und Café. Sollte man nie verwechseln. Dass der inhaltliche Unterschied dieser beiden Worte nicht jedem klar ist, sehe ich allerdings jeden Tag, wenn ich am Bistro gegenüber vorbeikomme, dessen Glasfront die Aufschrift »Café to go« ziert.

Sitze nun endlich wie immer in »meinem« Café und esse wie immer und unbestellt einen Joghurt mit Früchten zum doppelten Espresso. Heute allerdings ist mein Platz ein sehr kleines, bastbezogenes Kinderstühlchen am Kindertisch in der Kinderecke. Aber hier zu sein ist im Grunde kein Problem, die Einschränkungen sind minimal: Ich lese keine große Zeitung, sondern kleine Pixibücher, ich schaue die Bedienung nicht an, sondern schräg zu ihr auf, ich wische mir keine trockenen Kekskrümel von der Hose, sondern lasse mich geduldig mit Joghurt vollkleckern, usw.

Die Kleine krabbelt – also ich denke, sie hält es für Krabbeln –, sagen wir, sie robbt im Sitzen, na ja, sie sitzt und stützt sich dabei auf ihre Arme und Hände, um dann den eigenen Arsch hinter sich herzuziehen … wie auch immer. Die Kleine also mogelt sich irgendwie zum Kinderwagen und betrachtet die Einkäufe, die ich unten ins Gepäcknetz geschmissen habe. Dann schaut sie auf mich und beginnt natürlich damit, jedes Teil einzeln zu mir an den Kindertisch zu transportieren.

Ich beobachte das Geschehen mit einer stoischen Gelassenheit. Mit einer gottgegebenen Seelenruhe, die mich schon immer ausgezeichnet hat. Mit einer souveränen Abgeklärtheit, die sagt: Du bist mein drittes Kind, ich habe alles schon gesehen, mach du mal. Ich bin wirklich sehr dankbar für die Gabe dieser unverrückbaren Ruhe, die natürlich vom Bereich der totalen Gleichgültigkeit kaum zu unterscheiden ist.

Nun endlich ist der Kindertisch voll mit Brot, Käse, tiefgefrorenen Erbsen, Fischstäbchen, roter Soße, Mozzarella, Reis, Dosenfisch, Joghurt, Dinkelstangen, Salami und losen Möhren. Möhren, Äpfel und ähnliches Gedöns darf ich nicht mit Plastiktütchen kaufen. Wegen meiner Frau. Die will das nicht. Wegen des Mülls. Wegen der Meere. Recht hat sie. Also lose Möhren. Kann man ja auch viel besser tragen. Mit anderthalb.

Gehe kurz an die Theke und bestelle mir noch einen Espresso. Als ich wiederkomme, sehe ich, wie eine Frau mit drei kleinwüchsigen Artgenossen auf meinen Tisch mit den Einkäufen zustürmt. Eine Frau mit drei Kindern! Wie asozial ist das denn? Wie kann man sich denn bloß drei Kinder ins Leben dengeln lassen? Und jetzt wollen sie meine Lebensmittel unter sich aufteilen. Ich eile hinzu. »Stopp, Stopp, Stopp, ihr geht jetzt alle mal ein zwei Schritte zurück, das gehört nämlich alles uns!«, brülle ich mit dieser stoischen Gelassenheit, die mich so auszeichnet. »Schreien Sie doch meine Kinder bitte nicht so an«, sagt die Prekariatsmutti. »Das ist hier kein Spielzeug, weg, weg, weg«, sage ich, zerre den Kinderwagen herbei und schmeiße alles wieder zurück. Ignoriere tapfer, dass der Mozzarella ausläuft, und murmele: »Wenn man schon drei Kinder in die Welt setzt, dann sollte man die auch im Griff haben. Meine Meinung.« Die Kleine fängt an zu weinen, die Ghetto-Kids schauen verdattert und die Alte fokussiert mich. »Hab ich Sie nicht neulich im Zoo getroffen, am Fotostand?«

»Was?« Entgeistert schaue ich sie an. Zoo, Fotostand, Erdmännchen. Ach ja. Ich erinnere mich. Das ist die Frau, der wir die Fotos zerknickt haben. Foto-Uschi. Die uns dann anzeigen wollte.

»Ich habe Sie noch nie gesehen«, erwidere ich.

»Und dat is auch Ihre?«

»Allerdings.«

»Komisch. Sieht Ihnen gar nicht ähnlich. Na ja, kommt Kinder, lasst mal den Onkel in Ruhe.«

Ich schiebe den Kinderwagen zügig Richtung Ausgang, rutsche dann auf einer losen Möhre aus und schlage lang hin. Die Kleine fängt herzerfrischend laut an zu lachen. Ein Mann sagt: Dat is doch dieser Komiker. Das halbe Café lacht jetzt. Einer ruft *Zugabe*.

18 Uhr

Meine Frau packt sich meine Sporttasche und wirft sie die Kellertreppe herunter, bevor sie sich an den Abendbrottisch setzt. »Das lernst du auch nicht mehr, oder?«

»Was lernt der Papa nicht mehr?«

»Ich wollte die, wenn ich nachher hier eh alles aufräume, dann …«

»So, was wollt ihr denn essen?«

Wie jeden Abend preisen wir den kleinen Herrschaften verschiedenste Speisen und Getränke zum baldigen Verzehr an. Das abendliche Grundnahrungsmittel des Großen – frische Kalbsleberwurst – ist vergessen worden zu kaufen. Die dafür Verantwortlichen schieben sich gegenseitig die Schuld in die Schuhe.

»Iss doch mal Käse oder Schinken.«

»Nein!«

»Ach, entschuldige, ich meine, du darfst jetzt auf keinen Fall Käse oder Schinken essen.«

»Will ich auch nicht.«

Die Mittlere hat sich Dosenfisch, Joghurt, Salami, Fleischsalat, »alte Nudeln warmgemacht« und Mozzarella bringen lassen und ist nun mit der Auswahl überfordert.

Versuche, die festgefahrene Situation aufzubrechen und sage, dass ja bekanntlich Ostern vor der Tür steht und wir deshalb … Die Mittlere springt auf, öffnet die Tür und sagt: »Da steht aber kein Ostern.« Alle lachen. Auch die Kleine. Dabei spuckt sie etwas Brei in meinen Tee. Wie süß. Um vom Essen abzulenken, beginne ich, über unsere Pläne eines Urlaubs auf einem Bauernhof zu erzählen, und die Mittlere beginnt, die Nudeln zu essen. Toll. Manchmal ist es so einfach. Auch die Kleine ist zufrieden und verputzt mit den Händen eine alte rostige Banane, während ich ihre Gesichtskonturen mit denen der anderen abgleiche. Natürlich ist die von mir. Genau mein …, meine … äh, Tischmanieren.

Der Große möchte mal ein Brot mit Käse probieren. Ich sage, dass er Käse ja eh möge, weil auf jeder Pizza Käse ist. Er sagt: »Nein.«

»Okay, der sieht etwas anders aus … wie auch immer. Wisst ihr denn eigentlich, wie Käse hergestellt wird?«

»Ja, im Supermarkt.«

»Genau.«

Irgendwann sehr viel später

Meine Frau haut mir auf die Schulter und brüllt mich an: »Sag mal, bist du besoffen, oder warum hörst du das nicht?«

Ich ziehe die sehr gut getesteten Schaumstoffstöpsel aus den Ohren und versuche, wach zu wirken. »Was? Wer ist los?«

»Hekto-Pascal ist los. Der mauzt irgendwo. Kannst du den mal rauslassen?«

»Ja klar.«

»Da kann ich ja lange auf dich einreden. Du taube Nuss.«

»Kein Problem.« Ich torkele aus dem Schlafzimmer und wanke in Richtung Küche, wo der Kater vor der verschlossenen Klappe sitzt. Hat wahrscheinlich die Kleine »aus Versehen« zugedreht, die Klappe. »Musst du uns jetzt mitten in der Nacht wecken? Du willst raus, oder was? Ist doch saukalt draußen.«

»Ich muss kacken, du Arschloch«, sagt er und verschwindet in die Dunkelheit.

Okay, denke ich schlaftrunken, das ist ein Argument. Wir haben schließlich schon seit langer Zeit kein Katzenklo mehr drinnen. Seit die Mittlere, als sie noch die Kleine war, mit dem Großen, der damals schon der Große war, obwohl er kleiner war als heute, als diese beiden also die Katzenwürstchen eigenhändig aus dem Streu gewühlt und in die Toilette geschmissen hatten, um dann ihr Geschäft ins Katzenklo erledigen. Ich schlurfe wieder zurück in mein Bett und berichte: »Hekto-Pascal hat mich gerade Arschloch genannt«, aber meine Frau ist bereits im Schlummer-Lummerland verschwunden.

Samstag, 22. März, 14 Uhr

Es regnet. Wir sind alle zu Hause. Was bisher geschah: Das Elternpack wurde liebevoll geweckt, die Kleidung für den Tag angemessen und zügig ausgewählt und angezogen, das Frühstück genossen, Karten, Verstecken, Fangen, *Mensch ärgere dich nicht* und *Mensch schlag deine Kinder nicht* gespielt, geschrubbt, geschält und gekocht, die Mittagessenschlacht geschlagen, abgeräumt und die Küche oberflächlich abgewischt. Die Kleine und die Frau schlafen, also sollte auch für mich Zeit für ein Päuschen sein. Es wurde auch von Kinderseite her zu wenig gegessen, mit der Folge einer Nachtisch-Verschiebung auf 16 Uhr. Ich schneide einen Apfel in acht schöne Stücke, setze mich damit an den Kindertisch und sage: »Ah, so ein schöner Apfel, nur für mich.«

»Ich will auch«, tönt es sogleich lieblich von allen Seiten. Es hat mal wieder geklappt. Die Kinder überlisten. Haha. Diese dussligen kleinen Menschenkinder.

»Aber nicht alle Stücke aufessen.«

»Doch!« Und die Nachkommen stürzen sich auf das Obst. Das ist mein Trick: Immer das Gegenteil von dem behaupten, was ich möchte. Wichtig dabei: Nie zu oft anwenden. Nie unrealistischen Quatsch behaupten. (Dass ich den ganzen Apfel jetzt am Kindertisch alleine aufessen möchte, ist zwar auch unrealistisch, aber nicht für Kinderhirne.) Nie grinsen oder unüberzeugt wirken. Und – hier ganz entscheidend – nur süße Äpfel benutzen.

Anschließend sage ich: »Ich baue jetzt den größten Legoturm, der je gebaut wurde.« Dabei wirke ich überzeugt und beginne – ohne auf die Kinder zu achten – mit der Arbeit. Ich tue dies nicht mit einer »Seht her, wie geil ich baue«-Attitüde, oder mit dem »Jetzt helft mir doch mal, ihr faulen Gören«-Blick, sondern ganz für mich. Apfel essend wird mir zugeschaut und die Wichtigkeit der Aufgabe erkannt. *Wenn der Papa alleine so eifrig baut, dann muss das bedeutsam sein. Der größte Legoturm ever. Wir helfen mit.* Und schon rücken mir die putzigen Fratzen zur Seite und bauen einen Plastikstein auf den anderen. Nun gilt es, die finale Stufe einzuleiten, quasi die Königsdisziplin: sich selbst langsam aus dem Geschehen rausziehen. »Diese Seite machen wir nur rot. Ich suche jetzt mal ausschließlich Rote raus.« Die lege ich nur noch hin, baue schon nicht mehr mit. Beobachte die fleißigen Handwerker und suche den passenden Moment, in welchem ich sage: »Ich mache mal kurz noch einen Apfel fertig, dann komme ich gleich wieder.« Raus bin ich und mache mir einen Kaffee. Nun bleibt mir die Aufgabe des stillen Lenkers. Das heißt, ich bleibe mit einem Ohr bei der Baugruppe, um zeitnah schlichtend einzugreifen, falls sich ein Problem auftürmt. Haha. Auftürmt. Ich bleibe auch sprachlich beim Thema. Ich alter Fuchs.

In der Folgezeit geht es allein darum, das wahrscheinliche Ende der Legoturm-Bauaktion, nämlich *Einer haut den Turm kaputt, der andere schreit und dann schreien beide*, möglichst lange hinauszuzögern oder gar zu verhindern. Dies klappt nur durch eine blitzschnelle Präsenz und eine für die Kinder unheimliche Allwissenheit. (»Ja, ich weiß. Und dann hat er gesagt, du bist doof.«) Im ungünstigsten Fall geht es einher mit einer Zurückstufung der eigenen Rolle vom stillen Lenker zum aktiven Bauarbeiter. Ich trinke den ersten Schluck Kaffee. »Ey, ich hatte den«, brüllt plötzlich der Große. Jetzt gilt es abzuwägen und dem eigenen untrüglichen Instinkt zu vertrauen. Regelt sich der Quatsch von selbst, helfe ich durch schnelle Klärung oder mache ich dadurch alles nur noch schlimmer? Ich blicke in meinen vollen Becher und glaube an Letzteres.

»Stimmt gar nicht, ich hatte den!«

»Ahhhhh!!!«

»AHHHHHHH!!!« Zack, da bin ich schon.

»Der hat mich gehauen.«

»Ja, und dann hat die mich gebissen.«

»Aber ihr sollt doch gar nicht hauen und beißen. Kommt mal her zu Papa, ihr Süßen. So. So ein schöner Turm ganz für mich. Den baue ich jetzt ganz alleine weiter.« Keine Reaktion. »Ich will aber nicht, dass ihr mir dabei helft.« Stille. »Und er darf auf keinen Fall heile bleiben.« Irritierte Blicke, dann tritt der Große den Turm um. Ja, gut, immer klappt der Trick nicht.

Der Große fragt: »Können wir was gucken?«

Ich sage: »Klar, ihr könnt jetzt eine Stunde lang … hier aus dem Fenster gucken«, und lache mich total kaputt. Beide beginnen wieder zu weinen. Da kommt meine Frau mit der schreienden Kleinen runter und sagt: »Na, amüsiert ihr euch?«

»Absolut«, sage ich und lache sie an.

»Schön«, sagt sie. »Ich bin auch ganz froh, denn die hier hat in den letzten eineinhalb Stunden fast zehn Minuten geschlafen. Sie schlief ein, ich fing gerade an, mich zu langweilen, zack …«

»Oh, hast du ein Glück. Langeweile ist echt das Letzte, was man jetzt braucht.«

»Ja, oder? Ach, manchmal habe ich das Gefühl, seit wir Kinder haben, verstehen wir uns noch mal eine Spur besser, mein Hase.«

»Mein Reden, Schatz. Kinder verbinden nicht nur. Kinder schweißen …«

»Mama, der Papa hat gesagt, wir müssen eine Stunde aus dem Fenster gucken.«

»Was? Das hat der Papa gesagt?«

»Jaha. Hat er.«

»Stimmt das denn, Papa?«

»Ich habe nur gesagt … Nenn mich bitte nicht Papa, ja. Ich habe nur gesagt, …«

»Aber das ist doch eine ganz tolle Idee. Von dem Papa. Aus dem Fenster gucken. Kommt Kinder, wir gucken jetzt alle gemeinsam aus dem Fenster.«

»Du bist ja total drüber.« Wir öffnen das Fenster.

»Ach, schaut mal, da läuft der Yanik. Hallo, Yanik. Geht ihr zum Spielplatz?«

»Das ist Nils!«

»Hallo, Nils. Wie heißt der Vater noch?«

»Markus, glaub ich.«

»Hallo, Markus.«

»Ist dem nicht die Frau weggelaufen?«

»Ja.«

»Hallo, ihr. Ich bin aber der Andreas.«

»Ach, klar. Na, Nils, schmeckt der Apfel?«

»Das ist ein Pfirsich.«

»Ja, Markus, aber ich habe Nils gefragt.«

»Andreas.«

»Das ist ein Pfirsich.«

»Ja, ich weiß, Nils.«

»Wir wollen auch was essen.«

»Na, gibt der Papa euch wieder nichts zu essen?«, fragt plötzlich die alte Frau von schräg gegenüber, die wie zufällig an unserem Fenster vorübergeht.

Niemand beachtet sie. Will die Bande auch zum Obstverzehr animieren.

»Unsere Kinder dürfen ja keinen Apfel mehr«, versuche ich den alten Bauerntrick.

»Wollen wir auch nicht, wir wollen Pfirsich!«

»Habt ihr noch einen Pfirsich über, Nils und … sein Papa?«

»Äh, ich guck mal.«

»Super.«

»Ja, aber der ist schon ein bisschen sehr matschig.«

»Ach, nicht schlimm. Und ihr geht also zum Spielplatz?«

»Nein. In den Zoo!«

»Dürfen wir mit?«

»Aber wir haben doch Zooverbot.«

»Was habt ihr?«

»Für ein Jahr.«

»Was habt ihr?«

»Nein, nicht wir alle. Nur der Papa.«

»Was habt ihr???«

»Äh, hatte ich das gar nicht erzählt?«

»NEIN.«

»Ach so, ja, es gab da ein paar Differenzen mit dem Personal am Fotostand.«

»Was für Differenzen?«

»Wir gehen dann mal.«

»Ja, Markus. Tschühüs. WAS FÜR DIFFERENZEN denn?«

Und so weiter, und so weiter.

So vergeht die Zeit in einem endlosen Geblubber. Diese Mischung aus totaler körperlicher und geistiger Präsenz, einhergehend mit einer völligen geistigen Unterforderung, eine auch dem Desinteresse geschuldete Unwissenheit z. B. über Namen und das Gefühl der totalen Produktivlosigkeit, diese Mischung ist eine Herausforderung. Eine schöne Herausforderung. Eine ganz schön schöne Herausforderung.

Das muss man sich einfach nur immer wieder sagen.

19.30 Uhr

Endlich Abendbrot. Höre mich sagen: »Oh, so ein schönes Käsebrot, nur für mich. Das esse ich jetzt ganz alleine auf.« Keiner reagiert. Sind alle schon oben.

20 Uhr

Meine Frau hat die Kinder fertig gemacht, ich die Küche. Jetzt bringt sie die Kleine ins Bett, ich die Großen. Das heißt, ich lese ihnen noch etwas vor. Jeder darf sich ein Buch aussuchen. Es entsteht folgender Dialog: Der Große: »Ich such mir das hier aus.«

»Das wollte ich mir schon aussuchen.«

»Ja, das hab ich aber jetzt.«

»Papa. PAPA.«

»Heul doch.« Das ist jetzt sehr klug vom Großen, weil die Mittlere seiner Aufforderung zum Weinen natürlich nur ungern nachkommen will.

»Dann will ich aber an Licht sitzen.«

»Da sitz ich aber schon.«

»KINDER. Hört mit dem Quatsch auf.«

»Wir lesen aber heute bei mir vor, und da sitz ich an Licht.«

»NEIN.«

»Am Licht sitzen« bedeutet in diesem Fall, rechts neben mir, also auf der Seite der Lampe zu sitzen. Da sieht man angeblich am besten. Was für ein Blödsinn. Am Licht zu sitzen ist natürlich keinesfalls ein visueller Vorteil, sondern einfach nur ein weiterer Grund für Mätzchen aller Art. Für törichte Sperenzchen, denen mit Argumenten nicht beizukommen ist. Und die gerade deshalb so fördernd sind für den Ausbruch unterschwellig brodelnder Aggressionen.

Ich ziehe derweil die Vorhänge zu, ignoriere die sich triezenden Geschwister und beobachte auf der Straße ein paar junge, zurechtgemachte Menschen, die plaudernd in den Abend stöckeln. Wie schön. Wie schön für sie. Und wie schön, dass ich raus bin aus diesem Leben. Am Samstagabend ausgehen. Das brauche ich einfach nicht mehr. Dieser Druck, am Wochenende etwas erleben zu müssen! Der ist Gott sei Dank weg. Ich bin aber auch wirklich lange genug um die Häuser gezogen. Heute freue ich mich auf einen ruhigen Abend mit der ZEIT. Ich meine mit DIE ZEIT. Je nachdem. Mit der Zeit ändern sich die Prioritäten. Das ist gut so. Eine Frau schaut zum Fenster hoch. Und lächelt. Hallöchen. Wenn die wüsste. Viel Vergnügen wünsche ich.

»AUA. Papa! PAPA!!!«

Mit einem kräftigen Ruck reiße ich den Vorhang zu. »Papa, was machst du da? Warum hast du die Stange von Vorhang abgerissen?«

»Die … mach ich morgen wieder dran.«

»Papa, jetzt les endlich.«

»Lies, mein Junge, es heißt lies.«

»Papa. Lesen.«

»RUHE.«

Bevor der Lesespaß beginnt, muss ich noch kurz etwas klarstellen: »Also, dieses hier kann ich ganz lesen, aber von dem hier lese ich genau zehn Minuten, das ist sonst zu lang. Und morgen dann den Rest.«

»Na gut.«

Haben die wirklich gerade *Na gut* gesagt? Komisch.

»Welches zuerst?«

»Das.«

»Nein, das!«

»Nein!«

Warum frage ich eigentlich? »Okay. Also erstmal ›Der alte Mann und die Katze‹.«

»Oh Mann.«

»Und morgen lese ich deins zuerst.«

»Ja!«

Der alte Mann und die Katze. Im Grunde ein sehr schönes Kinderbuch. Aber immer wenn ich vorlese, beginne ich nach kurzer Zeit zu gähnen. Das ist furchtbar. Ich lese eigentlich gerne vor. Aber es scheint mich auch zu langweilen. Es gibt allerdings ein paar Tricks, um mich selbst munter zu halten.

Seit ich den Roman »Er ist wieder da« auch als Hörbuch gehört habe, verfalle ich beim Vorlesen aus Spaß immer mal wieder in einen Hitlerschen Tonfall. Das ist lustig. Zumindest für mich. Die Kinder kennen Hitler ja noch nicht. Da kann man so was ruhig mal machen.

Heute leiht der Diktator dem alten Pettersson seine Stimme. Und das passt ganz gut, denn der ist zu Beginn der Geschichte sehr erbost. Also sagt er in des Führers typischer Diktion: »Das ist ja ein grauenvoller Lärm, Findus. Es ist zu fröh, um im Bett rumzuhopsen. Entweder du hörst sofort auf mit der Hopserei oder ... das Bett wird woanders aufgestellt.« Was dabei auffällt:

Je höher mein innerer Aggressionsgrad, desto überzeugender gelingt die Parodie.

Aber auch Nettigkeiten erzielen – so vorgetragen – eine komische Wirkung: »Danke für die Einladung, Findus. Ich habe schon lange nicht mehr so köstliche Pfannkochen gegessen. Dann bringe ich jetzt mal die Höhner ins Bett. Gote Nacht.« Diese Vortragsweise ist noch nicht einmal ein Tabubruch, da die Kinder dieses Tabu überhaupt nicht kennen.

»Papa, spricht der wirklich so?«

»Ja, der spricht wirklich so«, erkläre ich. Pettersson. Die alte Nazisau.

22.30 Uhr

Stehe auf der Terrasse und sage: »In ein paar Tagen fahren wir in Urlaub. Ich mach dir dann einfach den großen Wäschekorb voll mit Futter, ja? Das müsste reichen.« Hekto-Pascal nickt mir zu. »Redest du mit mir?«, ruft meine Frau aus dem Badezimmer.

»Nein«, erwidere ich. »Mit mir selber.«

»Aha.«

Lucky, Shorty, Pferdeäpfel

oder:

Was humorlose Rumänen im Sauerland zu tun haben

28. März

Wir fahren in den Osterferien für eine Woche auf einen Kinder-bauernhof in der Region. Das ist der Plan. Die Mittlere will lieber auf einen Pferdebauernhof. Ich sage: »Nein, wir fahren auf einen Kinderbauernhof. Da stehen dann Kinder im Stall und wir müssen die füttern.«

»Nein. Stimmt gar nicht«, sagt sie. Und ich denke: Witz erkannt, es geht voran. Wundere mich darüber, dass sie nicht auf einen Einhorn-Bauernhof in Glitzer möchte. Wie auch immer.

»Wann fahren wir?«

»Noch zweimal schlafen.«

»Yeah. Aber ich sitz vorne.«

»Nein, ich.«

»Nein, du hast letztes Mal …«

»Das klären wir dann.«

29. März

Morgen geht es los. Hurra. »Der beste Schutz vor Sonnenbrand sind Ferien im Sauerland«, erkläre ich laut, und alle lachen.

Samstag, 30. März, 5 Uhr

Ich liege am Strand, mit geschlossenen Augen, und lasse mich mit weißschokoladigen Kokosraspelkugeln füttern. Jemand stupst mich von der Seite an und fragt: »Wann möchten Sie denn jetzt Ihren Eiskaffee?«

Ich sage: »Äh, gleich.«

»Wie bitte? Ich habe Sie nicht verstanden.«

»Äh, jetzt gleich.«

Nun drückt die Person mit dem Zeigefinger kräftiger in meinen Oberarm und fragt: »Was? Wann?«

»Jetzt gleich«, sage ich. »Jetzt sofort.«

»Jetzt sofort?«

»Ja«, rufe ich laut, »jetzt auf der Stelle«, und werde wach.

»Ja! Wir fahren jetzt los! Mama, aufstehen, der Papa hat gesagt, wir fahren in den Urlaub, MAMA, AUFSTEHEN!«, ruft der Große freudig erregt in das stockdunkle Schlafzimmer.

6.30 Uhr

Sitzen alle völlig fertig am Frühstückstisch. »Der frühe Vogel …«, setze ich an.

»Wann können wir überhaupt da einchecken?«, unterbricht mich meine Frau.

»Wenn wir um neun Uhr losfahren, sind wir um elf Uhr da.«

»Ich frage noch mal: Wann können wir dort einchecken?«

»Müsste ich nachgucken. Oder wir machen noch einen Abstecher in den … keine Ahnung. Zur Oma.«

»Ja!«, rufen die Kinder. »Wir fahren zur Oma!«

»Liegt das denn auf dem Weg?«

»Aber klar.«

8 Uhr

Wenn man der Oma nicht zwei Monate, sondern zwei Stunden vorher sagt, dass man spontan vorbeikommt, dann kann sie sich auch nicht zwei Monate, sondern nur zwei Stunden lang Gedanken darüber machen. Das minimiert die Aufregung ihrerseits. Ein Telefonat, und alles ist geklärt: Ja, wir kommen alle. Nein, wir brauchen kein Mittagessen. Ja, dein neuer Freund kann gerne dabei sein. Nein, wir haben keinen Platz mehr für fünfzehn Marmeladengläser. Und ja, selbstverständlich werden wir wieder in kürzester Zeit alles verwüsten.

9 Uhr

Wir fahren los! Nach fünfzig Metern frage ich: Wann sind wir endlich da? Ich wollte einfach nur einmal der Erste sein. Auf dem Weg zur Oma hören wir die CD »Die schönsten Karaoke-Kinderlieder«. Als ersten Song: »Meine Oma fährt im Hühnerstall Motorrad«. Manchmal passt es einfach. Gute Stimmung an Bord.

10 Uhr

»Hallo, Oma.«

»Ja, hallo, meine drei. Wie schön …«

»Oma, wer ist denn der Opa da?«

»Das ist nicht der Opa. Das ist mein neuer äh, Lebens… äh, Freund. Mein neuer Freund. Der Franz.«

»Hallo.«

»Hallo.«

»Ich habe dem Franz schon sehr viel von euch erzählt. Er wohnt ganz in der Nähe. Also nicht hier bei mir. Aber wenn ihr wollt, könnt ihr bestimmt mal …«

»Du, Oma?«

»Jaha.«

»Können wir ein Eis?«

»Von mir aus gerne. Aber das müsst ihr bestimmt erst mal mit euren …«

»Ja, wir dürfen!«

11 Uhr

Die Wohnung ist komplett verwüstet. Darum gehen wir jetzt alle in den Garten und bekommen dort ein paar Waffeln serviert. Mit selbst gemachter Marmelade. »Wollt ihr nicht doch ein paar Gläser mitnehmen?«

»Aber klar doch.«

12 Uhr

Auf der Weiterfahrt ins Sauerland singen wir zu unserer Karaoke-CD nur noch eine Strophe: Uns're Oma muss jetzt richtig lange aufräum', lange aufräum', lange aufräum' …

13 Uhr

Wie erreichen das Sauerland und bewundern seine typischen Merkmale: Traktoren. Bergige Hügel. Bäume. Und immer wieder Ortschaften. In den Ortschaften stehen Häuser. Dunkle Häuser. Häuser mit schwarzen Schieferschindeln auf dem Dach. Schönes Wort. Schieferschindel. *Siehe dort, am First, eine ganz schön schiefe Schieferschindel.* Aber nicht nur dort. Auch an die Hauswände haben sie die pechschwarzen Platten genagelt. Das ist schön. Das ist sehr schön. Das ist sehr, sehr schön. Das muss man sich einfach nur immer wieder sagen. Nein, mal im Ernst: Das ist wirklich schön. Wenn man auf schwarzgeschindelte Schieferhäuser steht.

13.30 Uhr

Hurra, wir sind da. Ich checke ein. Neben der Rezeption steht das Maskottchen des Ladens, ein Clown namens Lucky. Die Kinder sind begeistert. Er sieht aus wie ein richtiger Mensch in einem Clownskostüm. Irre. Und er schüttelt jedem die Hand, der an ihm vorbeiläuft. Allerdings ohne zu sprechen. Cool. Unser Appartement hat zwei Zimmer. Eines für die beiden Größeren und eines für die Kleine und uns. »Hä? Da fehlt doch ein Zimmer.«

»Ach ja, da war kein anderes Appartement mehr frei«, erinnere ich mich dunkel an die Buchung vor zehn Monaten.

Gehe mit den Kindern durchs Hotel. Lese der Mittleren vor, wofür ich sie anmelden kann in der nächsten Woche:

Montag »Rund ums Pferd«,

Mittwoch »Ponyreiten«,

Freitag »Ausritt in den Wald« und am
Samstag »Pony schneiden«.

Sie lacht. Und will alles mitmachen. »Außer das mit den sneiden.« Der Große kann am Dienstag Fußball spielen. »Yeah, Fußball.« Ansonsten kann er der Mittleren zugucken. Am Freitagnachmittag gibt's noch Ritterspiele für alle, am Vormittag geht die Mama bestimmt gerne zu »Filzen für Eltern«, am Abend gibt's Stockbrot am Lagerfeuer, und wir singen Kinderlieder zur Wandergitarre. Toll. Für alles frühzeitig angemeldet zu sein gibt ein gutes Gefühl.

Da sind ja auch schon Niklas, Nele und ihre Eltern Jens und Martina. Die sind parallel hier. Also gleichzeitig. Das wussten wir. Dementsprechend fällt die Freude aus. Die Kinder zeigen den Neuankömmlingen alles, was sie bereits entdeckt haben. Also zunächst die Wand mit den Anmeldezetteln. Dann rennen sie gemeinsam zur Rezeption, ich langsam hinterher. Sie stellen sich um den Clown herum und tun so, als würden sie ihn bewundern. Erst dann treten sie ihm auf die großen Latschen und versuchen, seine weißen Handschuhe zu klauen.

Die Rezeptionsfrau blickt nervös in Richtung des kleinen Tumults. Ich versuche, sie abzulenken. Also die Frau.

Frage: »Bis wann gibt's denn Mittagessen bei Ihnen?«

»Bis 13 Uhr 30.«

»Aha. Also jetzt gerade nicht mehr.«

»Genau.«

»Und wann gibt's Kuchen?«

»Um drei.«

»Schön. Und Abendbrot?«

»Ab 18 Uhr.«

»Oh, fein.«

»Aber Sie sind doch sicherlich nicht nur zum Essen hier, oder?«

»Doch.«

Ein großes Fragezeichen durchschwebt ihren humoristischen Horizont. »Sind das Ihre Kinder da vorn?«, fragt sie.

»Nein.«

»Nein? Sind Sie nicht gerade …«

»Doch, natürlich. Aber kann er sich denn nicht wehren, der Lucky?«

»Nicht wirklich.«

»Warum?«

»Er sieht fast nichts.«

»Oh, das ist natürlich …«

»Und sprechen darf er auch nicht.«

»Aha.«

»Papa, guck mal, der Clown hat nur noch einen Handschuh.«

»Könnt ihr ihm den wiedergeben.«

»Können Sie bitte Ihre Kinder von dem Lucky fernhalten?!« »Habt ihr gehört, Kinder, weg vom Lucky. Der ist taub und blind. Äh, ich meine stumm. Stumm ist der, und seh… und sichtbehindert. Also, verzieht euch.«

Die Kinder rennen weg, die Rezeptionsfrau muss wieder arbeiten. Bleibe noch stehen und blicke mich zum Clown um, der seinen zweiten Handschuh wieder anzieht. Sage verständnisvoll: »Kinder eben. Können ganz schön nerven, ne?« Keine Reaktion. »Sie haben keine Kinder, oder?« Stille. Versuche, ihm genau in die Augen zu schauen. Aber da sind nur zwei dunkle Löcher. »Ich meine nur, wenn man beruflich so viel mit Kindern zu tun hat, dann ist man doch bestimmt froh, wenn man zu Hause … also wenn man dann nach Hause kommt, dass da nicht gleich … dass da niemand … dass man da in Ruhe … sich auch umziehen kann und so…« Regungslos steht er vor mir. Bin unsicher, ob er mich überhaupt versteht. Vielleicht ist es gar kein Deutscher. Vielleicht ist er ein Rumäne. Ein Gastarbeiter, der hier an einem Tag mehr verdient als zu

Hause in dreißig Jahren und so sein Heimatdorf ernährt. Darum darf er auch nicht sprechen. Starte einen letzten Versuch, um seine Deutschkenntnisse zu testen und die Situation aufzulockern. Sage: »Kennen Sie den: Warum fressen Kannibalen keine Clowns? Na? Na weil: Die schmecken so komisch.« Haue ihm kumpelhaft auf die Schulter und gehe ab. Keinen Humor, diese Rumänen.

Sonntag, 31. März
Das Wetter ist schön, die Kinder sind friedlich, wir spazieren mit Nele, Niklas, Jens und Martina durch den Wald, spielen, singen und sammeln Zeugs. Das Elternsein führt oft dazu, dass man sich mit Eltern umgibt, die ähnlich alte Kinder haben wie man selber. Wenn diese Kinder sich mögen und gut zusammen spielen, dann trägt diese Zufriedenheit des Nachwuchses derart auch zum Wohl der Erwachsenen bei, dass die Sympathie zwischen den beiden Elternpaaren fast zweitrangig ist. Umso schöner, wenn das dann auch noch passt wie die Faust aufs Auge.

Es ist alles in allem ein wunderschöner Sonntag, der aufgrund seiner fortdauernden Harmonie viel zu uninteressant ist, um schriftlich festgehalten zu werden.

Montag, 1. April, 8.40 Uhr
Sitzen am Frühstücksbuffet und stopfen zuckerhaltige Weißmehlprodukte in uns hinein. Außer meine Frau. Die isst Obst. Typisch. Hält sich wohl für was Besseres. »Nimm doch wenigstens ein bisschen Schokocreme in dein Früchteallerlei. Wir kriegen ja alle ein schlechtes Gewissen.« Zu müde für Humor, die Gute. Was soll's. Ich bin gut drauf! Greife nach dem Tagesplan auf dem Tisch und lese vor: »Heute, Montag, 10 Uhr: Rund ums Pferd.«

»Gehst du da hin mit der Madame?«, fragt die geräderte Gemahlin mit Blick auf die Mittlere. »Na klar gehe ich. Das wird super, was?«

9.45 Uhr

In fünfzehn Minuten beginnt »Rund ums Pferd«. Die Mittlere ist bereits vorgelaufen in Richtung Reithalle und Stallungen. Mütter mit weiblichen Kindern in ähnlicher Größe strömen hinterher. So auch ich. Die Atmosphäre dort ist hart, aber herzlich. Burschikose Mädchen in detaillierten Reiterhosen weisen den aufgeregten Pferdenärrinnen den Weg zum Versammlungsplatz. »Guck mal da! Guck mal hier! Was ist das denn? Hier stinkt's aber!«, lauten zusammengefasst die häufigsten Kommentare. Um fünf nach zehn betritt die Chefin des Stalls die Bühne, unschwer zu erkennen am Alter ihrer lederigen Haut. »Einen wunderschönen guten Morgen hier bei *Rund ums Pferd*, ich bin die Bärbel, und ich werde euch jetzt eine halbe Stunde lang ein paar Regeln erklären«, brüllt sie plötzlich auf die brabbelnde Masse ein. Und zwar in einer Lautstärke, dass alle sofort verstummen und sich fragen, wo sie ihr Megafon versteckt. Die Stimme ist rauchig und abgenutzt und wird in ihrem erhöhten Dezibelbereich mit einer derartigen Selbstverständlichkeit eingesetzt, dass eine leichte Schwerhörigkeit ihrerseits zu vermuten nicht abwegig erscheint.

Ihre Regeln würde ich in einem Gedächtnisprotokoll wie folgt zusammenfassen:

1. Den Anweisungen des im Schritt besonders gepolsterten Personals ist Folge zu leisten.
2. Tiere sind keine Menschen.
3. Nie hinter dem Pferd langgehen.
4. Nach dem Reiten ist vor dem Reiten.

Anschließend teilen wir uns in zwei Gruppen auf, oder in drei, die erste geht schon mal mit Meike mit, also auch wir, auf zur Koppel, hui, so viele Pferde, eins nach dem anderen wird jetzt zum Stall geführt, das hier ist Shorty, der hat eine Schuppenflechte, jetzt holen wir mal die Zügel, Eltern folgen bitte, da sind ja auch Nele und Martina, Hallo, das Pferd macht aber viel Kaka, jetzt Hufe auskratzen und alle mal kräftig bürsten, nicht hinterm Pferd stehen bleiben, Papa, geh doch mal weg …

Stehe schließlich unnütz an einem Zaun herum und blicke verträumt in die Ferne. Urlaub. Das ist also Urlaub. Urlaub mit Kindern. Ein Widerspruch in sich. So wie *ein bisschen sehr viel*. Oder *ich geh laufen*. Oder natürlich *Einwortsatz*. Wo könnte ich jetzt überall sein?! Überall sonst könnte ich jetzt sein. Aber nicht so. Nicht als Oberhaupt einer fünfköpfigen Sippe. Sondern nur als kinderloser egoistischer Vermehrungsverweigerer. An einer Holzplanke entdecke ich einen Aufkleber. »Mein Herz schlägt für das Sauerland!« Ja, herzlichen Glückwunsch. Sauerland. Wo die Mädchen noch wilder als die Kühe sind. So heißt es doch in dem gleichnamigen Lied von Zoff. Besonders gefiel mir immer die Zeile: *In Hundesossen wird auf Touristen geschossen, und trotzdem kommen jedes Jahr mehr*. Und nun bin ich selbst der Tourist. Aber keiner schießt. Beobachte ergebnisoffen die komplett kuh- und pferdefreie Wiese vor mir.

Da kommt von Weitem etwas auf mich zu. Ich kann es noch nicht genau erkennen. Es kommt näher und näher. Groß. Auf zwei Beinen. Es ist … tatsächlich. Es ist eine große blonde Rittmeisterin in schwarzer Lederhose. Sie sieht in meine Richtung und winkt mich mit ihrer Peitsche zu sich. Es ist ganz eindeutig. Sie meint mich. Ich klettere den Zaun hoch, sie steckt die Peitsche in ihre Hose und knöpft sich langsam die Jacke auf. Ganz klar, sie sucht ein wildes, satteloses Pferd zum Einreiten. Sie ist fast bei mir, bleibt stehen, öffnet den Mund und …

Und brüllt mich an: »Watt klettern Sie denn hier rum? Da ist Strom drauf, Sie Heiopei, runter vom Zaun! Ham Sie nichts zu tun, oder watt? Wo ist denn Ihre Tochter? Sie haben doch Aufsichtspflicht!« Vor mir steht Megafon-Bärbel und donnert mir eine trommelfellerschütternde Standpauke in die Gehörgänge. Anschließend schaut sie so harmlos drein, als hätte sie mir gerade die Uhrzeit gesagt. Ich blicke sie leicht irritiert, aber leidenschaftslos an und überlege eine angemessene Reaktion.

»Ja«, schreie ich zurück, »peitsch mich aus, Bärbelchen, los, mach mich fertig. Ich hab es verdient. Ich bin ein Rabenvater. Ein elender, fauler, gewissenloser Rabenvater. Und ein Pferdehasser obendrein. Zügel mich, Bärbelchen. Zügel und verprügel mich. Damit ich genauso werde wie alle deine Pferde.«

Die Umstehenden glotzen uns an und beginnen zu tuscheln. »So«, schreit Bärbel, »ich habe einen Vater gefunden, der gleich freiwillig und ganz allein abäppeln möchte.«

»Was? Was soll ich? Äpfel pflücken? Sind die denn schon reif?«, versuche ich verzweifelt, aus der Nummer wieder rauszukommen, aber da schlägt mir schon der Applaus der jubelnden Menge entgegen.

11.30 Uhr
Abäppeln ist Reiterjargon und bedeutet das Aufsammeln von Pferdekacke. Man lernt nie aus. Bärbel keift mich zu sich, drückt mir ein Äppelboy genanntes Set aus Schaufel und Rechen in die Hand und schubst mich damit auf's Reitfeld. »Ein Äppelwoi wäre mir jetzt lieber«, scherze ich unerschütterlich in die amüsierte Zuschauermenge hinein und beginne mit der Apfellese. Ein Vater macht die Demütigung perfekt und filmt mich mit seinem Telefon. Mit seinem Apfel-Telefon. So passt alles zusammen. Aber irgendwie möchte ich das nicht. »Können Sie das bitte lassen?« Keine Reaktion. »Hallo, Sie da. Kön-

nen Sie bitte das Telefon ausschalten?« Er filmt weiter. »HEY, ich rede mit Ihnen. Mach das Ding aus!« Auch diese Bitte verpufft wirkungslos. Halte kurz inne und nehme dann unauffällig einen Pferdeapfel in die Hand.

11.45 Uhr
Der verzweifelte Filmfreak erklärt Bärbel, dass er die Scheiße nie mehr aus den kleinen Ritzen seines smarten Gerätes bekommt. »Ach klar, zeig doch mal her«, beruhigt sie ihn und nimmt ihm das Teil aus den Händen. »Ich habe den Mist noch aus jeder Ritze rausgekriegt. Seit zwanzig Jahren mache ich nichts anderes.«

»Könnten Sie sich vielleicht vorher kurz die Hände waschen?«, fragt der Vater besorgt.

»WAS SOLL ICH, SIE HEIOPEI? MACHEN SIE DOCH IHREN DRECK ALLEIN. Unglaublich. SIE WESTENTASCHEN-COWBOY.«

13.30 Uhr
Hole mir nach dem Mittagessen noch einen Espresso und suche ein ruhiges Plätzchen. Die sind aber bereits alle besetzt von dickbäuchigen Vätern, die dort eifrig ihre Tablett-Computer bedienen. Stehe noch unentschlossen im Gang, da rasen plötzlich vier Kinder, von denen ich zwei schon sehr lange kenne, wie irre knapp an mir vorbei. »Langsam, langsam Kinder, es gibt überhaupt keinen Grund, hier so zu rasen. Jetzt ist eigentlich auch Mittagspause, ihr könnt jetzt alle mal …« In dem Moment werde ich von einem sehr großen und schnaufenden Clown angerannt. »Spinnen Sie? Passen Sie doch auf, mein ganzer Kaffee … Sie … ach, Sie sind es. Wo sind denn Ihre Schuhe? Hey, hiergeblieben, Sie …«

16 Uhr
Kuchenzeit – Zeit der Freude.
Wir haben alle einen an der Waffel. Beziehungsweise auf der Waffel. Wir haben alle einen auf der Waffel. Einen riesigen Berg Vanilleeis. »Ich habe zunehmend das Gefühl, dass wir hier nicht abnehmen werden.« Haha. Hammerspruch von mir wieder.

Die Mitmutter Martina fragt meine Frau, ob sie wirklich so gerne filzt, dass sie da mitmacht bei *Filzen für Eltern* am Freitag. Entsetzte Blicke und ein durchgestrichener Name auf der Filzliste sind die Folgen dieser Frage. Ansonsten verläuft der Nachmittag erfreulich folgenlos.

21 Uhr
Ich sitze im stockdunklen kleinen Flur zwischen den beiden Zimmern unseres Appartements. In dem einen stillt meine Frau die Kleine ins Jenseits und liest dabei im Elektro-Buch, in dem anderen winden sich die beiden »Großen« beim Hörspiel »Die Olchis feiern Gefurztag« in den Schlaf. Die Olchis sind eine kinderreiche Drei-Generationen-Familie aus Schmuddelfing, die sich von Müll ernährt. Schöne Idee.

Meine Aufgabe besteht allein darin, eine Störung der Mutter-Kind-Idylle durch die Olchi-Hörer zu verhindern. Diese könnte herbeigeführt werden durch Aufstehaktionen mit fadenscheinigen Begründungen wie *nicht müde*, *Durst* und *Aua* oder durch sinnfreie Streitereien in unangemessener Lautstärke. Auch das Einlegen eines neuen Hörspiels oder das Schlagen gegen den kaputten CD-Spieler gehören in mein Tätigkeitsfeld.

Einzuschlafen ist für Kinder immer eine riesige Herausforderung. Aber hier ist sie noch einmal größer: die ungewohnte Umgebung, die neuen Geräusche, die spätere Einschlafzeit, die Aufregungen des Tages, die Pferde, der Lucky, die Olchis. All das ist schwierig zu verarbeiten für die kleinen Spatzenhirne und kann überdies zu komischen Albträumen führen.

Darum ist der Schlafrhythmus der Kinder zu Beginn der Ferien oft noch *ein bisschen sehr* durcheinander. Das dauert manchmal bis zur Urlaubsmitte und hält dann bis zum Ende an. Die Mittlere kriecht aus ihrem Bett und sagt, dass ihr Bein aua macht. Ich sage, dass das Bein wahrscheinlich gerade wächst, hole ihr einen feuchten Waschlappen, lege ihn auf ihr Schienbeinchen und setze mich wieder in den dunklen Flur. Irgendwie auch süß, wenn sie so verschlafen hergetrottet kommt.

»Können wir noch eine?!«, brüllt der Große. Ich eile herbei, bitte ihn, das nächste Mal leiser zu brüllen, lege »Die Olchis ziehen um« ein und schleiche mit Hilfe der telefonen Taschenlampe zurück auf meinen Flur-Platz. Dort höre ich nun zum dritten Mal das Olchi-Introlied: »Fliegendreck und Olchi-Furz, das Leben ist doch viel zu kurz, wir lieben Schlick und Schlamm und Schleim, das Leben kann nicht schöner sein.« Das stimmt, denke ich. Das Leben könnte gerade kaum schöner sein. Allein der Tag heute. Ein Gedicht. Was ich alles gelernt habe. Über Pferde und Menschen. Diese olchigen Dreckfresser hätte ich heute gut gebrauchen können. Beim Abäppeln. Ekelhaft, aber erstaunlich, wie gut diese Dinger fliegen! Oh Mann, habe ich dreckige Fingernägel. Jetzt hängt das Lied. Verdammt. Ich muss hingehen und draufhauen. Aber nicht zu fest. Gott, bin ich müde.

Stunden später

Ich wandele durchs nächtliche Bauernhofkinderhotel und suche einen schwarzen Filzer. Dann schleiche ich mich ins Personalgebäude und male der schlafenden Bärbel ein wasserfestes Hitlerbärtchen unter die Nase. Als ich mich wieder rausschleichen will, knarrt der Holzboden und sie entdeckt mich. Ohne den Grund für meinen Besuch zu erfragen, führt sie mich ab zum Reitstall. Währenddessen brüllt sie den gesamten Hof wach und empfiehlt allen einen gleich stattfindenden Schauprozess in der großen Halle. Mir fällt indes auf, dass sie in ihren Lederklamotten geschlafen haben muss. In der Halle wird mir Zaumzeug samt einer metallenen Trense angelegt. Dann werde ich gesattelt, der Clown Lucky nimmt auf mir Platz und Bärbel peitscht uns im Kreis durch die Manege. Als Nächstes fesselt man mich auf dem Rücken liegend und bestreicht meine nackten Fußsohlen mit einem Zuckerbrei. Dieser wird anschließend von zwei hereingeführten Rauzungen-Pferden in einer Weise abgeschleckt, die keine Wünsche offen lässt. Als die Kitzelei endlich endet und ich kurz verschnaufen kann, werde ich auch schon von zwei drallen Peitschen-Ladys auf eine Drehscheibe geschnallt, und ein buckliger Folterknecht rollt eine bis zum Anschlag mit Pferdeäpfeln gefüllte Schubkarre heran. »Was wird das denn jetzt, Quasimodo?«, will ich ihm zurufen, aber die in meinem Maul befindliche Trense verhindert jede Artikulation.

Rädelsführerin Bärbel, mit angemaltem Oberlippenbart, erklärt dagegen höchst artikuliert das nächste Spiel. Freiwillige aus dem Publikum müssen hervortreten und versuchen, mich mit den Äpfeln auf der rasch rotierenden runden Platte zu treffen. »Extremitäten fünf Punkte, Oberkörper fünfzehn Punkte, Unterkörper zwanzig Punkte, Gesicht fünfzig Punkte«, erklärt sie in gewohnter Lautstärke dem johlenden Publikum. Lucky richtet die Scheibe auf und gibt ihr Schwung. Der Apfel-Vater tritt an die Schubkarre heran, zieht sich einen Gummihandschuh über und zielt mit einer Handvoll Mist in meine Richtung. Als er zum Wurf ansetzt, kommen plötzlich zwei Olchis hinter der Platte hervorgekrochen und wehren das Geschoss mit Schaufel und Rechen ab. »Wo habt ihr denn jetzt den Äppelboy her?«, wundere ich mich. »Das ist doch jetzt egal, Furzi. Hauptsache, wir holen dich hier raus.« Zwei weitere Olchis erscheinen und knabbern die Lederschnallen an.

»Du kannst gleich aufstehen und abhauen, Kumpel.«

»Was?«

»Du kannst jetzt loslaufen. Die Schnallen sind durch!«

»Was?«

»Aufstehen und los.«

»Jetzt?«

»Jaha. Papa. Aufstehen. Jetzt. Los!«, brüllt plötzlich die Mittlere.

»Na, Schlafmütze, weißt du, wie spät es ist?«, fragt meine Frau.

»Nein.«

»Acht Uhr.«

»So spät schon? Krass.«

»Die Kinder haben vorhin schon versucht, dich wach zu kitzeln.«

»Ach.«

»Ja, Papa. Wir haben ganz doll deine Füße detitzeld, aber du hast einfach weiter deslaft.«

»Komm: Aufstehen, anziehen, frühstücken.«

»Ja, ja, sofort.«

Dienstag, 2. April, 9.30 Uhr

Ansage an die Großen: »So, Kinder, heute geht ihr beiden mal wie besprochen für zwei Stunden in den Lucky-Club. Der Papa geht nämlich in die Sauna mit dem Jens und die Mama braucht auch mal eine Pause von euch.«

»Warum?«

»Warum? Na, weil ihr anstrengend seid.«

»Stimmt gar nicht.«

»Doch.«

»Wir wollen aber nicht.«

»Keine Widerrede.«

10 Uhr

Sitze mit der Kleinen vorm Häschenstall. Meine Frau brauchte dringend mal »wenigstens eine Stunde ohne sie«.

»Warum?«, fragte ich.

»Weil die anstrengend ist«, erwiderte sie.

»Stimmt gar nicht.«

»Doch.«

»Ich will aber nicht.«

»Keine Widerrede.«

Jetzt ist *sie* mit Jens in der Sauna, Martina joggt durch Wald und Flur, und die vier Übriggebliebenen vergnügen sich in der Obhut von diversen Hilfserzieherinnen im Lucky-Club. Vor der Sauna ist ein Telefon angebracht, auf dem diese Damen anrufen, wenn die Kinder abgeholt werden wollen. Ich könnte da auch anrufen. Mach ich aber nicht. Schaue lieber den Häschen beim Knabbern zu. »Da!«, ruft die Kleine, wenn eines anfängt zu hoppeln. Haben lange kein Kaninchen mehr gegessen, denke ich. Kaninchen. Häschen. Karnickel. Schmeckt bestimmt alles gleich. Und *sie* sitzt jetzt neben Jens und schwitzt. Gleich kommt der Aufguss-Boy und heizt ihnen noch mal richtig ein. Die Karnickel fressen Salat und Möhren.

»Da!«

»Ja, da kommt wieder ein Häschen angedackelt.«

»Da!«

»Ja, noch eins.« Jetzt müssen sie sich mit Honig einreiben, befiehlt der Wedel-Bursche. Das reinigt die Haut, deren Poren durch die Hitze offenstehen wie ein Scheunentor, das offensteht.

Zwei Häschen fangen an zu raufen. »Aua«, ruft die Kleine und zeigt auf die Kampfhähne. Von wegen aua. Der Kampf entwickelt sich zu einer handfesten Rammelei. »Gute Katholiken müssen sich nicht wie die Karnickel vermehren«, hat Papst Franziskus neulich gesagt. Na, der muss es ja wissen. Meine

Frau ist aus der katholischen Kirche ausgetreten. Was heißt das jetzt? »Drei Kinder pro Ehepaar sind ideal«, hat er auch noch gemeint, der alte Käppi-Träger aus dem Vatikan. Jens hat erst zwei. Und aus der Ehe sind beide noch nicht ausgetreten. Bin verwirrt. Der Kleinen macht Angst, was sie da im Stall mit ansehen muss. Himmel Herrgott Sakrament noch mal, muss das denn sein hier, ihr … ihr Schweine. Haue mit der Faust auf den Stall, auf dem »nicht berühren« steht. Die Tiere stieben auseinander und verkriechen sich in ihre Baumarkt-Häuschen. Die Kleine greift durch den Zaun, schnappt sich ein Möhrchen und verbeißt sich darin. Aua, aua. Zeit für einen Ortswechsel. Und einen Umtrunk.

Wir tappeln zum Kaffeeautomaten in der Nähe der Rezeption. Der Clown, dem der Kinderclub seinen Namen zu verdanken hat, oder umgekehrt, steht an seinem Platz und begrüßt die Neuankömmlinge. Er hat normale Schuhe an den Füßen. Sehr komisch.

15 Uhr
Endlich ist Fußball. Jessica, eine wadenstarke blonde Frau Anfang zwanzig teilt die Mannschaften ein. Alle wollen mitspielen, sodass jede Mannschaft am Ende Spieler zwischen fünf und fünfzig Jahren in ihren Reihen hat. Wenn sich gleich alle am Niveau des Jüngsten orientieren, ist die ganze Sache relativ sinnlos. Wenn alle Vollgas spielen, ebenfalls.

»Spielt die Frau auch mit?«, fragt Niklas seinen Vater, der direkt neben Waden-Jessi steht.

»Ja, sieht so aus.«

»Aber die ist eine Frau«, erkennt Niklas richtig, wird aber sogleich vom Vater im Sinne des Gender-Mainstreams aufgeklärt. »Ja. Aber Frauen können ja auch Fußball spielen.«

»Jaha, aber nicht so gut«, mischt sich plötzlich mein Sohn in die Unterhaltung ein.

»Ja, das stimmt natürlich«, sage ich wahrheitsgemäß und bemerke sofort den falschen Zeitpunkt für Wahrheiten. »Aber sie dürfen trotzdem mitspielen«, versuche ich zu retten, was nicht mehr zu retten ist.

15.15 Uhr
Wenn acht Väter und acht Söhne zusammen mit ein paar mitgebrachten Töchtern und einer blonden Frau Fußball spielen, im Urlaub, dann sollten auch der Ehrgeiz und der übertriebene Siegeswille für die Dauer des Spiels Urlaub machen. Es sollte jetzt allein der Spaß der Kinder im Vordergrund stehen. Selbstverständlich haben die Kinder erfahrungsgemäß mehr Spaß am Spiel, wenn sie am Schluss als Sieger den Platz verlassen. Ein ganz schmaler Spagat das Ganze. Jens und ich spielen in einer Mannschaft gegen unsere Söhne. Ein Vorteil. Für uns. Ein kleiner Fünfjähriger bekommt relativ früh einen Volleyschuss von Jessi an die Omme geknallt und fällt längerfristig aus. Samt Vater. Wir Erwachsenen schalten alle ein paar Gänge runter, woraufhin die Kinder »Jetzt spielt doch wieder richtig!« fordern. Wir spielen wieder richtig und führen bald mit acht zu vier. Die Frustrationstoleranz unserer Kinder erreicht ob des Zwischenstandes langsam den roten Bereich, aber Jens kennt keine Gnade und nagelt noch einen Ball unter die Querlatte. Fußballer kurz vor einer Heulattacke sind weit entfernt von ihrem maximalen Leistungsvermögen, darum rufe ich eine kurze Trinkpause aus, die alle dankbar annehmen. Bespreche mich kurz mit Jens. Natürlich mit vorgehaltener Hand, die Lippenleser lauern schließlich überall.

»Die müssen doch auch mal lernen zu verlieren«, führt Jens an.

»Ich kann auf keinen Fall schon wieder eine halbe Stunde Heulerei ertragen, das hatte ich vorgestern erst«, ist mein Argument.

»Pass auf«, erwidert Jens, »ich sage den beiden, wer heute gewinnt, der kriegt ein Eis. Und wer verliert …«

»… der kriegt zwei Eis!«, werfe ich begeistert ein. »Sehr gut. So machen wir's.«

Das Spiel geht weiter, noch circa zehn Minuten. Der Vater des fünfjährigen Kopftreffers hat offensichtlich seinen Sohn zwecks mütterlicher Versorgung abgegeben und kommt allein zurück aufs Spielfeld. Er erfährt das Zwischenergebnis, schaut Jessica einen Tick zu lange an, und die beiden legen los, als gäbe es kein Morgen mehr. No-Look-Pässe, Fallrückzieher und eine Frau, die den Zidane-Trick beherrscht, führen am Ende zu einer schmachvollen Niederlage unsererseits, die wir selbstverständlich als faire Verlierer mit einem leicht zerknirschten Lächeln hinnehmen wie echte Männer. Unseren jubelnden und feixenden Kindern weicht die Freude über den Sieg in dem Moment aus den rotwangigen Gesichtern, als ihnen klar wird, dass sie nun lediglich ein statt zwei Eis bekommen.

Mittwoch, 3. April, 10.15 Uhr

Bin mit der Mittleren beim Ponyreiten. Der Große kaspert um uns herum. Jetzt geht es darum, welches Mädchen auf welchem Pferd reiten darf. Zur Auswahl stehen: Blacky, Beauty, Chocolate, Jackomo, Murphy und Ulrich. Warum Ulrich? Ulrich kam kurz nach dem Tod von Bauer Ulrich zur Welt. So ist das Leben. Die Kinder verteilen sich, da kommt auch noch der siebte Gaul angetrottet: Shorty. Er war noch in Behandlung wegen seiner fiesen Schuppenflechte. Ob da jemand drauf möchte? Oh, da kommen ja auch Nele, Niklas und Martina. »Niklas reitet aber nicht mit, oder?«, frage ich.

»Nein. Der wollte nur so mit. Jens ist in der Sauna.«

»Ach, schön. Mein Großer spielt da vorne im Dreck.«

10.20 Uhr

Fünf Kinder drängen sich um Shorty, darunter auch Nele und »meine« mittelkleine Sattelelfe. Das kleinste Ross ist mit Abstand das beliebteste, aber wer darf darauf reiten?

»Ich war als Erste hier!«

»Stimmt gar nicht.«

»Doch.«

»Nein.«

»DOCH.«

»Warum gehst du denn nicht zu Jackomo?«

»Will ich nicht.«

»Warum denn nicht?«

»Der ist zu droß. Und außerdem ist der ja dar nich trank.«

Die Nerven sind zum Zerreißen gespannt. Wie die Lederhose von Bärbel. Sämtliche Mütter, Väter, Kinder und besonders die Pferde warten sehnsüchtig auf eine Entscheidung des obersten Schiedsgerichts, das alle in Person von Madame Megafon erwarten. Da erscheint aber unerwartet die junge drahtige Meike und erklärt uns in aller Ruhe ihre Methode zur Entwirrung des offenbar tagtäglich auftretenden Verteilungsknäuels. »So, Kinder, dann hört ma her: Wir sind insgesamt vierzehn Kinder für sieben Pferde, das heißt immer zwei Kinder kümmern sich um ein Pferd. Wenn mehr als zwei Kinder unbedingt auf ein und dasselbe Pferd wollen, dann entscheidet der Würfel.« Sie hält einen großen Schaumstoffwürfel in die Luft und begibt sich in die Kampfzone um Shorty herum. Das Spiel beginnt. Eine Fünf. Eine Zwei. Eine Drei. Als Letztes meine Mittlere. Sie würfelt frohgemut und zielsicher eine Eins. Ja, herzlichen Glückwunsch!

Es ist ganz normal und auch völlig okay, dass sie daraufhin komplett kollabiert und eine halbe Stunde lang rumheult, während alle anderen mitleidig gucken und ihr Pferd *pfertig* machen. Ein Nervenzusammenbruch ist für eine Vierjährige eine altersentsprechende Reaktion auf die klare Niederlage beim Glücksspiel. Und natürlich bin ich mir meiner Pflichtaufgabe in dieser Situation bewusst und tröste sie fachmännisch, liebevoll und erfolglos. Gleichzeitig ist aber wohl auch mein Unbehagen verständlich, in das mich diese Lage befördert. Wobei Unbehagen viel zu positiv klingt. Es ist vielmehr ein absoluter Widerwille. Eine extreme körperliche wie geistige Abneigung angesichts der Gefangenheit in den aktuellen Umständen. Ein Moment, in dem ich keine Allmachts- sondern eher Ohnmachtsphantasien bekomme. Wie schön wäre es, jetzt ohnmächtig zu werden? Es sind geschlagene dreißig Minuten meines Lebens, in denen Scheuklappen und Ohrstöpsel gegen die gut gemeinten Vorschläge und Ermunterungen der Mitmenschen und gegen das Gebrüll der Mittleren nicht ausreichen würden, um die sprießende Knospe der hasserfüllten Gereiztheit zu stoppen, die unter meiner Schädeldecke pocht. Eine Knospe, aus der sich eine feuerrote Blüte zu entfalten droht, wenn sie weiterhin mit unerwünschten Eindrücken gefüttert wird. Eine wutschnaubende, amoklauffarbene Blüte. Dieser Amoklauf würde sich selbstverständlich ausschließlich gegen die Verhältnisse und Gegebenheiten richten und somit völlig allein und auf einer freien Wiese stattfinden. Von diesem Amoklauf würde keine Gefahr für Menschen ausgehen oder für Kinder. Höchstens für Pferde. Aber nur für kranke Pferde. Für sehr kranke Pferde. Und auch nur dann, wenn die Schuppenflechte einem original rheinischen Sauerbraten geschmacklich nicht im Weg stehen würde.

Allein meine stoische Friedfertigkeit, mein bleiernes Phlegma und meine übertriebene Zivilisiertheit verhindern einen derartigen Ausbruch, weil sie sich schützend über alle Knospen und Blüten legen wie eine schwere Löschdecke über ein Büschel Wunderkerzen.

11 Uhr

Die Mittlere hat sich beruhigt. Und ich mich mit. Nach dieser verheulten Ewigkeit ist ihr Blick natürlich getrübt für das erhabene, freudvolle Gefühl, das eine Runde im Sattel auslösen kann. Dennoch schaffe ich es schließlich, mein mittleres Lieblingskind auf den großen alten Ulrich zu hieven, der mit ihr auf dem Rücken lethargisch durch die Halle schlurft.

»Wo sind denn die Großen?«, frage ich Martina, die vor uns neben Nele auf Shorty durch das Rund eiert.

»Keine Ahnung. Die werden sich schon melden, wenn was ist.«

»Das stimmt.«

Vierjährige Kinder sind zum Glück vergesslich und nicht nachtragend, denke ich beim Anblick der Mittleren. Dieses jüngste aller anwesenden Mädchen sitzt auf dem höchsten Ross von allen und strahlt stolz und glücklich wie ein Honigkuchenpferd. Und so, wie sie beim anschließenden kurzen Galopp lacht, so herzerfrischend und herzeröffnend, so habe ich sie noch nie in meinem Leben lachen gehört. Das sind die Momente, die einen alles andere vergessen lassen.

11.45 Uhr

Die weiblichen Kinder dürfen den Tieren noch etwas Zucker geben, ich halte Ausschau nach den beiden männlichen Halunken. Wo mögen sie sein? Verstehen sich ja anscheinend prächtig. Nach dem Sommer werden sie eingeschult. Auf dieselbe Schule. Viel zu früh in meinen Augen. Was sollen die jetzt schon in der Schule? Die spielen so gerne … Ah, da sind sie. Sie laufen über das Gelände wie Pat & Patachon. Oh, vielleicht liegt das daran, das Niklas sehr große Schuhe anhat. Komisch. Jetzt zieht mein Sprössling die Schuhe über. Nein, das gibt es doch nicht! Das sind ja Clownsschuhe. Wo wollen die bloß hin damit? Ich folge ihnen unauffällig. Da, sie verschwinden hinter den Schweinestall. Ich spinkse um die Ecke. Sehe einen Misthaufen. Die beiden Rabauken füllen die Schuhe mit Gülle. Irre. Könnte eingreifen. Aber warum? Und was sage ich dann? Hey, Kinder, lasst das? Ich mach mich doch nicht lächerlich. Was habe ich nicht früher alles angestellt? Sachen geklaut, Feuer gemacht, Böller in Auspüffe geschoben. War doch lustig. Und niemand ist richtig zu Schaden gekommen. Genau wie jetzt. Sie stellen die güllegefüllten Schuhe gut sichtbar vor den Stall. Es sind einfach ganz normale Jungs. Ganz normale Sechsjährige. Und natürlich können die bald in die Schule gehen. Wer Scheiße baut, kann auch lernen gehen.

12 Uhr

Die zwei Streichespieler kommen mir entgegen. Ich spreche sie an: »Na, ihr Lümmel, wie sieht's aus? Man, seid ihr dreckig. Was habt ihr denn getrieben in den letzten zwei Stunden?«

»Och, nichts. Ist voll langweilig hier.« Die Mittlere gesellt sich zu uns.

»Jaja. Wisst ihr denn schon, wer heute auf dem größten Pferd der Welt geritten ist?«

»Nein.«

»Deine Schwester. Ganz mutig war die.«

»Jaha. Und dann bin noch Galopp gereitet und nich runterdefallen.«

Darauf der Große: »Können wir jetzt zum Mittagessen?«

»Aber klar. Heute gibt's Sauerbraten.«

»Bäh!«

12.15 Uhr

Auf dem Weg zur Toilette kommt mir ein Clown auf Socken entgegen. »Ich glaube, ich habe Ihre Schuhe gesehen.«

»Was?«

»Ja! Vorm Schweinestall. Können Sie so reinschlüpfen.«

Er macht nicht den Eindruck, dass er mich verstanden hat. Vielleicht auch besser so.

13 Uhr

Stelle eine Scherzfrage an alle. »Was macht ein Clown im Büro? Faxen!« Und lache mich total kaputt.

13.30 Uhr

Suche eine ruhige Ecke für mich und meinen Espresso. Meine Lieblingsecke ist bereits besetzt. In ihr sitzt ein Kerl Mitte vierzig mit einer ordentlichen Plauze und einem Weizen vor der Nase. Unsympathischer Typ. Ich glaube, das ist der Vater, der mich beim Abäppeln gefilmt hat. Sitzt in meiner Ecke und tippt auf seinem Rechner herum. Jetzt trinkt er. Bestimmt sieben Schlucke. Neben ihm zwei Jungs um die zehn Jahre, die auf ihren Telefonen herumdaddeln. Was für ein Bild. Und Abbild. Kinder sind immer das Abbild ihrer Eltern. Ganz ruhig sitzen sie da. Und er mit einem fetten Weizen vor der Nase. Ganz ehrlich, genau das könnte ich jetzt auch gebrauchen. Mit stillen Kindern und einem großen Bier in meiner Lieblingsecke. Beneidenswerter Typ, der Blödmann.

21 Uhr

Spiele mit Jens Badminton. Auf dem Nebenplatz spielt Weizen-Heinrich mit seinem Sohn. Dem kleineren, der Feigling. Und trotzdem verliert er. Genau wie ich. Ich schlage immer viel zu feste. Der Ball landet ständig im Aus.

»Was ist denn los?«, fragt Jens nach einer Weile. »Du bist ja voll unter Strom. Sind das die ganzen Aggressionen, die du tagsüber nicht rauslässt?«

»Ach, Quatsch«, erwidere ich, »das ist … ich bin … wenn man … ich komme einfach vom Squash her. Deswegen. Da drischt man nun mal so rum. Komm, lass uns aufhör'n und ein Weizen trinken.«

22 Uhr
Sitze mit Jens an der Theke der Moonlight-Bar. Huijuijui. Klingt verführerisch. Hier können sich die Eltern mal ganz in Ruhe den vergangenen Tag schön saufen. Für umsonst. Und neue Eltern kennenlernen, sich austauschen, erzählen, wie oft sie schon hier waren, wann sie wieder herkommen, dass Shorty früher genauso klein war, aber gesund, und, und, und.

»Weißt du, was das Fieseste an diesem Urlaub ist?«, frage ich Jens, ohne eine Antwort abzuwarten. »Dass wir seit fünf Tagen diese verfickte Kinderzahnpasta benutzen müssen, weil wir unsere vergessen haben.«

»Komm doch nachher mit zu uns, dann schmier ich dir was von unserer irgendwohin.«

»Gute Idee. Prost.«

»Prost.«

»Das darf man einfach nie vergessen: Man macht das hier alles nur für die Kinder.«

»Ja.«

»Seid ihr auch übermorgen bei den Ritterspielen dabei?«

»Na klar. Ich mach da Fotos. Wir müssen ja wohl nicht mitmachen, oder?«

»Keine Ahnung.«

Stille.

»Und sonst? Alles schön bei euch?«

»Absolut.«

»Wirklich?«

»Ja. Ich weiß manchmal gar nicht, wen ich mehr liebe, meine Frau oder die Kinder.«

»Das kenn ich. Ich glaube, die Liebe zur Frau ist einfach eine andere.«

»Das stimmt.«

»Wenn ich sage: Ich schlafe jetzt mit der Frau meiner eigenen Kinder … dann klingt das irgendwie immer ein bisschen pervers.«

»Das *ist* pervers. Die gehört doch zur Familie.«

»Ja, aber sie ist ja nicht mit mir verwandt.«

»Das glaubst du. Ich schlafe ja lieber mit der Frau meiner Träume.«

»Mhm, in deiner Phantasie.«

»Genau … Weißt du, was ich neulich gedacht habe? Wenn ein Mann mit seiner eigenen Schwester schläft und die kriegt dann Kinder, dann sind die Kinder, die dabei rauskommen, das sind dann auch Geschwister.«

»Du bist ja total krank.«

»Martina will ja noch ein Kind.«

»Was?«

»Martina will ja noch ein Kind.«

»Ja, das hab ich verstanden.«

»Dann frag nicht *Was*.«

»Ich meinte *Was* im Sinne von *Warum*.«

»Weiß ich doch nicht.«

»Was?«

»Warum sie noch eins will? Doch. Sie meinte, das würde bei euch so toll aussehen. So ganz. So komplett irgendwie.«

»Die ist ja komplett irrsinnig.«

»Wem sagst du das?!«

»Und du?«

»Ich halte mich da raus.«

»Wie?«

»Na ja, ich sage ihr, ja, von mir aus. Aber ich sorge natürlich vor. Oder was glaubst du, warum ich so oft in die Sauna gehe?«

»Du alter Fuchs.«

»Was denkst du denn? Herr Ober, noch zwei Weizen bitte.«

»Alkohol und Hitze, das mögen die Spermien nicht.«

»Genau.«

»Du bist echt 'ne ausgebuffte Sau.«

»Na klar. Und zusätzlich ziehe ich oft noch die Handbremse. Falls du verstehst, was ich meine.«

»Nein, keine Ahnung.«

Wieder Stille.

»Oh, da kommt schon der nächste Humpen.«

»Mensch, das ging ja schnell.«

»Danke schön.«

»Prost.«

»Zum Vollsein.«

…

»Komischer Vogel, der Barmann, oder?«

»Ja. Der hat noch nicht ein Wort gesprochen, seit wir hier sind.«

»Und irgendwie kommt der mir bekannt vor.«

»Mir nicht.«

0.50 Uhr

Wir haben schön einen im Tee und erheben uns von den Barhockern. Beim Gehen trete ich kurz seitlich neben den Tresen und betrachte den Kellner in voller Statur. Woher kenne ich den? Dann sehe ich es: Er hat Clownsschuhe an. Verstehe. Es ist der Rumäne. »Ach, Sie sind es! Mal Lucky, mal Kellner, ganz schön … äh, abwechslungsreich, was?«

»Komm, wir gehen«, drängt Jens.

»Gelernt haben Sie wahrscheinlich Dracula, oder? Ich meine nur, wegen Rumänien. Der kommt doch da her, oder?« Er schaut mich verständnislos an. Ich reiße den Mund auf und deute auf meine Schneidezähne: »SIE AUCH DRACULA?«, frage ich nun sehr deutlich, bevor mich Jens ruckartig von ihm wegzieht.

1 Uhr

Bringe meinen schwankenden Freund sicherheitshalber noch zu seinem Appartement. Gemeinsam öffnen wir die Tür. Da steht Martina in einem grünen Negligee im Flur und schaut demonstrativ auf ihre Armbanduhr. »Du weißt schon, dass wir heute verabredet waren?«

»Ja klar. Hübschsiehstuaus, Maus«, lallt Jens ihr entgegen.

»Du bist ja total besoffen!«

»Ich? Nein.«

»Ach, Scheiße, Mann!« Sie will die Tür zuschlagen, aber ich halte meinen Fuß dazwischen.

»Und was willst *du* jetzt noch?«

»Äh, ich bräuchte … hatte der Jens mir … wegen der … äh, ich brauch Zahnpasta.«

Donnerstag (fehlt)

Freitag, 5. April, 14 Uhr

Sitze mit meinem Klapprechner auf der Terrasse unseres erdgeschossigen Wohnbereichs und versuche, eine Verbindung zur großen weiten Welt herzustellen. Die Mutter meiner Kinder ist mit den beiden Mädchen sowie Martina und Nele auf großer Kutschfahrt durch ein kleines Waldstück. Klingt paradox, ist aber so. Jens und ich haben mit den Jungs, die sich hartnäckig geweigert haben, ohne ihre Schwestern in den Lucky-Club zu gehen, weil das *ungerecht* wäre, mit diesen Jungs also haben wir bereits Stöcker gesucht, Angeln gebastelt, Regenwürmer ausgegraben, sie längs über einen Draht geschoben und dann den Kindern bei dem zugeschaut, was sie nun wirklich überhaupt nicht können, nämlich geduldig warten. Jetzt fahren die beiden Raufbolde mit winzigen Dreirädern um mich herum und lachen, weil die viel zu klein und eigentlich für Babys sind. Sehr witzig.

»Könnt ihr bitte woanders fahren?«, frage ich höflich, eine Reaktion bleibt aber aus. Die Hartplastikreifen sind einfach zu laut. »EEEEYYYYYYYY!!! KÖNNT IHR BITTE WOANDERS FAHREN?«, blöke ich gereizt gegen den Lärm an und erschrecke mich sogleich selbst über meine ungeduldige Forschheit.

»Wer schreit denn da so?«, ruft Jens vom Balkon über uns herunter.

»Dein Sohn macht Krach«, informiere ich ihn.

»Aha. Mit wem denn?«

»Den anderen kenne ich nicht. Muss irgend so ein dreckiges Hofkind sein.«

»Ja, dann.«

»Sag mal, geht dein WLAN auch nicht?«

»Doch. Ganz wunderbar.«

»Ach Scheiße, passt doch auf. Jetzt hab ich Espresso auf der Tastatur. Geht mal weg hier.«

»Umdrehen das Ding! Ganz schnell umdrehen. Und Taschentücher drunter legen. Hier, fang auf.«

»Danke.« Ich mache, wie mir geraten.

Dann höre ich Jens wieder von oben. »Du, Johann?«

»Ja?«

»Ist das okay für dich, wenn ich kurz in die Sauna gehe und du die beiden hast?«

»Aha. Äh. Ja, nein. Kein Problem«, lüge ich ihn an.

»Super. Danke. Bis später.«

»Jaja. Viel Erfolg.«

Wäre ich doch nur mit auf die Kutschfahrt gegangen, denke ich noch, da höre ich plötzlich von Weitem Gesang. Was ist das? Es klingt wie ein mehrstimmiger Wechselgesang. Und die Stimme der Vorsängerin kenne ich. Tatsächlich. Das muss Bärbel sein. Sie singt vor, und der Rest singt ihr nach:

»Oh, Alele.« – »OH, ALELE.«

»Ah, teri tiki tomba.« – »AH, TERI TIKI TOMBA.«

»Ah, massa massa massa.« – »AH, MASSA MASSA MASSA.«
»Oh, Alele, ah balu aje.« – »OH, ALELE, AH BALU AJE.«
Ach, herrje. Wann habe ich denn den Quatsch zum letzten Mal gehört? Vor dreißig Jahren?

Als meine drei »Damen« zur Terrasse kommen, lässt das Gesicht meiner Frau keine Fragen offen. Das Durchlittene ist ihr quasi ins Antlitz gemeißelt. Ein doppelter Zeigefingerzeig auf ihre Gehörgänge ist dabei wohl ein Hinweis auf blutige Ohren, übereinandergelegte Handinnenflächen neben der unteren Wange des schief gestellten Kopfes deuten auf ein Ruhe- bis Schlafbedürfnis hin, welches sie durch rasches Verschwinden ins Schlafzimmer untermauert. Die Benutzung von Zeichensprache ist ein deutliches Signal für ein erschöpftes Rede- oder Zuhörpotenzial.

14.30 Uhr
Der Große bittet Niklas, noch einmal den Witz mit der Oma zu erzählen. »Aber den habe ich doch heute morgen schon dreimal erzählt.«

»Ich hab ihn aber wieder vergessen.«

»Na gut. Fritzchen geht mit seiner Oma spazieren. Da sieht er ein Bonbon auf dem Boden und hebt es auf. Die Oma sagt: Fritzchen, nicht! Was auf dem Boden liegt, darf man nicht aufheben. Dann gehen die weiter, und die Oma rutscht auf einer Bananenschale aus. Dann sagt die Oma: Fritzchen, kannst du mich mal hochheben, damit ich aufstehen kann. Und dann sagt Fritzchen: Nein, Oma, was auf dem Boden liegt, das darf man nicht aufheben.«

»Ach ja, den kenn ich schon«, sagt darauf der Große. »Sollen wir jetzt Fußball spielen?«

»Aber gleich sind doch die Ritterspiele«, weise ich ihn auf das Event hin, auf das er sich seit Tagen wie Bolle freut.

»Ach ja. Ich will aber nicht Ritterspiele machen.«

»Warum das denn nicht?«

»Weiß ich nicht. Ich will was anderes machen.«

»Was denn?«

Er blickt in Richtung Hofteich und sagt: »Zum Ballspiel angeln.«

Interessant. Das Gedächtnis eines Goldfisches gepaart mit einem eigenen Standpunkt so fest wie ein besoffenes Fähnchen im Wind, diese Paarung führt nicht nur zu unermüdlichen Fragen und Meinungswechseln, sondern in besonders glorreichen Fällen auch zu Versprechern dieser Art. Zum Ballspiel angeln. Oder: Zum Ballspiel Angeln, so wie ich es interpretiert habe. Er möchte Angeln zum Ballspiel. Zwei große lange Angeln. So wie ich oft fordere: Zum Kaffee Kuchen. Zum Fisch Weißwein. Zum Joint Sitzgelegenheiten. Zum Ballspiel Angeln.

Na ja.

15 Uhr

Die Ritterspiele gehen gleich los. Hurra! Und ich darf dabei sein, weil meine Frau schon die Kutschfahrt mitmachen durfte. Das ist nur gerecht. Wir versammeln uns also auf dem Hofplatz, um dort zu erfahren, dass wir jetzt zehn Minuten laufen zum Ritterspielplatz. Jippi! Waden-Jessi und Pferde-Meike betreuen die Spiele. Denke über das abwechslungsreiche Tätigkeitsfeld der beiden nach: »Das ist ja durchaus vielfältig, Ihre Aufgaben, oder? Fußball, Pferde, Ritter. Das ist alles …« Die beiden schauen, als wollte ich sie veräppeln. Dann brüllt Jessi: »Hallo, falsche Richtung! Hier lang«, und ich beende meinen Gesprächsversuch. Die Kinder preschen voran, die Erzeuger laufen im Stechschritt hinterher. Fünfzehn Eltern, meist zu zweit. Und meist mit zwei Kindern. Das wird ein Spaß.

Zu Beginn kriegen wir alle eine Pappkrone in die Hand gedrückt, die wir uns auf den Kopf setzen. Lustig! Ritter – Krone.

Das passt irgendwie. Dann bekommen alle Kinder ein Filzleibchen mit Rittermotiven. Nur meine zwei Haudegen bekommen ein Filzleibchen ohne Rittermotiv.

»Äh, wieso können meine Kinder nicht auch so ein Leibchen mit Motiv haben?«

»Ja, diese aufgeklebten Filzmotive, die konnten die Eltern, die heute Morgen bei *Filzen für Eltern* waren, die konnten die da extra für das Leibchen ihrer Kinder basteln.«

»Aha.«

»Und Ihre Frau war wohl nicht da.«

»Aha.«

»Und Sie auch nicht. Und darum …«

»Ja, aber das hätte man auch gerne mal irgendwie vorher gewusst, was da genau wofür …«

»Steht ganz unten aufm Anmeldezettel.«

»Ja, ganz unten.«

»Das wird auch nicht immer gemacht. Nur wenn noch Zeit ist. Also wenn viele eh schon filzen können, die wo da sind.«

»Wo da?«

»Was?«

»Schon gut. Ach, Mann. Die armen Kinder.« Werfe einen besorgten Blick auf meine sicherlich schwer enttäuschten Jungritter, aber die raufen bereits mit Nele und Niklas, die ebenfalls motivlos in die Schlacht ziehen müssen. Das verbindet natürlich, dieses gemeinsame Schicksal. »Kommt mal her, ihr vier«, rufe ich verschwörerisch, und wir bilden einen Kreis. »Alle mit einem blanken Leibchen, das sind die Musketiere. Die besten Ritter von allen. Also, wenn …«

»So, alle mal herkommen!«

»Okay. Also, macht sie fertig.«

Jetzt teilen wir uns in fünf Gruppen auf. Und jede Gruppe geht an eine der fünf Stationen, die uns vorher erklärt wurden. Yeah. Obwohl. Was? Wir auch? »Äh, aber … ich dachte … also die Eltern … ich meine, ist das … also die Eltern machen auch richtig mit?«

»Ja, wieso?«

»Ach, nur so. Nein, weil ich dachte, dass das nur für die Kinder ist, die Ritterspiele.«

Alle lachen. »Der Komiker nun wieder.« Sehr witzig. Das ist mein Schicksal. Ganz ernst gemeinte Fragen werden einfach weggelacht.

Unsere erste Station ist Hufeisenwerfen. Man wirft ein echtes Hufeisen so nah wie möglich an einen Holzpflock. Nach mehreren frustrierten Versuchen darf die Mittlere am Ende so nah an den Pflock herantreten, dass sie das Eisen quasi mit langem Arm einfach fallen lassen muss. Das finden die großen Jungs kurz ungerecht, aber da geht es auch schon zur nächsten Station. Dosenwerfen. Wir werfen mit steingefüllten Filzbällen auf aufgestellte Aluminiumdosen. Cool. Genau wie die alten Ritter damals.

»Papa?«

»Jaha.«

»Haben die Ritter wirklich früher Dosenwerfen gemacht?«

»Ja.«

»Aber warum?«

»Um … äh, um zu üben. Ja. Für wenn Angreifer kommen. Dann haben die erst geübt, mit solchen Filzbällen, und wenn sie angegriffen wurden, dann haben sie natürlich richtige Eisenkugeln genommen. Die mit Juckpulver eingerieben waren.«

»Papa?«

»Ja, mein Sohn.«

»Ich muss Pipi.«

»Dann geh da hinten ins Feld.«

»So, du bist dran«, ruft Jens mir zu und bewirft mich mit den Filzkugeln. »Dass wir die überhaupt benutzen dürfen, wo unsere Frauen doch gar nicht da waren heute Vormittag beim

Filz falzen für Hausmütter oder wie das heißt«, flachse ich mit Jens herum, unter den Augen und Ohren der immer mürrischer dreinschauenden Jessica.

Jetzt wird's ernst. Bogenschießen. Die Erwachsenen schießen mit einem richtigen Bogen auf Strohballen, die Kinder mit einer Plastikarmbrust auf eine Metallscheibe. Mein erster Schuss fliegt weit über die Strohballen hinweg ins dahinter liegende Rapsfeld. Als ich den zweiten Pfeil spanne, sehe ich, wie mein Sohn hosenstallschließend aus eben diesem Rapsfeld herausgestiefelt kommt. »Niemand geht ins Rapsfeld, hatte ich das denn nicht gesagt«, brüllt ihm Jessi entgegen.

»Aber das hat mein Papa gesagt.«

»Wer ist dein Papa?«

»Der da.«

»Wieso spannen Sie denn schon den zweiten Pfeil?«

»Wieso nicht?«

»Weil Sie erst mal den ersten wiederholen müssen, mit dem Sie gerade fast Ihren Sohn durchlöchert hätten.«

»Aber die Pfeile gehen doch sicherlich niemals durch so ein stabiles Filzleibchen hindurch, oder, freudiges Burgfräulein?«

Das nächste Spiel ist Ringstechen. Dabei muss man auf einem Pferd reitend einen speerartigen Stock durch einen Strohkreis werfen, der im Baum hängt. Das Pferd, welches uns für diese Übung präsentiert wird, ist niemand Geringeres als Shorty. »Shorty, alte Filzlaus«, begrüße ich das schuppenflechtige Kleintier und bemerke den steigenden und unangemessenen Grad meiner Albernheit. Bemühe mich nun wieder um seriösen Beistand, ungeteilte Aufmerksamkeit und ehrliches Lob für meine rosigen Ritterskinder, die auch diese Übung mit Bravour meistern.

Beim allerletzten Spiel des Nachmittags werden bei zwei nebeneinander stehenden Menschen die Innenbeine zusammengebunden, und an den Außenbeinen werden Luftballons festgemacht. Jens und ich werden von Jessica untenrum so fachmännisch verschnürt, dass ich mir einen Fifty-Shades-of-Grey-Spruch nur mit großer Mühe verkneifen kann. Jens hat ähnliche Assoziationen, wie ich seinem Gesicht entnehmen kann. Nun fehlt dem anderen Partner, unserem Gegner also, nur noch der Partner, sodass Jessica spontan einspringt. Sie vertäut sich mit dem Dickbäuchigen, und sie stellen sich auf.

Jetzt stehen wir uns gegenüber. Bereit zum Kampf. Ich mit meinem besten Freund, also meinem besten Vaterfreund, Jens, auf der einen, und Waden-Jessi und Weizen-Heinrich auf der anderen Seite. Die Kinder und übrigen Erwachsenen bilden einen Kreis. Es ist das letzte Spiel der Ritterspiele. Der letzte Kampf. Die entscheidende Schlacht.

Leider gelingt es mir nicht, die Situation in einen guten Spruch zu verpacken, ernst zu nehmen oder zu genießen. Ich empfinde sie eher als Demütigung. Bisher konnte man noch für sich in seiner Mannschaft werfen oder schießen und Punkte verteilen, wie es einem passte. Jetzt bin ich Teil einer Gruppenübung. Ich muss mit komischen Gleichaltrigen und einer fragwürdig motivierten Blondine ein Spiel bestreiten, das für Drei- bis Neunjährige konzipiert ist. Unter den zuschauenden Augen und Telefonen von anderen komischen Gleichaltrigen und Kindern aller Altersstufen soll ich versuchen, Luftballons zu zertrampeln. O mein Gott. Wann habe ich das zum letzten Mal gemacht? Kann ich das überhaupt noch? Warum bin ich jetzt nicht woanders? Das unwohle Gefühl trifft mich plötzlich und unerwartet. Was tun? Ich will nicht. Der Moment gefriert. Ich will nicht. Ich will aber auch nicht der Spielverderber sein. Meine Kinder sollen doch stolz sein. Auf mich. Ihren Vater. Ihren einzigen Vater. Stolz darauf, dass er jeden Quatsch voller Inbrunst mitmacht. So, wie ich das bei ihnen schätze, wenn sie mit Eifer bei der Sache sind. Ein Leben mit Leidenschaft. So, wie gleich dieser Kampf. Ich zeig's euch. Augen zu und durch.

17.10 Uhr

»Warum hast du denn nicht gewartet? Oder wenigstens Bescheid gesagt, dass du jetzt losrennst?«, fragt mich Jens eindringlich, als uns der Hofarzt endlich versorgt hat. »Irgendein Signal hätte doch gereicht. Ich war total bereit, aber du bist ja wie von Sinnen losgeprescht. Was war denn nur wieder los mit dir?«, will er wissen. Jens ist bei der Aktion mit dem Hinterkopf übel auf einen Stein geknallt, als ich mit voller Wucht sein angebundenes Standbein nach vorne weggezogen habe. Ich selbst habe mir dabei den Knöchel verdreht und das Handgelenk verstaucht, als ich nach vorne rennen wollte, aber nicht weit kam. »Wenn das einer gefilmt hat und veröffentlicht, den bringe ich um.«

17.20 Uhr

»Mama, der Papa war lustig, der war mit Jens angebunden, dann ist der losgerannt und dann …« Der Große kann sich vor Lachen kaum noch halten. »Und dann sind die beide hingefallen. Und jetzt kann er nicht mehr laufen.«

»Oh, ehrlich?«

»Ach was, halb so schlimm. Kleine Verstauchung. Jens hat's übel erwischt. Und du?«

»Wir waren gerade bei den Pferden, den Gänsen und den Ziegen.«

»Aha.«

»Und gehen jetzt zum Häschenstall.«

»Soso.«

»Treffen wir uns um sechs beim Abendbrot?«

»So wird's gemacht.«

17.30 Uhr

Sitze mit den zwei großen Kleinkindern auf dem Teppich unseres Appartements und suche mit der Fernbedienung den Kindersender des Zimmerfernsehers, um vor dem Abendmahl in aller Ruhe noch zwei Bier zu trinken. Eine halbe Stunde Glotze pro Tag wird zwar für dieses Alter nicht gerade empfohlen, aber entspannte Eltern werden empfohlen, und so geht das jetzt nun mal am schnellsten. Zappe entschlossen durch die krude Kanallandschaft der frühabendlichen TV-Unterhaltung. Bleibe aufgrund der Gleichzeitigkeit von Umschalten, Hausschuhesuchen und Zum-Naseputzen-Anleiten zufällig auf ZDF Info hängen, wo selbstverständlich eine Reportage über das Dritte Reich läuft. Was soll man auch sonst senden um diese Uhrzeit. Hitler bölkt also ins Mikrofon, da ruft plötzlich der Große ganz aufgeregt: »Guck mal da! Der spricht genau wie Pettersson!«

»Was? Wer?«, frage ich ungläubig.

»Der da! Guck.«

»Der sieht aber andassa aus als in Bilderbuch«, bescheinigt daraufhin die Mittlere.

»Sieht Pettersson eigentlich wirklich so aus?«, will der Große wissen.

»Äh, ja. Ich glaube, das könnte … ich weiß das so genau auch nicht, das ist ja eine historische … also der ist schon alt und …«

Während meines Gestammels zappe ich weiter und lande schließlich doch irgendwann beim Kinderangebot des öffentlich-rechtlichen Fernsehens. Und dort bei einer Serie, in der ein gelber, quaderförmiger Schwamm mit Gesicht, Krawatte und Hose unter Wasser in einer ausgehöhlten Ananas lebt und mit seinem Haustier, der miauenden Schnecke Gary, und dem geistig schwerfälligen rosa Seestern Patrick Abenteuer erlebt, die man sich nüchtern überhaupt nicht vorstellen kann.

20.30 Uhr
Heute ist unser letzter Abend. Da lassen wir mal fünfe gerade sein. Die Kinder dürfen so viel Eis essen, wie sie wollen. Und gleich soll es noch Stockbrot geben. Die Großen halten ihre

Angeln ins Feuer. Lustig. Dann klemmen sie mit Draht ein Eis am Stiel an den Stock. »Guck mal, Papa, wenn man das Eis ins Feuer hält, dann schmilzt das ganz schnell.«

»Oh ja. Cool.« Wie viel Eis muss ein Kind essen, damit es eins ins Feuer hält? Dreißig?

Jetzt gibt's Stockbrot. Yeah. Da kommt der Mann mit dem Teig. Ist bestimmt der Lucky. Er ist sofort umringt von spitzstockig bewaffneten Knirpsen, denen er das klebrige Zeug um die Äste wickelt. Dann alle ans Feuer. Sofort kommen die Väter und korrigieren die Haltepositionen, bis sie am Ende selbst ohne Kind vor der Glut hocken und die Stöckchen drehen. Auch essen müssen sie den ungewürzten Quatsch allein, weil heute alle Kinder so viel Eis essen durften, wie sie wollten. Obwohl ich Teil des Ganzen bin, sehe ich mich eher als Zuschauer. Als aufmerksamer Betrachter, der mit jedem Glas Wein mehr Abstand gewinnt zu dem Zirkus um ihn herum. Jetzt kommt eine Frau mit Gitarre. Wir singen. Die Sterne funkeln.

0.30 Uhr

Die Familie schläft schon. Ich geh jetzt auch. Noch schnell Zähne putzen. Och nö, mach ich morgen. In der Toilette schwimmt ein weißer Handschuh. Hatte ich jetzt eigentlich die Gitarre zerbrochen und ins Feuer geworfen? Oder hatte ich das nur vor? Habe ich schon geschlafen? Nein. Gute Nacht.

Samstag, 19. April, 10 Uhr

Wir packen. Die Kinder gucken einen Zeichentrickfilm auf DVD. Ich überprüfe kurz den Zustand unserer mitgebrachten Unterhaltungsmaschine. Dann mache ich einen nicht ganz ernst gemeinten Vorschlag: »Dieses kaputte Radio-Kassetten-CD-Teil lassen wir einfach hier, okay?«

»Von mir aus«, sagt meine Frau gleichgültig. Na gut, denke ich. Wenn sie meint.

Beim Einpacken und Aufräumen lasse ich den Urlaub vor meinem geistigen Auge noch einmal Paroli laufen, wie Horst Hrubesch sagen würde.

»Diese Familienhotels sind doch ein Hort der Kreativlosen, oder?«, beginne ich meine Analyse. »Diese ganzen Leute hier. Da ist doch keiner dabei, der irgendwie selber mal ... Oder?«

»Was meinst du denn?«

»Ich meine, das ist hier eigentlich kein Urlaub für uns.«

»Nein?«

»Nein, das hier ist Urlaub für reiche dickbäuchige CDU-Wähler mit dem größtmöglichen SUV für ihre lächerlichen zwei Kinder.«

»Aha.«

»Die sie so gut wie möglich wegorganisieren wollen, um sich bloß nicht mit ihnen beschäftigen zu müssen.«

»Soso.«

»Und die sich stattdessen vormittags mit ihren Flach-Rechnern verkriechen und sich vorm Mittagessen das erste Weizen reinknallen.«

»Das stimmt«, bestätigt meine Frau. »Die sind natürlich viel schlimmer als gut verdienende Grün-Wähler mit kleinem Bäuchlein, bei denen die wahnsinnige Anzahl von drei Kindern ausreicht als Rechtfertigung für zwei dekadente Cluburlaube im Jahr.«

»Hä?«

»Wobei allein der Zusatz *Bauernhof* im Reiseprospekt das ökologische Alibi darstellt für die kommende Diskussion mit deinem fruganen Waldfrucht-Bruder.«

»Was soll das denn jetzt?«

»Wie *Was soll das denn jetzt?* Wir haben auch nicht gerade einen Bio-Kombi vorm Hotel stehen, der nur mit Rapsöl läuft.«

»Ja, ich weiß. Aber wir ... Seit wann wählst du eigentlich grün?«

»Ich nicht, aber du doch.«

»Ja? Na ja, trotzdem sind wir insgesamt, z. B. was die Nachhaltigkeit angeht, also die Nachhaltigkeit unseres gesamten Lebensstils ist hier mit Sicherheit, und damit meine ich nicht nur, dass wir uns mit Solar beschäftigen … jedenfalls ist die bestimmt eher überdurchschnittlich … äh, verglichen mit allen, die hier sind, haben wir, von der Einstellung her, auch was Plastiktüten angeht zum Beispiel, da sind wir schon … hast du hier einen gesehen mit einem Stoffbeutel? Ich mein, guck dir die Leute hier doch mal an, glaubst du wirklich, die gehen mehrheitlich in den Biomarkt? Nein, so was ist für die doch … keine Ahnung. Allein wie viele Koffer die hier teilweise mitgeschleppt haben …«

»Was hat denn jetzt die Anzahl der Koffer mit Nachhaltigkeit zu tun?«

»Na ja, viele Koffer, viele Klamotten. Viele Klamotten, viel Spielzeug, viel Konsum. Viel Konsum, viel Wegschmeißen, ganz einfach.«

»Wolltest du nicht gerade unseren Elektroschrott hier lassen?«

»Was hat das denn jetzt damit zu tun?«

11 Uhr
Große Verabschiedungsparty an der Rezeption. »Tschüs, Martina. Tschüs, Nele und Niklas. Tschö Jens. Tschüs … ach nee, wir fahren ja zusammen. Ja, und Tschau, Lucky. Und danke für alles. Ach ja, Lucky, eins wollte ich dir noch sagen. Ich war ja früher auch klaun. Im Kaufhaus. Hahaha. Nichts für ungut.«

Moslems, Yoga, Dummibärchen

oder:

Warum man Squash nicht mit dem Mund spielt,
weshalb dürftige Witze nicht besser werden, wenn man sie
dürftig erzählt, und was Hitler mit all dem zu tun hat

Samstag, 19. April, 15.45 Uhr

Wir sind wieder zu Hause. Die Kinder gucken noch eine Viertelstunde DVD, wir haben alles ausgepackt und weggeräumt und erholen uns kurz bei einer Tasse Kaffee vom Urlaub. Vom Urlaub mit den Kindern. Der erst dann ein richtiger, also erholsamer Urlaub gewesen wäre, wenn die Kinder wie erhofft freiwillig jeden Tag für ein paar Stunden in den Kinderclub gegangen wären. Urlaub mit Kindern – geht das überhaupt? Keine Ahnung. Die Frage ist, wie man Urlaub definiert. Eine Zeit ohne Arbeit, würde ich sagen. Dafür Erholung. Heißt keine Arbeit aber auch keine Erziehungsarbeit? Ist die Erziehung der eigenen Brut überhaupt als Arbeit einzustufen? Fragen über Fragen.

16 Uhr

»Können wir noch eine gucken?«

　　»Nein.«

　　»Oh Mann, was sollen wir denn jetzt machen? Hier ist es voll langweilig.«

　　»Wir setzen uns jetzt mal alle zusammen aufs Sofa …«

　　»Wieso das denn?«

　　»… und gucken uns ein paar Fotos an.«

　　»Oh nein.«

Die schönen Momente der Ferien werden ja traditionell von einem Elternteil mit der Kamera eingefangen. Ich aber bemühe mich immer wieder darum, auch in den schlimmsten Situationen das Telefon zu zücken und den Auslöser zu drücken. Und deswegen betrachten die Kinder nun auch zahlreiche heul-

und schreigesichtige Bilder ihrer selbst, die sie je nach persönlicher Betroffenheit entweder irritieren oder belustigen. Diese Fotos zu machen kostet oft etwas Überwindung, weil sich das Kind in einer schwachen, hilflosen und Trost einfordernden Lage befindet und durch das Fotografieren ein Stück weit bloßgestellt zu werden droht. Aber es hat sich doch wieder gelohnt, denke ich beim Durchwischen des Albums auf unserem Tablett. So entsteht einfach ein viel realistischeres Abbild der Sauerländer Woche, und obendrein sehen die Kinder endlich mal ganz deutlich, wie das bei ihnen aussieht, wenn die traurige oder wütende Emotion das Gesicht zur Fratze verzerrt. Während des Geschreis gucken sie meiner Erfahrung nach ja nur sehr widerwillig für längere Zeit in den Spiegel.

Sehr lehrreich also, diese digitale Diaschau. Und bald wird es Alben geben mit Knöpfen, auf denen das Geräusch zum Bild abspielbar ist. Und dann werden sie denken: Oh Mann, das bin ich. Mama, Papa, es tut mir leid.

Solch ein familiärer Fotonachmittag schweißt auf jeden Fall zusammen. Die gemeinsame Erinnerung fördert den Familiensinn, die Achtung untereinander und lässt vor allem die Eltern denken: Das haben wir auch wieder geschafft. Respekt.

19.50 Uhr
Die Kinder schlafen schon. Ich muss jetzt etwas essen. Bin ich gerade nicht zu gekommen. Da fragt mich meine Frau mit Blick in den Familienkalender: »Hast du eigentlich Ostereier besorgt?«

»Was?«

»Morgen ist Ostersonntag.«

»Scheiße.«

»Einer muss noch los.«

»Wohin denn?«

»Im Flughafen der Supermarkt hat jeden Tag 24 Stunden lang geöffnet.«

»Ich bin doch nicht bescheuert und fahr jetzt zum Flughafen.«

»Wohin denn?«

»Ich fahr zum Büdchen am Neusser Platz. Der hat auch immer offen.«

»Okay, versuch's!«

»Die Kinder wissen noch gar nichts von ihrem Glück, oder?«

»Nein.«

»Na, das wird eine schöne Überraschung.«

»Jaha.«

»Oder …«

»Was?«

»Oder wir …«

»Jetzt fahr schon.«

»Oder wir tun so …«

»Jetzt fahr endlich!«

»Was denn?«

»Ich weiß doch, was du sagen willst.«

»Was denn?«

»Oder wir tun einfach so, als wäre es ein ganz normaler Sonntagmorgen.«

»Genau.«

»Das finde ich aber blöd.«

»Warum?«

»Nur weil wir das vergessen haben, sollen die kein Ostern feiern?«

»Die sind doch eh nicht getauft.«

»Aber sie wachsen in einer christlich geprägten Gesellschaft auf. Und da gehört schon dazu, dass man Ostern kennt.«

»Okay, okay. Aber dann erklärst du ihnen morgen auch die Zusammenhänge zwischen Jesus, Hasen und Schokoeiern.«

»Die kenn ich aber nicht.«

»Dann informier dich. Ich fahr jetzt zum Büdchen. Bis gleich.«

20.45 Uhr

Brettere mit hundertsiebzig Sachen über die Autobahn zum Flughafen. Das zuvor angesteuerte Büdchen hatte nur Überraschungseier. Penner. Der Besitzer kennt Ostern wahrscheinlich gar nicht. Unchristlicher Seppel. Ostern. Wie kann man nur Ostern vergessen?

21.34 Uhr

Laufe mit vollen Tüten an einem Bildschirm mit den nächsten Abflügen vorbei und bleibe kurz stehen. Überlege, spontan einen zweiwöchigen Kurztrip nach Casablanca anzutreten. Okay, eine Woche, damit es nicht so auffällt. Jetzt einfach weg, nur für drei Tage, das würde mir schon reichen. Zwei Tage entspannen in der Sonne. Ohne den ganzen Kladderadatsch, der einen hier so auf Trab hält. Ein Traum.

»Hallo.«

Wann fliegt der los?

»HALLO.«

Hab ich denn meinen Perso dabei?

»Hallo, Sie da.«

Und wem müsste ich alles Bescheid sagen?

»Hallo, Sie! Sie haben ein Ei verloren!«

»Was?«

»Sie haben ein Ei verloren. Aus Ihrer Tüte.«

»Oh ja. Danke Ihnen.«

Sonntag, 20. April, 6.35 Uhr

Sanft landet die Maschine in der rotsandigen Morgensonne von Casablanca. »Waren Sie schon mal in Marokko?«, fragt mich die Stewardess und setzt sich auf den freien Platz neben mir.

»Nein. Noch nie.«

»Es ist wunderschön dort.«

»Das glaube ich gern.«

»Sind Sie ein paar Tage dort?«

»Ja. Zwei.«

»Oh. Ich auch.«

»Aha.«

»Wie schön.«

»Ja.« Bin etwas verlegen. Sie öffnet ihr Haar.

»Was überlegen Sie denn?«, fragt sie.

»Was … äh, was sprechen die da eigentlich für eine Sprache in Marokko?«

»Marokkanisch.«

»Ach ja. Klar.«

»Aber auch viel Französisch.«

»Soso.«

»Können Sie Französisch?«

»Nein.«

»Ich aber.«

»Ach.«

»Was sind denn das für dicke Eier da?«

»Wo?«

»Da. In Ihrer Tüte?«

»Ach, das ist wegen … äh, weil ja morgen …«

»Verstehe.«

»Ja?«

»Ja. So, Sie können jetzt aufstehen und aussteigen.«

»Was?«

»Sie können jetzt aufstehen!«

»Ja?«

»Aufstehen. Los!«

»Ja.«

»AUFSTEHEN, HAB ICH GESAGT!«

7.03 Uhr

»Die Kinder waren einfach zu früh im Bett für einen längeren Schlaf«, sagt mir meine Frau erklärend, während ich immer noch irgendetwas zum Anziehen suche. Scheint alles in der Wäsche. »Aber ist doch auch gut«, fügt sie an, »dann sind sie schon drin im Rhythmus von morgen.«

»Für übermorgen, meinst du.«

»Wieso?«

»Morgen ist Ostermontag.«

»Ach. Scheiße.«

In dem Moment kommt die Mittlere rein. »Was ist scheiße?«

»Nichts, mein Kind.«

»Die Mama hat SCHEISSE gesagt.«

»Nein.«

»Die Mama hat SCHEISSE gesagt. Scheiße, scheiße, scheiße.«

9 Uhr

Vor der Eiersuche müssen die Eier erst noch versteckt werden. Dazu muss einer die Kinder im Haus halten und ihren Blick in den Garten verhindern, der andere versteckt schnell alles und merkt sich die Verstecke. »Du sollst doch keine Plastiktüten nehmen«, sagt meine Frau bei der Durchsicht der gesammelten Schätze aus dem Flughafen-Supermarkt. »Warum hast du denn so viel eingekauft? Das reicht ja für drei Ostern.«

»Ich hatte Hunger.«

14 Uhr

Laufe mit der Kleinen im Kinderwagen durchs Viertel, meine Frau ist mit den beiden anderen im Zoo. »Vielleicht schläft sie ja ein bisschen«, war meine leise Hoffnung. Aber das Kind denkt gar nicht daran. Jetzt will es wieder raus aus dem Wagen und an meiner Hand neben mir her watscheln. Kein Problem, sehr gerne. Ich habe Zeit. Man lernt sein Umfeld ganz neu kennen, wenn man mit so einem kleintapsigen Hosenfratz unterwegs ist. Wie viele Schaufenster es hier gibt. Das war mir gar nicht klar. Da, ein Hund. Wie lustig. Und der Veedels-Kater Felix aus dem kleinen Teppichgeschäft ist auch da und haart die Auslagen voll. Interessant. Von Samstag bis Montag wird er einfach im Laden eingesperrt. Scheint ihm aber nichts auszumachen. Wie putzig. Die Kleine ist von allem fasziniert. Überall wird geschaut, gewartet, gestaunt. »Du bleibst – kaum kannst du laufen – alle zwei Meter stehen«, singt Judith Holofernes über diesen komischen geduldseinfordernden Entschleunigungsspaziergang. Wie machen das die Leute, die keine Zeit haben?

Oh je, wer kommt uns denn da entgegen? Das sind doch zwei, die – so wie wir – auch meistens nicht keine Zeit haben. Es sind Nils und Andreas. Man trifft sie immer wieder hier im Viertel. Immer nur die zwei. Sie strolchen herum wie verlassene Hunde. Dabei sehen sie oft so suchend aus. Ja, sie suchen. Da bin ich sicher. Sie suchen Anschluss und Aufmerksamkeit. So wie alle Menschen. Und sie suchen ihre Mutter. Also die Mutter von Nils. Beharrlich schaue ich in das Schaufenster eines gefälschten Druckerpatronen-Geschäfts. Also eines Ladens, der nachgebaute Originaldruckerpatronen verkauft. Und zwar nicht zu den überteuerten Originalpreisen, sondern zu falschen Preisen. Zu richtig gefälschten Originalpreisen. Man sollte sich unbedingt nebenan im Copyshop ein paar Hunderter kopieren, bevor man da einkauft.

»Guten Tag.«

»Hallo.«

»Na, kommt ihr mit in den Zoo?«

»Was?«

»Ob ihr mit in den Zoo kommt? Nils und ich wollten jetzt hin.«

»Äh, nein. Wir nicht. Wir sind … äh, wir wollten gleich da vorne mal … da, wo die Luftballons sind … einfach mal ein bisschen … aber meine Frau ist da … grüßt sie doch mal von mir, wenn ihr sie trefft, okay? Tschö, Markus.«

War das jetzt unhöflich? Keine Ahnung. Wahrscheinlich schon. Was soll's. Wo ist denn mein Kind? Ah, bei den Luftballons.

14.47 Uhr
Die Luftballons hängen am Vordereingang der Hinterhof-Moschee. Klingt paradox, ist aber so. Am Eingang ist ein Stand aufgebaut mit Flugblättern und Pistazienküchlein.

»Guten Tag. Können wir einen Luftballon haben?«

»Ja klar. Hier, bitte.«

»Danke.«

»Wollen Sie nicht mal reinkommen in die Moschee?«

»Och, ich weiß nicht. Was gibt's denn da zu … ich meine, was ist denn … was wird denn hier überhaupt gefeiert?«

»Wir feiern heute den Geburtstag unseres Propheten Mohammed.«

»Aha.«

»Und dazu laden wir alle Bürger des Viertels ein.«

»Das ist ja … das ist ja mal was.«

»Waren Sie schon mal in einer Moschee?«

»Nein. Aber ich bin generell … äh, halte ich nichts von … äh, also ich bin ganz ungläubig, egal, wer da jetzt …«

»Ach so.«

Nehme mir aus Höflichkeit eine Broschüre vom Stand. »Und dieser Mohammed hat heute Geburtstag?«

»Ja genau.«

»Am … was haben wir denn heute, den 20. April?«

»Richtig.«

»20. April! Das Datum kenne ich doch.«

»Ja?«

»Na klar. Das ist doch auch der Geburtstag von, von, von …«

»Von Hitler«, beendet die alte Frau von schräg gegenüber mein Gestotter, die wie zufällig an uns vorbeischlurft.

»Wo kommen Sie denn jetzt her?«, frage ich leicht verwirrt, aber sie geht einfach weiter. »Ja, aber sie hat recht. Auch Hitler hatte am 20. April Geburtstag«, erkläre ich der jungen Kopftuchträgerin.

»Ja?«

»Ja!«

»Das wussten wir gar nicht.«

»Aber kann man sich doch gut merken.«

»Wieso?«

»Na, der hielt sich ja auch irgendwie für einen Propheten ...«

»Was wollen Sie denn damit jetzt sagen?«

»Ja, nichts. Das ist natürlich völlig ... äh, äh, Zufall. Das kann man auf gar keinen Fall miteinander ... also, wir müssen dann auch.«

Montag, 21. April

Wir versuchen, langsam wieder einen geregelten Tagesablauf einzuführen, den Süßkramkonsum herunterzuschrauben und die nächsten Wochen zu planen.

Aber was heißt das schon. Bei drei Kindern stellt sich der Plan im Grunde von selbst auf. »Wenn wir mal wieder richtig Zeit haben, machen wir A: eine Weltreise, B: nichts, C: ein viertes Kind?«, fragt mich meine Frau scherzhaft, als wir nach einem guten freien Montag im Bett liegen. »B, B, B, A«, sage ich und schlafe ein.

Dienstag, 22. April, 8.15 Uhr

Endlich wieder Kindergarten. Wir sitzen am Frühstückstisch, und meine Frau und ich freuen uns auf den ersten halbwegs kinderfreien Vormittag nach den Ferien.

»Ich will nicht in Tinderdarten.«

»Ich auch nicht«, stimmt der Große ein.

»Natürlich geht ihr in den Kindergarten. Das ist … äh, Pflicht. So wie Schulpflicht.«

»Jetzt erzähl nicht so einen Quatsch«, sagt das Gesicht meiner Frau, ohne den Mund zu öffnen. Ich versuche die Aufmerksamkeit umzulenken.

»Weißt du eigentlich noch den Witz mit der Oma und dem Fritzchen, den der Niklas so oft im Urlaub erzählt hat?«, frage ich explizit die Mittlere.

»Ich weiß den noch«, haut der Große wie erwartet dazwischen.

»Ja, das weiß ich. Darum habe ich auch deine Schwester gefragt.«

»Ja, ich weiß den auch noch«, sagt sie und wirft sodann einen Blick ins Leere. Dieser Blick ist entweder ein Hinweis auf ihre Müdigkeit oder auf die große Entfernung, die sie überwinden muss, um den Inhalt des Witzes aus ihrem hübschen Köpfchen hervorzukramen. Ich freue mich auf jeden Fall. Denn es ist plötzlich still. Wir vier warten gespannt auf einen Beginn. Sie überlegt. Das dauert. »Große Gedanken, kleines Gehirn«, kommt mir plötzlich eine Textzeile von Sven Regener in den Sinn. Was passiert da gerade in ihrem Kopf? Ich stelle mir vor, wie die Synapsen den Gedankenfluss in geordnete Bahnen lenken wollen, um zu einem vernünftigen Ergebnis zu kommen. Dabei baumeln noch unzählige synaptische Endknöpfe lose im Raum herum. Ein Aktionspotenzial nach dem anderen rauscht heran. Die Neurotransmitter stauen sich. Und hupen. »Ey, wieso geht's hier nicht weiter?«, rufen sie. In der Hektik werden Verbindungen geschaffen, die so nie vorgesehen waren vom Schöpfer. Und das ist schön. Denn aus diesen verkorksten Verbindungen entsteht nicht nur Murks. Neulich fuhren wir mit dem Auto über die Innere Kanalstraße nach

Ehrenfeld, da rief die Mittlere plötzlich: »Guck mal, da is wieder das hoche Bunthaus.« Schöner hätte niemand von uns das bunte Hochhaus benennen können. Nicht so schön war, als sie Fotzdummi statt Zopfgummi sagte, aber wer will ihr das verübeln?

»Welcher geht noch mal spazieren mit der Oma?«, fragt sie nun etwas ratlos.

»Wer mit der Oma spazieren geht?«, hilft ihr daraufhin meine Liebe, also meine liebe Frau. »Das Fritzchen.«

»Ach ja. Otay. Fritzchen und Oma gehen spazieren. Und dann sagt … kann ich noch was trinken?«

»Hier.«

»Und dann sagt die …«

»Nein! Erst mal findet Fritzchen ein …«

»Ja, weiß ich.«

»Jetzt lass sie mal.«

»Fritzchen und Oma gehen spazieren, und dann … und dann … und dann rutscht die Oma aus, auf der Bananenschale.«

»Nein! Erst mal …«

»Jetzt lass sie doch mal!«

»Oh, kannst du den Brei mit dem Löffel essen, und nicht mit den Händen?«

»Dann ist die Oma hindefallen. Und Fitzchen sagt …«

»Nein!«

»ICH ERZÄHL DEN!«

»Du hast dich ja total eingesaut.«

»Die Oma sagt …«

»Ich muss die mal eben komplett umziehen.«

»Okay.«

»Fitzchen, tannst du mich aufheben?«

»Nicht in die Haare auch noch.«

»Nein, Oma.«

»Oh, das dauert.«

»Warum hat die eigentlich kein Lätzchen an?«

»Was auf den Boden liegt ...«

»Mama.«

»Was auf den Boden liegt ...«

»Mama.«

»... darf man nicht aufheben.«

»Mama, wo gehst du hin?«

»Dann sind die weitergegeht.«

»Ich gehe kurz nach oben.«

»Weitergegangen! Dummkopf.«

»Hey, so was will ich hier nicht hören, verstanden?«

»Ja.«

»Deine Schwester erzählt jetzt den Witz zu Ende und wird nicht mehr unterbrochen!«

»Ja.«

»Dann ist Fitzchen hindefallen.«

»Nein.«

»Wo willst du jetzt hin?«

»Zu Mama.«

»Hiergeblieben.«

»Och, warum?«

»Hast du zu Ende gegessen?«

»Ja.«

»Da ist doch noch ganz viel Müsli drin!«

»Ich bin aber satt.«

»Ja, dann geh ... aber putz dir die Zähne erst mal ... Und warum fängst *du* jetzt an zu weinen?«

»Ich wollte den Witz erzählen, und teiner hört zu.«

»Ja, das stimmt. Komm mal her.«

»Nein!«

»Willst du mal auf meinen Schoß kommen?«

»Nein!«

»Pass auf, du erzählst jetzt den Witz noch mal in Ruhe und ganz von Anfang, und ich höre dir zu.«

»Nein!!«

»Willst du nicht?«

»Nein!«

»Isst du denn noch weiter dein Schokomüsli?«

»Nein. Ich will Dummibärchen.«

»Du bist mir auch so ein Dummibärchen.«

»Selber.«

»Wir haben überhaupt keine Gummibärchen.«

»Doch.«

»Wo denn?«

»Da in Srank.«

»Es gibt aber morgens keine Gummibärchen.«

»Wer kriegt Gummibärchen?«

»Hast du Zähne geputzt?«

»Hat die Gummibärchen gekriegt?«

»Nein. Es gibt morgens keine Gummibärchen.«

»Dann will ich ein Eis.«

»Da musst du jetzt aber selber lachen, oder?«

»Jaha.«

»Hast du dir die Zähne geputzt?«

»JAHA.«

»So, was war denn jetzt mit Fritzchen?«

»Der ist hindefallen.«

»Nein.«

»Jetzt lass sie doch.«

»Erst mal hat der ein Bonbon gefunden.«

»Papa?«

»Jaha.«

»Tönnen wir ein Bonbon?«

»Ja, klar könnt ihr ein Bonbon.«

»Ja, wir dürfen ein Bonbon!«

»Hier.«

»Hä?«

»Was denn?«

»Was sollen wir mit dem Zettel und dem Stift?«

»Ihr könnt jetzt ein Bonbon … malen. Hahaha.«

»Oh, Papa.«

»Hey, sofort aufheben! Auch den Stift.«

»Mama?«

»Ja?«

»Der Papa ärgert uns.«

»Was? Wieso das denn?«

»Ach, die spinnen. Alle beide. Die haben … also erst hat …«

»Kannst du sie mal nehmen?«

»Klar. Wenn du unserem Dummibärchen die Zähne putzt.«

»Ich muss mir eben die Hände waschen.«

»Na, hast du einen neuen Pullover an?«

»Komplett vollgeschissen war die auch noch.«

»Oh.«

»Hast du denn schon Zähne geputzt?«

»Nein.«

»Zu mir hat er gerade Ja gesagt.«

»Was hast du gesagt?«

»ZU MIR HAT ER GERADE GESAGT, ER HÄTTE SICH SCHON DIE ZÄHNE GEPUTZT!«

»Kannst du ihr noch ein bisschen neuen Brei machen?«

»Sei doch mal ruhig. Was?«

»NEUEN BREI MACHEN. Bitte.«

»Mach ich. So, und du erzählst jetzt noch mal in aller Ruhe den Witz.«

»Otay.«

Ohne zuzuhören rühre ich Brei an. Mit einer Gabel. Obwohl es mit dem Schneebesen schneller geht. Aber bis ich den

Schneebesen gefunden habe, geht es mit der Gabel schneller. Ich schütte Breipulver ins heiße Wasser. Er wird dicker und dicker. Oh, zu dick geworden. Etwas Wasser nachkippen. Weiterrühren. Und die Klümpchen zerdrücken. Brei. Schöner Brei. Breiiger Brei. Schöne breiige Breimatsche. Immer wieder dringen Fetzen des Fritzchen-Witzes an mein Ohr. Aber ich lasse sie nicht herein. Der Brei ist fertig. Kurz probieren, ohne zu kotzen. Mhmm. Heiß. Pusten. Brei beschreibt im Grunde am besten diesen Morgen. Diesen Matsch aus Anweisungen, Nachfragen, Nachschütten, Ermahnungen, Interesse vorgaukeln und ablenken. Immer wieder ablenken. Diesen Brei vermag allein ein doppelter Espresso aus meinem Kopf zu spülen. Ein doppelter Espresso mit einer ordentlichen Portion Zucker, den gleich in meinem Stamm-Café zu schlürfen ich in großer Vorfreude entgegenblicke.

»Sie läuft!!!«

»Was?«

»Die ist gerade drei Schritte gelaufen«, ruft meine Frau begeistert.

»Ich wusste immer, dass die schon laufen kann«, sage ich altklug.

»Ja, du kannst ja laufen. Ja, toll! Komm, gleich noch mal.« Die Kleine setzt sich auf den Hosenboden und fängt an zu weinen. Sie scheint selbst völlig erschrocken von dem aufrechten Gang, den sie da gerade hingelegt hat. »Oh, kannst du die beiden in den Kindergarten bringen, ich möchte das unbedingt gleich filmen.«

»Aber klar, gerne, kein Problem. Der Brei ist auch fertig. Na, dann. So Kinder, seid ihr so weit? Schuhe? Jacken? Zähne?«

»Ich will aber keine Jacke anziehen.«

»Von mir aus. Ich gehe dann anschließend direkt ins Café, okay?«, frage ich rhetorisch vom Flur Richtung Küche.

»Weißt du noch, wie das geht?«

»Hä?«

»Was du gerade gemacht hast?«

»Was?«

»Du bist gelaufen. Noch mal hinstellen. So, und jetzt mal die Hände loslassen.«

»Bis später. So, du willst auch keine Jacke?«

»Nein.«

»Ist aber kalt draußen.«

»Mir egal.«

5 Minuten später

»Nicht erschrecken, wir sind's noch mal.«

»Sie ist schon wieder gelaufen. Willst du mal sehen?«
»Nachher, wir haben … äh, die wollen jetzt doch Jacken. Zu kalt.«

»Findest du das denn gar nicht aufregend? Ihre ersten Schritte?«

»Doch doch. NICHT DIE. Die ist zu dünn.«

»Oh Mann. Ich will aber nicht die dicke.«

»Dann such dir selber eine aus.«

»Dann will ich auch die dünne.«

»Fünf Schritte waren das gerade.«

»Fünf? Wahnsinn. Tschö, bis nachher.«

»Du weißt, dass ich nachher noch einen Termin habe?«

»Jaja.«

»Papa.«

»Wann noch mal?«

»Um halb zwei.«

»Ach ja.«

»Papa?«

»Was ist denn?«

»Kann ich Sandalen anziehen?«

»Nein.«

»Um eins müsste ich los.«

»Da bin ich längst wieder da.«

»Wo bist du denn?«

»Papa.«

»Ich muss doch zur Agentur um zehn.«

»Papa?«

»Dauert bestimmt zwei Stunden.«

»PAPA!«

»Was ist denn?«

»Mein Schuh ist auf.«

»Oh jemine. Was machen wir denn da?«

»Zumachen, Dummkopf.«

»Können die beiden mal Schuhe mit Klettverschluss kriegen?«

»Sie läuft schon wieder.«

14 Uhr

Bin mit der Kleinen allein zu Haus. Ausnahmsweise sind ihre Geschwister heute bis um vier im Kindergarten. Ihre Mutter ist beruflich unterwegs. Gerade schläft sie noch ihren mittäglichen Kleinkindschlaf. Die Kleine. Sobald sie wach wird und jammert, höre ich sie. Trage das Babyfon lässig am Gürtel. Könnte aufräumen. Starte den kleinen elektrischen Küchenstaubsauger, dessen Geräusch mir signalisiert, dass sein Müllfach sehr voll und sein Akku sehr leer ist. Öffne den Sauger, dann den Hausmülleimer und schütte den aufgesaugten Dreck hinein. Die Hälfte landet daneben, weil auch der Hausmülleimer bis über den Rand voll ist. Gehe mit dem prallen Bioplastiksack in Richtung Haustür. Auf dem Weg dahin liegt mein Bademantel, den ich gekonnt in Richtung Kellertreppe schieße, wodurch ich seinen Weg bis zur Waschmaschine verkürze. Ich öffne die Haustür, es ist kalt und windig. Ziehe den Bademantel an und gehe zu den Mülltonnen. Die interessante neue Nachbarin kommt vorbei, sieht mich, in Socken, mit Bademantel, das Babyfon am Gürtel und den dicken Sack in der Hand. Sie grüßt stumm. Immerhin. In dem Moment knallt die Haustür hinter mir zu. Verdammte Hacke. Was jetzt? Habe keinen Schlüssel, kein Telefon, keine Hausschuhe an. Das Kind im Haus, und ich davor. Wenn es jetzt wach wird. Oh, mein Gott. Klingel bei den anderen Nachbarn, die einen Schlüssel unserer Haustür haben und mich freundlich empfangen: »Na, Schlunzi. Wieder frei heute?«

Gehe ins Haus zurück und halte mein Ohr ans Babyfon. Es schläft noch, das verrotzte Kind, und klingt dabei wie ein Blasebalg. Wie das pfeifende Geräusch beim Loslassen des Fußes. Wenn er Luft zieht, der Balg. So klingt das Kind beim Einatmen. Der Wechselbalg. Der Blasebalg. Diese Parallelen. Der Balg, sowohl abwertender Ausdruck für ein Kind als auch eine leere Hülle zum Erzeugen eines Luftstroms. »Mach hier nicht so'n Wind«, habe ich neulich zum Großen gesagt, als er beim Tischabdecken die drei Meter zur Spülmaschine unbedingt rennend zurücklegen musste. So hängt alles zusammen. Bälge machen Wind. Und wenn man zwei Blasebälge hat, dann ist einer davon der Wechselblasebalg, phantasiere ich gedankenverloren vor mich hin. Da, ein Jammern, sie wird wach. Wie schön. Gleich bin ich nicht mehr so allein.

14.30 Uhr
Kurz nach dem Wachwerden muss man sehr behutsam mit dem kleinen Mädchen umgehen. Jetzt bloß nicht direkt komplett durchkitzeln oder zehnmal in die Luft werfen. Das würde sie einem den gesamten Nachmittag über übel nehmen. So etwas kann man nur dann machen, wenn die Mutter gleich kommt, man selbst zeitnah einen Termin hat und ihr – also der Mutter – noch schnell eins auswischen muss. Muss ich aber nicht. Darum erst einmal in Ruhe gucken. Wo steht sie gerade?

Wie ist sie drauf? Was könnte sie geträumt haben? Was braucht sie jetzt? Weiß sie überhaupt schon, wer sie ist?

Dann wickeln. Nur Pipi. *Nur* ist gut. Viel Pipi. Nur sehr viel Pipi. Aber die Windel hat gehalten. Muss an die Geschichte eines Veranstalters aus dem Ruhrgebiet denken, der zwei Stunden nach einem Konzert von Tokio Hotel im Gelsenkirchener Parkstadion über den Rasen zur Bühne gehen wollte und dabei durch ein Meer voller Windeln waten musste. Die 8- bis 15-jährigen, zumeist weiblichen Fans wollten auf keinen Fall ihren hart erkämpften vorderen Stehplatz wegen eines kleinen Geschäftes verlieren und sorgten vor. Mit saugfähigem Kleinkind-Equipment, das sie am Ende der Show einfach auf dem Boden ablegten. Einen Tag später haben sie dann den zum Himmel stinkenden Sondermüll mit einem Schaufelbagger in einen Container geladen. »So etwas hatte ich auch noch nicht«, soll er damals gedacht haben. Der Container.

»Wenn du fünfzehn bist, dann ist Bill Kaulitz schon vierzig«, sage ich belustigt. Aber das versteht sie natürlich noch nicht.

Wir fläzen uns auf den Sitzsack und dösen vor uns hin. Jetzt will sie mir das Hemd runterziehen und sagt dabei »Bu«. »Bu« ist in diesem Fall ein sogenannter Einwortsatz. Das heißt, den Satz, den sie sprechen möchte, nämlich: »Ich möchte gerne frische warme Muttermilch aus deiner Brust trinken, lieber Papa«, diesen Satz verknappt sie aufgrund von fehlendem Können auf ein abgekürztes Wort, die Abkürzung für Busen, nämlich Bu. Das Wort »Einwortsatz« bleibt allerdings fragwürdig, da ein Wort immer ein Wort ist und kein Satz. Es klingt ein bisschen wie Ein-Mann-Mannschaft oder dicker Dünnpfiff.

»Ich habe keinen Busen«, sage ich daraufhin wahrheitsgemäß und lege meine haarige Brust frei. Sie verzieht angewidert das Gesicht. Dann versucht sie meine Brustwarzen abzuknibbeln wie einen alten Fahrradflicken. Derart gepeinigt stehe ich auf und mache ihr ein paar alte Nudeln in Butter warm, während sie irgendeinen Schrank ausräumt. Derweil mache ich mir noch schnell in aller Ruhe einen Kaffee, schmeiße die Nudeln auf ihren Plastikteller und rufe »Essen ist fertig«. Sie hat in der Zeit die Torwarthandschuhe des Großen angezogen und möchte jetzt so die Nudeln essen. Aber natürlich. Eine schöne Idee. Erwartungsgemäß klappt die Sache dann am besten, wenn ich sie nebenher füttere.

15 Uhr
Hekto-Pascal kratzt wie irre an der Terrassentür. »Ka!«, ruft die Kleine, kraxelt von ihrem Stufenstuhl herunter und tapst die anderthalb Meter zur Tür.

»Bleib doch mal sitzen.«

»Ka, Ka«, sagt sie und zeigt mit ihren Torwarthandschuhen auf das erbarmungswürdige Katzentier.

»Nein, die bleibt jetzt draußen, bis wir zu Ende gegessen haben. Danach können wir sie gerne reinholen.« Ich nehme das enttäuschte Kind, das allein durch den Tonfall den Inhalt meiner Worte verstanden hat, hoch und will es wieder auf den Stuhl setzen. Da beginnt die große Heulerei. Von jetzt auf gleich werden die Gehörgänge penetriert von endlosem Geplärre.

In Momenten, in denen man dieses Geräusch nur sehr schwer ertragen kann, besteht die große Gefahr, dass man aus Schwäche gegen das selbst aufgestellte Handlungsgebot verstößt. Und dass man dadurch im Kind ein Verhaltensmuster bestärkt, von welchem in den Fachzeitschriften gewarnt wird. Nämlich jenes Verhaltensmuster, welches auf der Erfahrung beruht, dass zur Durchsetzung des eigenen Willens wortreiches Zeigen und Fordern in Kombination mit tränenreicher Lautstärke erfolgversprechend sind.

Die konsequente Einhaltung der angekündigten Maßnahmen bildet den wissenschaftlichen Grundstock der von mir in der Theorie bevorzugten *autoritativen Erziehung*, die im Gegensatz steht zum Gelassenheitsprinzip, mit dessen Verbreitung ein alter dänischer Familientherapeut seit vielen Jahren alle verrückt macht.

15.05 Uhr

»Grau, teures Kind, ist alle Theorie«, denke ich, als ich die Terrassentür öffne und der Kater gebührend und freudig empfangen wird. Streicheleinheiten gegen die Fellrichtung mit den in Punkto Griffigkeit sehr gut getesteten Handschuhen – ein Fest für alle, die dabei gewesen sind.

Eigene Momente der Schwäche zuzulassen und zu akzeptieren ist ein ganz wichtiger Teilschritt auf dem langen Weg zu sich selbst. Ein Weg, bei dem das Kind immer nur Begleiter, nie aber Navigator sein sollte. Diese Theorie ist komplett von mir.

Hekto-Pascal interessiert das alles nicht. Er hält Abstand zum Kind und schaut sich um. Unruhe steigt in ihm auf. Plötzlich rennt er durch die Wohnung und pest zur Tür hinaus. Hält kurz inne auf dem Balkon, klettert wie irre auf den Kratzbaum, wo eine unsichtbare Fliege gejagt wird, und stoppt wieder. Jetzt springt er auf die Fensterbank und verprügelt kurz die Scheibe, dann im Schweinsgalopp erneut in die Wohnung. Ganz klar: Er hat seine irren fünf Minuten. Das haben die meisten Katzen ungefähr einmal pro Woche, um sich abzureagieren. Denkt man immer. In Wirklichkeit klinkt sich ihr Gehirn in dieser Zeit zufällig in die Fernsteuerung eines Spielzeugautos ein, die von einem Einjährigen bedient wird. Das ist meine Überzeugung. Die Kleine betrachtet das Spektakel gebannt und muss lauthals lachen. »Kata hui!«, ruft sie dabei, was in meiner Wahrnehmung ihr erster Zweiwortsatz ist. Er heißt übersetzt: »Die Katze ist aber lustig. Und es ist doch viel schöner so, als wenn ich erst aufgegessen hätte, oder Alter?«

Da kommt das fremdgesteuerte schwarze Fellmonster aus der Küche gerast und rennt das freudig erregte Kind komplett über den Haufen. Sie kippt auf den Rücken wie eine defekte Wackelpuppe und fängt vor Schreck an zu schreien. Ich nehme sie hoch, schließe die Terrassentür und setze sie wieder in ihren Stuhl. »Oh Mann, hat der blöde Kater dich umgerannt«, sage ich mitleidig. Der Subtext ist natürlich: Na, hätten wir doch lieber erst mal zu Ende gegessen, mein Kind.

15.20 Uhr
Hekto-Pascal liegt in seinem Außenkörbchen, leckt sich die Pfoten und tut so, als wäre nichts gewesen.

»Na, hat das geistesgestörte Kind die Fernbedienung weggelegt?«, frage ich ihn.

»Ja, scheint so«, erwidert er. Dabei klingt er fast gleichgültig. Gar nicht genervt, sondern eher stoisch und gelassen. Wie jemand, der genau weiß, dass es demnächst wieder über ihn hereinbrechen wird, das demütigende Schauspiel. Dass er sich schon bald wieder unglaublich zum Affen macht und zum Gespött der Kinder wird. Aber weil er es selbst nicht in der Hand hat, hat er eben auch keine andere Wahl, als die Dinge leidenschaftslos auf sich zukommen zu lassen. Bewundernswert.

Gebe der Kleinen eine Leckerli-Stange und sage: »Hier, für die Katze.« Sie nimmt die Stange, beißt einmal kräftig ab und hält sie dann dem Kater hin. »Doch nicht du! Nein«, rufe ich entsetzt und halte meine Handmulde unter ihren Mund als Aufforderung, alles wieder auszuspucken. Sie tut wie erhofft und ich halte dem Kater die angelüllerten Reste vor die Nase. »Isst du das noch?« Der wendet sich angewidert ab, geht die Gartentreppe hinab und sagt: »Lasst mich doch einfach alle in Ruhe.« Toll, denke ich. Das ist genau mein Satz. *Lasst mich doch einfach alle in Ruhe.* Das ist vielleicht der einzige Satz, den ich mir auf ein T-Shirt drucken würde.

Da kommt die Kleine auf mich zugewankt wie ein besoffener Zombie, hält sich an meinen Beinen fest und schmiert mir ihren Rotz an die Jeans. Jetzt will sie wieder essen. Dann doch nicht mehr. Ist bäh. Also ausspucken. In die Handmulde. Oder Mundhalde. Dann trinken. Und Bilderbuch. So verdümpeln wir den Nachmittag in trauter Zweisamkeit.

16.10 Uhr
Der Kindergarten ruft an und fragt, ob heute noch jemand kommt, um die beiden letzten traurigen Gestalten des Tages abzuholen. »Ich … äh, ich meine, ich dachte, meine Frau … na ja, ich komme. Fünf Minuten. Bis gleich.«

16.20 Uhr
Gleichzeitig mit meiner ebenfalls angerufen wordenen Frau komme ich an und wir begrüßen uns entsprechend überschwänglich.

Zu Hause angekommen, schmiere ich als kleinen Nachmittagssnack für alle ein paar Croissants mit Mandelcreme, während meine Frau die Kinder zur freiwilligen Entkleidung, zum Alles-an-seinen-Platz-Bringen-und-nicht-durch-die-Gegend-Pfeffern und zum Händewaschen nötigt. Dann kommen sie in die Küche und stürzen sich auf die nährstofffreien zuckerbeschmierten Butterhörnchen.

»Ich finde das nicht gut, dass die sich direkt mit so einem Fettzeugs vollstopfen.«

»Habt ihr euch denn schon die Hände gewaschen?«

»Jaaaaaah.«

»Hast du gehört, was ich gesagt habe?«

»Willst du nicht erst mal deine Jacke ausziehen?«

»Ich finde das nicht gut …«

»Und die Schuhe?«

»Das haben wir letzte Woche schon besprochen. Die sollen

117

erstmal was Vernünftiges essen. Einen Apfel oder so. Und mit dem Abholen hatten wir klar …« Während meine Frau ununterbrochen weiterredet, wird sie immer leiser. Sie wird so leise, dass ich es hier gar nicht mehr aufschreiben kann. Gleichzeitig verlässt sie die Küche in Richtung Flur. Während sie leiser wird. Diese kombinierte Verhaltensweise ist eine perfide Strategie, um mich neugierig zu halten und zur Nachfrage anzuregen. Und/oder ihr in den Flur zu folgen.

Ich habe die Strategie durchschaut und rede lieber mit den Kindern. »Was habt ihr denn gegessen im Kindergarten?«

»Es gab Kartoffeln und Fleisch, aber das war beides nicht lecker.«

»Aber ihr mögt doch Kartoffeln.« Jetzt flötet meine Frau wieder irgendetwas aus dem Flur zu mir und ich tue ihr den Gefallen mit der Nachfrage. »Kannst du etwas lauter sprechen?«, frage ich in den Flur hinein.

»Jetzt komm doch mal her. Wir hatten ganz klar …«

»Du weißt, dass ich es hasse, wenn du beim Rausgehen leiser wirst.«

»Ich will das aber lieber hier besprechen und nicht vor den Kindern.«

»Mama.«

»Ich hatte gesagt, dass ich nicht genau weiß, wie lange …«

»Mama.«

»… wie lange der Termin dauert. Darum solltest du, wenn es bei mir …«

»MAMA.«

»Du hast recht. Es tut mir leid.«

»Was? Willst du mich verarschen?«

» M M M M A A A A A A A A A A A A A A A M M M M M M M M M M M-MAAAAAAAAAA.«

»Was ist denn?«

»Kann ich lieber einen Apfel?«

21 Uhr

O mein Gott, bin ich müde. Und sie auch. Die Löwenmutter neben mir liegt abgekämpft und schlafbereit, aber mir zugewandt auf der Seite. Wenn meine Frau und ich am selben Tag außerfamiliär arbeiten müssen, dann steigt unser Stresslevel enorm an. Mit letzter Kraft suche ich in der *ELTERNativ* nach aufmunternden Zeilen für gerädete Nachwuchsbesitzer. »Kinder von gestressten Eltern werden häufiger krank«, gähne ich ihr das Ergebnis einer neuen Studie ins dösige Antlitz.

»Fandest du mich gestresst heute?«, entgegnet sie mit einer Frage, die darauf hindeutet, dass im Gegensatz zu ihren Augen ihr Vorwurfsohr immer noch geöffnet ist. Das ist allerdings völlig normal. Alle Mütter haben empfindliche Ohren. Wenn das Benehmen des eigenen Nachwuchses als Leistungsnachweis für die Erziehungskompetenz der Eltern …

Gute Nacht.

Sonntag, 26. April, 10 Uhr

Es ist Sonntag. Ein wunderschöner, freier Sonntag. Das heißt, die Kinder haben frei. Kindergartenfrei. Das ist wunderschön. Für die Kinder. Wenn die Kinder frei haben, haben wir nicht frei. So ist das Leben. So ist das eben. Besonders am Sonntag empfiehlt es sich daher, Spielkameraden einzuladen. Einfach damit die eigene Betreuungszeit um ein, zwei Stunden reduziert wird. Der Große spielt also in seinem Zimmer mit Niklas. Lego oder Plemo. Schon seit zehn Minuten, ohne den Raum zu verlassen. Respekt. Der Alternativplan bei Streitigkeiten ist natürlich schon geschrieben: eine Radtour an den Rhein. Da kommt er plötzlich hektisch aus seinem Zimmer gerannt. Er scheint etwas zu suchen.

»Is hier irgendwo dieses andere Dingsbums?«

»Was?«

»Dieses andere Dingsbums suche ich.«

»Du meinst, dieses eine.«

»Nein.«

»Was meinst du denn?«

»DIESES ANDERE DINGSBUMS!«

»Ja, hab ich verstanden. Aber wie sieht das denn aus?«

»So wie das Gelbe!«

»Ach so.«

»Wo ist das denn jetzt?«

»Wie sieht denn das Gelbe aus?«

»Oh Mann, genauso wie das andere.«

»Ja, wie denn?«

»Wie ein … Raumschiff. Aber ohne Flügel. So wie der eine von Cars.«

»Ach so. Ja, sag das doch gleich. Das liegt natürlich hier.«

»Wo hier?«

»Na, hier irgendwo in der Wohnung.«

»MANN, PAPA, WO IST DAS?«

Mit Humor kommt man in solchen Situationen nicht weiter. Wider besseres Wissen versuche ich es trotzdem immer wieder. Einfach aus Spaß an der Freud. Und aus Hilflosigkeit.

Nach einer Stunde machen die beiden nur noch Unsinn, schmeißen Spielzeug durch die Gegend, raufen, schreien. »So, ihr beiden, wisst ihr eigentlich, was heute am Rhein los ist?«

»Nein«, ruft der Große. »Wollen wir auch gar nicht wissen«, johlt Niklas. Okay. Jetzt heißt es Obacht. Ich liebe solche Herausforderungen. Wie kriege ich diese beiden Hosenscheißer jetzt ins Lastenfahrrad, ohne ihnen wehzutun? »Also, ich fahre jetzt an den Rhein. Und zwar alleine. Da soll nämlich ein Schatz versteckt sein, aus Schokolade.«

»Stimmt gar nicht!«

»Wir werden ja sehen. Also, ich werde ja sehen.«

»Papa?«

»Ja, mein Sohn.«

»Ist da wirklich ein Schatz versteckt?«

»Ich glaube schon. Kommt ihr mit?«

»Jaaaaaah.«

11.30 Uhr

Los geht's. »Wisst ihr eigentlich, dass der Rhein der größte Fluss Deutschlands ist?«, frage ich etwas lehrerhaft, aber die beiden vorpubertären Säcke im Kasten vor mir haben kein Ohr für allgemeine Flusskunde, sondern versuchen lieber, Blätter von Büschen zu reißen und entgegenkommenden Fahrern Grimassen zu schneiden. Dann taucht die große Wasserstraße vor uns auf. Und weiter hinten der Dom und einige Brücken. Ein tolles Bild. Ein immer wieder faszinierendes, überraschendes und anderes Bild. Meisterhaft. Wie heißt es noch bei Ketcar? »Dieses Bild verdient Applaus.«

Ich liebe den Rhein. Die stressige Enge der Stadt wird einem wieder bewusst, wenn man spürt, wie diese relative Weite das Gemüt beruhigt. Und je näher man dem friedlich dahinfließenden Strom kommt, desto größer wird die Ahnung von der Naturgewalt, welche in ihm schlummert. Die je nach Fahrtrichtung schnaufenden oder flott dahergleitenden Frachtschiffe nehmen meinen Blick für einen Moment mit. Die Landesflaggen. Die offenen Kieshaufen. Das Auto hinter der Kajüte. Mein Blick fährt mit. Ich fahre mit. Für einen Moment möchte ich mitfahren. Nach Hamburg. Nach Rotterdam. Oder Casablanca. Sich treiben und die Städte an sich vorbeiziehen lassen. Muss herrlich sein. Aber die Arbeit an Deck schreckt dann doch ab.

Nach einem extrem strapaziösen Kindertag gibt es für mich genau fünf Dinge, die zum Stressabbau taugen: Fußball spielen, Holz hacken, Liebe machen und Alkohol trinken. Und als Fünftes eine Stunde lang mit dem Rad unterm Arsch und Musik im Ohr am Rhein entlangbrettern. Dem Dom entgegen. Die Sonne im Rücken. Ampelfrei. Touristen erschrecken. Und ein großes, flussabwärts fahrendes Frachtschiff überholen und ihm von der nächsten Brücke aus zuwinken.

Als ich das letzte Mal neben einem dieser Kähne herpeste, wäre ich fast vom Rad gefallen, allerdings aus musikalischen Gründen. Das ohrverbundene Abspielgerät hatte – durch die Mode der zufälligen Wiedergabe bedingt – auf den Smash-Hit »Neues Jahr« von Gisbert zu Knyphausen direkt das Olchi-Lied folgen lassen. Das tat weh.

Meine beiden Olchi-Kinder steigen nun aus dem Kastenfahrrad und rennen zum Ufer. Ich renne kurz zu einem Baumstumpf und verstecke zwei Überraschungseier. Dann spaziere ich den steinigen Strand entlang. Der Strand ist breit, der Rhein hat Ebbe. Suche ein paar formvollendete Kiesel. Die können wir gleich ins Wasser werfen. Einfach so. Oder als Weitwurfspiel. Wir könnten auch versuchen, ein Treibholz zu treffen. Au ja. Und dann zeige ich ihnen, wie man einen flachen Stein dazu bringt, fünfmal hintereinander auf der Wasseroberfläche zu titschen, bevor er versinkt.

Diese kurzweiligen sportlichen Spielübungen könnte ich ihnen gleich subtil als Beschäftigungsanbot unterbreiten. Wenn sie sich streiten oder langweilen. Man sollte immer ein paar derartige Ideen in der Hinterhand haben. Ein paar schöne Steine in der einen Hinterhand, und in der hintersten Hinterhand ist ja noch der Schoko-Schatz versteckt. Ich alter Fuchs.

Jetzt schaue ich mal genauer hin, was die in gebührendem Abstand tollenden Burschen in eigener Kreativleistung anstellen. Ah ja. Sie sammeln Müll. Sehr vorbildlich eigentlich. Müll sammeln. Davon ist ja hier ja auch wirklich reichlich vorhanden. Plastik aller Art, Glasflaschen, Grillschalen. Ein stattlicher Haufen wächst am seichten Flussufer heran. Tja, Kinder, denke ich, das ist euer Erbe. Das ist die Welt, die wir euch hinterlassen. Das sind die Überreste unseres ignoranten, vergnügenssüchtigen Lebensstils: Alkoholbehältnisse, Brutzelhilfen und ressourcenverschlingender Kunststoff mit einer atommüll-ähnlichen Halbwertszeit. Und ihr sammelt einfach alles ein. Eifrig. Sorgfältig. Klaglos. Toll. Bin fast ein bisschen gerührt. Wo bekomme ich jetzt einen großen Sack her, um alles reinzustopfen? Sehe mich suchend um, bis ich bemerke, was die gebeutelte Generation nun mit ihrer Erblast anstellt: Es wird einfach alles in den Fluss geworfen. Unter freudiger Anteilnahme werfen die beiden Schlitzohren jedes einzelne Teil, so weit sie können. Ich eile hinzu. Aber was sage ich? Hört auf damit? Müll gehört nicht in den Rhein? Ist das jetzt überhaupt Umweltverschmutzung? Es lag doch alles hier rum, in der Umwelt. Nein, es ist eher eine Verschmutzungsverlagerung. Es ist im Grunde das, was uns die Politik Tag für Tag vormacht. Eine Verlagerung des Problems, ohne an die Ursachen zu gehen. Das ist doch das Grundwesen aller Politik. Wenn man den Kabarettisten Glauben schenken darf.

Der Müll wird einfach weitergegeben. Er schwimmt davon und landet bestenfalls in Düsseldorf. Um auch die Freunde des rheinischen Rivalenhumors mit ins Boot zu holen.

»Wollen wir nicht lieber mal ein paar Steine ins Wasser werfen?«, frage ich etwas hilf- und herzlich aussichtslos. Dabei merke ich vermutlich erst kurz nach den Kindern, was meine gewählte Formulierung impliziert. Nämlich dass allein ich lieber will, dass wir Steine ins Wasser werfen. Am Ende möchte vermutlich nur ich Steine ins Wasser werfen. So sieht es aus. Und ich stehe dazu. Ich werfe gerne Steine ins Wasser. Das könnte ich stundenlang machen. Mach ich jetzt auch.

Eine Frau nähert sich uns und betrachtet den kleiner werdenden Schrotthaufen. »Ist das Ihr Müll?«, fragt sie explizit mich, doch ich bin so beschäftigt, dass ich spontan eine Taubheit simuliere. »HALLO, SIE. IST DAS IHR MÜLL?«

»Was?«, frage ich überrascht. »Mein Müll? Das? Nein. Das ist … äh, das ist der Müll der Kinder. Aber …«

»Sie kenn ich doch?«

»Was?« Wir trauen beide unseren Augen nicht. Es ist die Zoofrau.

»Dann ist ja alles klar«, sagt sie verständnisvoll. »Von Ihnen hätte ich sowieso nichts anderes erwartet.«

»Was denn?«

»Ihre Gören sind die ganze Zeit den Müll hier in den Rhein am werfen.«

»Ja, aber …«

»Dat hab ich schon von da ganz hinten gesehen.«

»Ja?«

»Jaha!«

»Und da kommen Sie extra her, um es aus der Nähe zu sehen?«

»Jetzt werd ma nicht frech, du Tünnes. Wegen denen ihrem Müll«, sagt sie auf die Kinder zeigend, »geht der ganze Rhein hier den Bach runter. Die ganzen Fische sterben davon aus.«

»Wir wollen doch einfach nur den Müll nach Düsseldorf verfrachten«, sage ich in der Hoffnung auf eine humorvolle Wendung der Unterhaltung. Und für den Bruchteil einer Sekunde ist der Anflug eines Lächelns zu erahnen.

»Das gehört sich einfach nicht.«

»Ja, Sie haben ja recht. Aber den Müll haben wir gar nicht … äh, mitgebracht, der lag schon hier.«

»Aha.«

»Oder glauben Sie wirklich, dass ich hier am Sonntagvormittag mit den Kindern zum Grillen und Saufen herfahre?«

»Ihnen traue ich alles zu.«

»Ich hole jetzt einen Müllsack, und dann sammeln wir den Rest ein, okay?«

»Jaja«, sagt sie im Weggehen. »Welchen Rest denn? Du Tünnes.«

12.07 Uhr

Erst wenn die letzte Scherbe im Wasser versunken ist, werdet ihr merken, dass Glas nicht schwimmen kann, denke ich über die Aufräumarbeiten der interessanterweise immer noch unverletzten Saubermänner. »Wenn ihr Olchis wärt, dann wärt ihr jetzt satt.«

»Ja, dann hätten wir den ganzen Müll einfach aufgegessen.«

»Genau.«

»Papa?«

»Jaha.«

»Können wir jetzt den Schatz suchen?«

»Ja klar. Dafür sind wir doch hier. Er ist irgendwo dahinten hinter einem Baumstamm versteckt.«

»Woher weißt du das?«

»Das hat mir ein Seeräuber gesteckt.«

»Was hat der gesteckt?«

»Der hat mir das Versteck gesteckt.«

»Hä?«

»Ja, das sagt man so. Jetzt lauft schon.«

12.10 Uhr

Kauend und bastelnd sitzen die zwei Halunken immer noch auf dem Baumstumpf. Dachte, sie kommen wieder zurück. Muss ich wohl hingehen. Der Wechsel zwischen Gebraucht- und Nichtgebrauchtwerden ist gerade mit zwei Kindern extrem sprunghaft. Könnte in den plötzlichen Allein-Momenten natürlich auch telefonieren, Postfächer aufräumen oder Nachrichten schreiben. Aber selbstverständlich nur, wenn ich mein Telefon nicht vergessen hätte. Zu Hause. Am Ladekabel.

»Papa?«

»Ja?«

»Da waren nur zwei Überraschungseier versteckt.«

»Aha.«

»Papa?«

»Ja?«

»War das schon der Schatz?«

»Ich glaube, ja.«

»Papa?«

»Ja?«

»Können wir ein Eis?«

»Nein, später vielleicht.«

»Oh Mann, aber was sollen wir denn jetzt machen?«

»Spielt doch mit euerm … äh, Spielkram da.«

»Boah, das ist voll blöd«, schaltet sich auch Niklas ein.

»Ja. Hier ist es voll langweilig.«

Tja. So ist das. Langeweile. Von der einen auf die nächste Sekunde ist sie da und verdirbt einem die Laune. Wenn die wüssten, was wirkliche Langeweile ist. So wie ich sie erlebt habe, in den späten Siebzigern. Stundenlange Nachmittage ohne elterliches Erziehungspersonal. Ohne Ausflüge. Oder Süßkram. Ohne irgendwas. Wir hatten doch nichts. Nur die Straße und andere Kinder. Mein Gott, was haben wir uns damals gelangweilt.

»Sollen wir das hier ins Wasser schmeißen?«, fragt mein Sohn seinen Kumpel und blickt dabei auf das gelbe Plastikei, in dem das Spielzeug verpackt war.

»Das …«, sage ich und breche ab, um zu überlegen. Was muss ich jetzt sagen? Ich möchte nicht, dass sie diesen Kunststoff auch noch dem Fluss übergeben. Wie schaffe ich das? *Nein, das dürft ihr auf gar keinen Fall!* Schon verloren. Sie würden es sofort tun, gerade weil es verboten ist. Oder der alte Trick: *Ja, genau. Ihr müsst das jetzt unbedingt beide sofort reinwerfen!* Nein, das wird auch nicht klappen. Dritte Möglichkeit: Auf freiwilliges Nichtreinwerfen bestehen, aufgrund der Mimik der beiden Ganoven die freiwillige Herausgabe der Eier verlangen und erst dann beide festhalten und die Dinger einem nach dem anderen aus den geballten Fäustchen rupfen. Ich entscheide mich spontan für eine vierte Variante und bemerkte altklug: »Wisst ihr was? Man sagt gar nicht schmeißen, sondern werfen!«

»Warum denn?«, fragt Niklas.

»Na ja, es ist ja so: Ihr seid ja Jungen, oder?«

»Ja!«

»So. Und Jungen schmeißen nicht, Jungen werfen. Nur Mädchen schmeißen.«

»Ach so.« Um das Gesagte optisch zu verdeutlichen, wiederhole ich den Satz unter Anwendung der zwei unterschiedlichen Wurftechniken. Parallel zum gesprochenen Verb werfe ich einmal mit Verve, so weit ich kann, das andere Mal starte ich mit der linken Hand einen extrem armseligen Schmeißversuch mit einer Weite von schätzungsweise zwei Meter dreißig. Die Kinder lachen. So etwas stachelt mich immer an. »Und außerdem ist es auch noch so, dass Jungs fangen und Mädchen schnappen.« Beim Vormachen des Schnappens rauschen meine Handflächen ununterbrochen aneinander vorbei, bis das Lachen der Kinder unaufhaltsam geworden ist. Die Freude ist ganz auf meiner Seite. Das Lachen von Kindern ist immer noch das ehrlichste Lachen. Und das Echteste. Ein vorurteilsfreies, stumpfsinniges, dreckiges Kinderlachen. Sie lachen letztendlich über den Slapstick. Aber sicher auch über die Worte. Und über die Mädchen. Und sie kriegen ein Gefühl für unterschiedliche Ausdrucksweisen und die Macht der Worte. Dafür, dass Sexismus bei der Sprache beginnt. Dass die sprachliche Determination bestimmter Eigenschaften für ein Geschlecht dieses Geschlecht erst zu dem macht, was es nicht sein will, aber im Grunde doch ist. Aus der Sicht des jeweils anderen. Und dass Sexismus von beiden Seiten aus funktioniert. Und dass er Spaß machen kann. Dass Sexismus aber nur Spaß macht, weil er verboten ist. Doch wer wüsste das besser als diese beiden Lachsäcke.

Ich selbst kriege derweil kurz ein schlechtes Gewissen. Mein Ziel, nämlich dass sie nicht mehr daran denken, etwas in den Rhein zu werfen, habe ich erreicht. Allerdings mit einem fragwürdigen Ansatz. Ich könnte sie noch aufklären. Ihnen erzählen, dass das alles ein großer Spaß war. Und dass Mädchen durchaus …

Doch da geht der Tag auch schon weiter, und eine kräftige Böe bläst das Schuldbewusstsein hinaus aufs Wasser, wo es auf einem Kiesfrachter landet, der schwer beladen mit allen Schuldgefühlen Kölns in Richtung Düsseldorf fährt.

Wir schlendern albern über die Steine, während die Zeit selbstvergessen an uns vorbeifließt. Wie aus dem Nichts fummele ich einen alten Kompass aus der Hosentasche und erkläre den Kindern mein Wissen über Himmelsrichtungen. Da fragt der Große: »Und wenn eine Rakete in den Himmel fliegt, welche Richtung ist das dann?«

»Das«, sage ich, noch ohne eine Antwort zu kennen, »wenn die Rakete genau Richtung Himmel fliegt, das ist dann … dann fliegt sie nach … oben. Nach oben in Richtung Himmel. Also in Himmelsrichtung. Und das ist die einzige Richtung, die der Kompass nicht kennt.«

Dienstag, 29. April, 14.15 Uhr

Groß und Mittel sind noch im Kindergarten, die Kleine schläft, die Frau ist irgendwo, vermutlich im Waschkeller. Was soll ich tun? Da fällt mir etwas ein: Ich rufe meine Gemahlin an und frage sie, ob ich die Socken im Kinderzimmer sortieren soll. »Ja, gerne«, sagt sie, dann bricht der Empfang ab.

Ich sortiere also die Socken der Kinder. Natürlich weiß ich auch, dass dies ohne Wenn und Aber die Aufgabe der Frau ist. Aber was macht man nicht alles aus … na ja, aus Quatsch mal mit. Jetzt hätte ich fast »aus Liebe« geschrieben. Aber für Romantik ist hier nun wirklich keine Zeit. Also sortiere ich sie, auf dem Boden sitzend, und zwar mit einem Gesicht, das sagt: Das hier ist eigentlich Aufgabe der Frau. Aber ich mache es trotzdem mal. Obwohl sie es besser kann als ich. Was zu beweisen ein Leichtes sein wird. Denn wenn ich das hier mache, dann mit Spaß an der Sache und ohne unnötig pedantisch zu sein. Ich sortiere also erst einmal grob nach Farben und Motiven. Dann stecke ich sie zusammen. Immer drei Socken. Ein Scherz. Also zwei. Zack, zack, zack. Und dann spiele ich Basketball in den Sockenkorb. Hui, das macht Spaß. Wieder getroffen. Und jetzt ein Dreier. Also ein Dreipunktewurf. Wo ist denn die Dreipunktelinie? Ach, hier, das Verlängerungskabel. Nehme das letzte Paar Socken für den finalen Wurf in die Hand. Betrachte es oberflächlich. Rein farblich passen sie überhaupt nicht zusammen. Ja nun, wenn so etwas am Ende übrigbleibt, da kann ich ja nichts dafür. Ziehe sie vorsichtig auseinander. Es sind drei. Aber nicht nur drei Socken, sondern auch drei Größen. Oh shit. Haben die drei allen Ernstes auch drei verschiedene Fußgrößen? Könnte schon sein. Schließlich sind sie auch insgesamt unterschiedlich groß. Verdammte Axt.

Da kommt Hekto-Pascal vorbei und fragt mich, ob ich klarkomme. »Ich weiß auch nicht«, sage ich. »Ich habe das doch noch nie gemacht.«

»Ich meine nur«, spricht er mit leicht besorgtem Unterton, »weil … sie kommt ja gleich hoch.«

»Was? Ach, Quatsch.«

»Wenn ich es doch sage.«

»Nein. Hau ab. Du kannst nicht sprechen.« Und weg ist er. Das ist doch alles nicht wahr. Was mache ich hier eigentlich? Bekomme das ungute Gefühl, meine selbst gewählte Aufgabe nicht zur vollen Befriedigung der Gattin erledigt zu haben. Ach du Schreck, das war die Tür der Waschküche. Gleich kommt sie tatsächlich hoch. Das könnte Ärger geben. Ich kippe den Eimer aus und reiße hektisch alle Sockenpaare wieder auseinander. Das sieht jetzt nicht gut aus. Verdammt. Ich brauche irgendeinen Grund für das Chaos hier. Einen Grund? Einen Grund für Chaos? Der liegt nebenan und schläft. Gehe in ihr Zimmer, schnappe sie mir, sage: »Hallo, meine Kleine, aufstehen«, und setze das Kind aufrecht in den Sockenhaufen. Da geht auch schon die Tür auf und ein riesiger voller Wäschekorb zwängt sich hindurch. »Oh, sie ist schon wach?«, fragt der Wäschekorb. In dem Moment kippt das Kind wie eine Puppe zur Seite weg. Richte es mühsam wieder auf und sage: »Ja, sie hat mir gerade ein bisschen ›geholfen‹.« Als ich die mit Zeige- und Mittelfinger angedeuteten Anführungsstriche in die Luft mache, kippt sie wieder um.

»Komm mal her, die ist ja noch ganz verschlafen. Wieso liegt denn hier dieses Kabel? Du hast ja nicht ein einziges Paar Socken geschafft. Sortier doch erst mal nach Größe. Warum stinken die denn so? Hast du die etwa in den Windeleimer geschmissen?«

»Wenn, dann geworfen!«

»Das ist der Eimer für die Stinkewindeln, du Vollidiot.«

»Ich hole mal die anderen vom Kindergarten.«

»Dann nimm die Socken mit in die Waschküche.«

»Ja. Soll ich die Maschine dann direkt anmachen?«

»Auf gar keinen Fall!«

Dienstag, 13. Mai, 15.15 Uhr

Unsere Notizen schreiben wir, meine Frau und ich, also diejenigen hier im Haus, die bereits schreiben können, die Notizen schreiben wir auf eine an der Wand hängende Papierrolle mit Abreißvorrichtung. Das Besuchskind der Mittleren sieht die Apparatur und sagt: »Hä, wieso hängt denn da Klopapier beim Kühlschrank?« Ich bin gut drauf und erwidere: »Das ist kein Kühlschrank, Sophie, das ist unsere Toilette.« Dabei tätschel ich ihr belustigt das Köpfchen und verschwinde sogleich ins Arbeitszimmer. »Nein, Papa«, höre ich noch die Mittlere rufen, »das ist doch die Clara.« Und Clara wundert sich: »Eine Toilette mit ohne Klodeckel? Komisch.«

15.30 Uhr
Höre Clara durch die geschlossene Tür sagen, dass sie nur Dinge »mit ohne Nüsse« essen darf, weil sie darauf »allörgisch« ist. Und das ist »voll plöd«. Ich mag Clara nicht. Weiß gar nicht genau, warum. Ich mag sie einfach nicht. Sie ist fast sechs und weiß alles besser. Aber sie kann nichts dafür, dass ich sie nicht mag. Das ist wie bei Menschen, die man sieht und denkt: Geh mir weg. Kinder sind ja angeblich auch nur Menschen. Es ist auf jeden Fall kein schönes Gefühl. Aber auch nicht nett von der Mittleren, Kinder einzuladen, die ich nicht mag.

16 Uhr
Meine Frau stürmt in mein Arbeitszimmer und fragt, ob ich den Mädchen erlaubt habe, unten ins Gefrierfach zu pinkeln. Ich – gerade sehr vertieft in die Arbeit – drehe meinen Stuhl in ihre Richtung und sage: »Was ist denn so schlimm daran?«

»Was?«

»Natürlich habe ich ihnen das nicht erlaubt. Komm mal her. Hier, wie findest du den: Frauen kriegen ihre Kinder immer später. Viele Mütter sind heute so alt, man weiß oft gar nicht mehr, ist das ein Kinderwagen oder ein Rollator?« Sie geht und knallt die Tür hinter sich zu. Ich schaue ihr sehr lange hinterher und denke: Mütter mit ohne Humor, das ist auch ein gutes Thema.

17.10 Uhr
Gleich wird Clara abgeholt. Hurra. Überlege, ihr vorher noch einen Riegel Nussschokolade in den Mund zu schieben, damit ihre Mutti direkt merkt, wie gut sie es hier hatte.

18 Uhr

Beim Abendbrot erzählt meine Frau, dass sie die Pinkelaktion nur mitbekommen hat, weil Clara schrie: »Ich komme nicht ans Klopapier!« Und dass mir doch klar sein müsste, dass Kinder in dem Alter so einen Witz noch nicht verstehen. Und dass Eis, Erbsen und Fischstäbchen alle sind. Beziehungsweise vollgepullert. Und dass sie Clara beim nächsten Mal als Erstes ein Walnussbrot mit Erdnussbutter und Haselnusscreme anbietet.

»Magst du die auch nicht?«, frage ich verständnisvoll.

»Nicht jetzt«, sagt sie mit Blick auf die Mittlere.

»Warum hast du Clara denn nicht davon abgehalten, auf die Fischstäbchen zu pinkeln?«, frage ich meine Tochter.

»Weil das so lustig war.« Natürlich. Morgen wünsche ich mir einen Nachmittag mit ohne Clara.

Meine Frau hat drei Eier gekocht. Die Mittlere will nur das *Gelb-Ei*. »Kein Problem«, sage ich und pule ihr einen schönen kleinen gelben Golfball heraus. Den stopft sie sich sofort komplett in den Schlund, zerdrückt ihn leicht zwischen Gaumen und Zunge und präsentiert das Ergebnis mit leicht geöffnetem Mund lachend den übrigen Beisitzern. »Guck mal«, ruft sie uns zu.

»Mit vollem Mund isst man nicht«, verspreche ich mich und ernte einen hübschen Schmunzler meiner Frau.

»Da ist ja gar kein Salz dran!«, verzieht die Mittlere angewidert ihr Gesicht und lässt das Gelb-Ei zurück auf ihren Teller purzeln. Ich bestreue den Matsch mit Salz, sie aber lehnt eine weitere Einverleibung der Dotterspeise kategorisch ab. Forme aus der gelben Masse eine neue, handgepresste Kugel und jubele sie erfolgreich der Kleinen unter. Wäre doch gelacht, wenn hier Gelb-Ei übrig bleibt.

20 Uhr

Hier der heutige Abenddialog mit der fertig im Hochbett liegenden Mittleren. Ich beginne: »Gute Nacht.«

»Dute Nacht, Papa.«

»Ich hab dich lieb.«

»...«

»Morgen muss ich ja wieder zur Arbeit für drei Tage.«

»Ja, weiß ich. ... Papa?«

»Ja?«

»Ich sag jetzt schon mal Schüs.«

»Ja.«

»Schühüs.«

»Tschüs.«

»Destern warst du ja bein Swasch.«

»Nein, heute. Heute ist Mittwoch. Und Mittwoch ist immer Squash. SKUASCH. Gestern war Dienstag.«

»Weiß ich. Mittwoch, Dienstat, Montat, Freitat.«

»Genau.«

»Ich tann schon dut rechnen.«

»Das stimmt. Gute Nacht.«

»Papa?«

»Jaha.«

»Hast du noch was zun Tuscheln für mich?«

»Aber klar. Hier, meine Nicki-Jacke.«

»Oh, schön.«

»Gute Nacht.«

»Papa?«

»Ja.«

»Mein Tnie tut weh.«

»Ich hole dir einen kalten Waschlappen, okay?«

»Otay.«

...

»So, wo tut's denn weh?«

»Das tut wehenden Tnie ist das hier.«

»Ah ja.«

»Das hier tut nich weh.«

»Nein. So gut?«

»Ja.«

»Gute Nacht.«

»Papa?«

»Jaha.«

»Die Mama macht immer noch ein Handtuch drum.«

»Ich hole ein Handtuch. Und dann ist aber auch gut, ja?«

»Ja.«

…

»So, dein Handtuch.«

»Tuss.«

»Was?«

»TUSS!«

»Ja, natürlich, hier ein Kuss.«

»Papa?«

»Was denn?«

»Bis morgen.«

22 Uhr

Habe gerade zum ersten Mal haushoch gegen Squash-Rainer verloren. Dabei ist der voll berufstätig. Er arbeitet halbtags von 9 bis 17 Uhr als freiberuflicher Aufnahmeleiter-Assistent in einer Internet-TV-Produktionsfirma bei Hürth-Kalscheuren. Allein um von da mit dem Auto nach Hause zu kommen, braucht er eine Stunde. Und was habe ich heute gemacht? Er schaut mich siegestrunken an und fragt, was mit mir los ist. Und was ich heute gemacht habe. Ob ich den ganzen Tag bei einem Umzug geholfen habe. »Du weißt doch«, antworte ich, »dass ich vormittags Autor bin und nachmittags und am Wochenende als Erzieher tätig.«

»Was?«

»Na, als Erzieher meiner eigenen Kinder. Kannst du dir vorstellen, dass das schlaucht?«

»Nein. Und will ich auch gar nicht.«

»Ja, dann frag auch nicht.«

»Okay. Aber wieso bist du vormittags immer draußen?«

»Hä? Wieso draußen?«

»Du hast doch gerade gesagt, dass du vormittags outdoor bist.«

»Ach komm, lass mich einfach in Ruhe. Ich geh duschen.«

22.30 Uhr

Komme nach Hause, werfe die Sporttasche in die Ecke und suche im Kühlschrank nach dem letzten Häppchen des Tages. Hekto-Pascal fragt, ob er auch etwas haben kann. »Ja, hier«, sage ich und werfe ihm ein Stück Wurst vor die Nase. »Danke, Alter«, sagt er schnurrend, und wir essen zusammen im Lichte der offenen Tür.

»Ich habe ja heute kurz überlegt, ob Clara vielleicht auch noch eine Katzenhaarallergie hat«, sagt er, als er aufgegessen hat.

»Ja, und?«, frage ich.

»Also habe ich, als sie irgendwann auf dem Teppich lag, mich ordentlich an ihr Gesicht geschmiegt.«

»Magst du die auch nicht, oder wie?«

»Och, geht so. Sie hat auf jeden Fall gar nicht reagiert.«

»Tja, schade.«

»Hab ich auch gedacht.«

»Aber einen Versuch war's wert.«

»Seh ich auch so.«

»Dann mal gute Nacht.«

»Räumst du deine Sporttasche noch weg?«

»Mach ich morgen.«

»Okay. Gut Nacht.«

Mittwoch, 14. Mai, 7.30 Uhr

Die Kleine ist gerade mit dem Squashschläger-Griff im Mund vor die Wand gelaufen und beschwert sich jetzt bei uns über die schmerzhaften Folgen ihrer eigenen Dummheit. »Boah, wie oft habe ich dir schon gesagt, du sollst deine Sporttasche hier wegräumen?«, beschwert sich meine Frau bei mir über die das Unglück möglich machende Ursache.

»Herr, schmeiß Hirn vom Himmel!«, denke ich beim Abtupfen des blutigen Gaumens. »Wie kann man denn nur so bescheuert sein?«

»Die muss zum Arzt!«

»Ach was«, beruhige ich. »Da kommt ein Pflaster drauf, und gut ist.«

»Auf den feuchten Gaumen?«

»War ein Scherz«, sage ich, als ich meinen Vorschlag begreife.

»Kannst du das machen?«

»Die muss doch nicht zum Arzt.«

»Aber die spukt Blut.«

»Aber ich muss noch …«

»Du musst erst mal deine Sportsachen wegräumen. Sonst wäre das alles gar nicht passiert.«

»Jaha. Und dann muss ich noch packen, was schreiben, und dann fahren wir nach Rostock. Das ist nicht gerade um die Ecke. Also, ich glaube nicht, dass ich das irgendwie …«

8 Uhr

Sitze beim Arzt. Dachte, ich wäre um die Zeit der Erste, aber weit gefehlt. Der Raum ist voll mit grün-gelb verrotzten, bindehautentzündeten, rot gepunkteten oder eitrig verkrusteten, neurodermitiden, krupphustenden Bazillenschleudern. Ja, herzlichen Glückwunsch. Wer hier gesund hingeht, ist selber schuld. Verdammte Hacke. Meine Frau ist aber auch unerbittlich. Heute ist ihr Friseurtermin vor der »besten Hochzeit meiner Freundin«, wie sie mir versprecherisch entgegenhielt. Sollte heißen: die Hochzeit ihrer besten Freundin. Die heiratet am Samstag. Zum zweiten Mal. Ja, herzlichen Glückwunsch. So weit sind wir jetzt schon, dass Gleichaltrige sich zum zweiten Mal trauen. Und die erste Hochzeit war wohl nicht die beste. Und darum wird diese jetzt die beste. Mir doch egal. Aber dass ich, wenn wir um zehn Uhr losfahren nach Rostock, dass ich da ja wohl noch genügend Zeit zum Packen habe und dass ich auf der Fahrt nach Rostock genügend Zeit zum Schreiben habe, diese beiden Argumente könnte ich leider nicht entkräften. Darum sitze ich nun völlig zu Recht hier mit meiner gut gelaunten kleinen Gaumen-Fee, die fleißig das Plastikspielzeug mit einem blutigen Spuckefilm überzieht. Wann hört das eigentlich auf, dass die sich alles in den Mund stecken? Oh Mann, der Arzt wird uns auslachen. »Was wollen Sie denn hier?«, wird er fragen. »Halten Sie hier nicht den Betrieb auf mit so einer lächerlichen kleinen Mundverletzung!« Ja, ich weiß. Aber meine Frau … »Hören Sie mir auf mit Ihrer Frau.« So wird es laufen.

Bin heute das erste Mal mit ihr beim Arzt. Die ganzen Vorsorgeuntersuchungen hat meine Frau gemacht. Beziehungsweise der Arzt. Mit Hilfe meiner Frau. Ein toller Arzt sei das hier, schwärmte sie. Ich kenne ihn noch nicht. Wir waren früher bei einem anderen. Mit dem ersten Kind bin ich noch bei jedem Arztbesuch mitgegangen. Schön, dass man das irgendwann nicht mehr braucht.

Mensch, wie lange dauert das denn hier noch? Schnappe mir die Kleine, ziehe ein paar vollgeblutete Rotzfahnen aus der Tasche und stelle mich mit besorgtem Blick auf den Flur. Da, das muss der Doktor sein. Ein gelackter, gut gelaunter, gelfrisierter Enddreißiger Mitte vierzig. »Entschuldigung, sind Sie … äh, wir haben hier … das ist gerade passiert und ich muss …«

Er schaut mich nur an. In seinem Kopf rattert es. »Sie sind doch dieser Witzeerzähler.«

»Na ja. Das würde ich jetzt so nicht …«

»Sie reden ja genau wie auf der Bühne.«

»Ja, finden Sie? Das ist …«

»Ich hab immer gedacht: Der Typ ist entweder komplett geistesgestört, oder das ist nur eine Rolle und der redet sonst ganz normal.«

»Na ja, Rolle, das ist …«

»Was ham Sie denn?«

»Ich habe gar nichts, aber die hier …« Die Kleine lacht vergnügt.

»Ja, gehen Sie mal unauffällig da vorne in die Zwei.«

»Super. Danke.«

Nach einer Viertelstunde rauscht Dr. Jäger zu uns herein. »So, was ist denn passiert bei Ihnen?«

»Die hat sich den Squashschläger in den Gaumen gerammt. Also den Schlägergriff. Hat sie in den Mund gesteckt und dann … ab Richtung Wand.« Die Kleine lacht wieder. »Ja, du Dussel. So war das. Lustig finde ich das nicht«, ermahne ich sie sinnlos.

»Sie spielen Squash, oder wie?«

»Ja, wieso?«

»Ach, nur so.«

»Na ja, jedenfalls …«, setze ich wieder an, da beginnt der Doktor gleichzeig mit der Kleinen zu reden: »Na, du. Hat der Papa den Schläger wieder nicht weggeräumt. Und jetzt nennt er dich einen Dussel, was? Das ist aber gar nicht nett vom Papa, oder? Wolltest du auch mal ein bisschen Squash üben, oder?« Der Doktor spricht so mit der Kleinen, als wäre ich nicht anwesend. Des demütigenden Charakters dieser Gesprächsform ist er sich völlig bewusst, da bin ich sicher. Ich starre auf einen Kandinsky an der Wand und höre einfach nicht mehr hin. Unter anderen Umständen hätte ich jetzt eingegriffen, hätte Kontra gegeben, hätte … was weiß ich gemacht. Aber hier handelt es sich um ein Abhängigkeitsverhältnis. Und ich will schnell nach Hause.

»Ja, und? Was hat sie denn jetzt? … Hallo, ich rede mit Ihnen. Warum sind Sie denn jetzt hier? Schmerzen hat sie keine. Ein bisschen Blut sehe ich noch.«

»Ja, das ist Gott sei Dank weniger geworden.«

»Ja, und das wird auch noch weniger. Bis es ganz aufhört.«

»Dann ist ja alles in Ordnung.«

»Ja, sieht so aus.«

»Ich wäre ja auch gar nicht gekommen. Aber meine Frau …«

»Na klar. Ihre Frau. Moment mal. Ihre Frau kenne ich doch?«

»Ja?«

»Na klar. Die war doch bisher immer da, mit der Kleinen.«

»Ja.«

»Grüßen Sie doch Ihre Frau mal ganz lieb von mir und sagen ihr, dass es schön wäre, wenn sie, also Ihre Frau, beim nächsten Mal wieder mitkäme.«

»Das mach ich.«

Ich verlasse das Behandlungszimmer mit der Kleinen auf dem Arm. Durch die geschlossene Tür höre ich in leisen Fetzen den Doktor fluchen. »*Hält hier den Betrieb auf, lächerliche Mundverletzung, will bevorzugt behandelt werden, hoffentlich kommt seine Frau beim nächsten Mal wieder.*«

9.55 Uhr

Es klingelt an der Tür. Das sind die Tour-Jungs. Pünktlich wie eine Zeitschaltuhr kommen sie und befördern mich hinaus aus dem Familienkosmos, hinein in eine andere Welt, in eine andere Zeit, die Zeit der Tour-Welt. Lächelnde Glückseligkeit erreicht mein Gesicht, mit zwiespältigen Gedanken, bemerkt von der Frau, die von nun an allein den Laden schmeißt. Werfen kann man hier ja schlecht sagen. Ausnahmsweise bereits am Mittwoch beginnt die Reise, bis wir am Sonntagmittag wieder eintreffen. Ehrliche Abschiedsfreude jetzt. Ehrliche Wiedersehensfreude am Sonntag. Woche für Woche. Jahr für Jahr.

Yoga, Clara, Mozzarella

oder:
Wieso die Katze 1-A macht

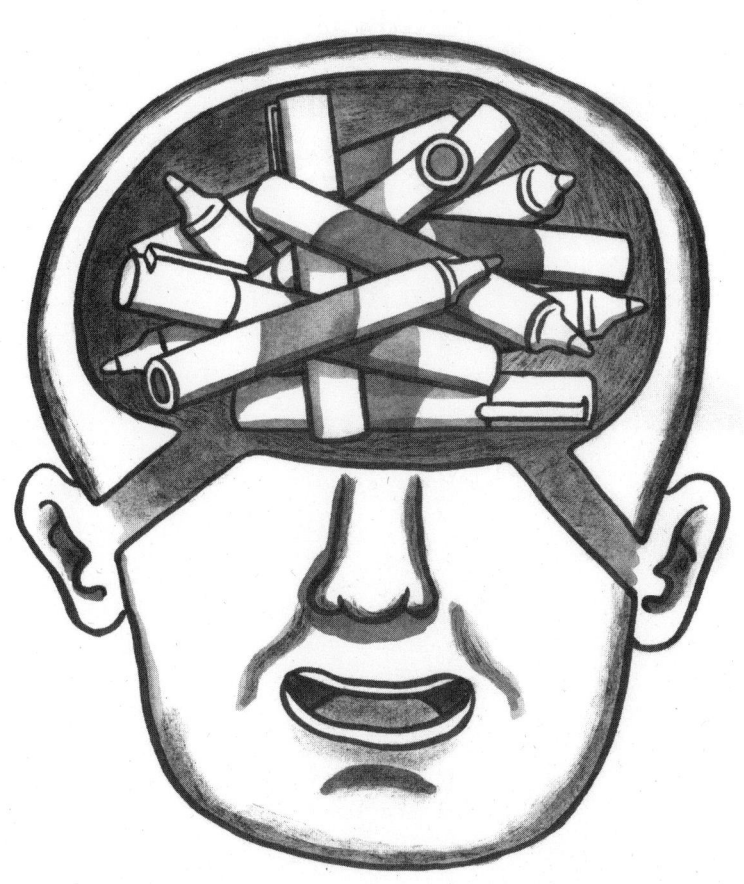

Montag, 19. Mai, 10 Uhr

Als wäre ich nie weg gewesen, stehe ich in der Küche und beobachte meine staatlich noch unbetreute Tochter. Sie steht an
der offenen Spülmaschine, leckt den Rest Schokocreme von
einem Messer und strahlt übers ganze Gesicht. Es ist klar zu
erkennen: Es geht ihr sehr gut, sie ist unverletzt und glücklich.
Meine natürliche Verhaltensreaktion auf diese Szene ist dennoch: 1. Messer zügig wegnehmen und in den Besteckkorb
werfen. 2. Kind leicht zur Seite schieben. 3. Spülmaschine
schließen. 4. Ablenken, ablenken, ablenken. Diese vier Maßnahmen sind leider nicht im Ansatz vereinbar mit ihrem kindischen Willensgerüst. Oder kindlichen. Dieses Gerüst, das
später die Grundlage für ihre Persönlichkeit bildet, würde
ich so im Ansatz zerstören. Nach Durchführung der Maßnahmen ginge es ihr sehr schlecht, sie wäre verletzt (an der Lippe)
und unglücklich. Ich wäre ebenfalls unglücklich wegen ihres Gebrülls, würde sie hochnehmen, überlegen, was zu tun
ist, schließlich das Glas mit Schokocreme nehmen, sie würde
beim Anblick des Glases wieder lachen, ich würde das Glas
öffnen, sie würde ihre Hand hineinstecken, ich würde »nicht
mit der Hand« rufen, sie würde wieder weinen, ihre Scho-
kohand rausziehen, ich würde einen Löffel holen, dabei ihre
Hand ablecken, und dann würde ihre Mutter reinkommen.
Das möchte ich alles nicht. Mit der Betonung auf *alles* und auf
nicht. Und so verhindert dieses drohende Szenario, welches
sich vor meinem geistigen Auge abspielt, die natürliche Verhaltensreaktion. Stattdessen stehe ich einfach nur da und be-

obachte das Kind mit dem Messer. Ich habe ja sonst nichts zu tun. Da plötzlich kommt seine Mutter herein. Jetzt wird's interessant.

»Schleckt die da das Messer ab? Bist du bescheuert?«

»Wer jetzt?«

»Du kannst die doch nicht am Messer lecken lassen!«

»Das Messer ist stumpf wie ein … wie ein … keine Ahnung. Wie etwas sehr Stumpfes.«

»So wie du.«

»Ja genau.«

Das Messer fliegt in den Besteckkorb, die Spülmaschine fliegt zu, die Kleine fliegt auf Mamas Arm und brüllt beleidigt. »Mein Gott, was ist denn so schlimm daran?«, brülle ich sie an, um akustisch durchzukommen.

»Es geht ums Prinzip. Es wird nicht an Messern geleckt. Prinzipiell nicht. Hier, nimm sie mal, ich hab gleich Yoga.« Und raus ist sie. Die Kleine zeigt verzweifelt auf die Spülmaschine, ich setze mich hin und stimme »Backe, backe Kuchen« an, wobei ich ihre krummen Fingerchen festhalte und im Takt zusammenschlage. Da kommt die Frau Mama noch mal hereingeschneit, diesmal mit Jacke an, gibt uns einen Kuss und sagt: »Entschuldige, aber …«

»Ja, ist ja schon gut«, murmele ich in einer aggressionsverschleiernden Freundlichkeit, die einzig das Ziel hat, jegliche erneute Diskussion im Ansatz zu ersticken. Erst als die Kleine mit dem Finger auf die Mama zeigt und laut *Papa* sagt, ist meine Laune wieder besser.

10.15 Uhr

Noch fast zwei Stunden bis zum Mittagessen. Ein schöner kleiner freier Vormittag mit der Kleinen steht mir bevor. Steht vor mir, meine ich. Was machen wir? Ich bin für … für alles offen. Vielleicht schon mal das Mittagessen vorbereiten? Setze die Kleine auf die Arbeitsfläche und gehe kurz zum Kühlschrank. Als ich wiederkomme, hat sie die Küchenwand mit einem Wachsmalstift bemalt. »Wo hast du denn jetzt den Stift her?«, schimpfe ich leicht empört, entlocke ihr den Stift und setze sie herunter. Hole ihr aus der großen Bastelkiste die stumpfen und gefahrlosen Dinge heraus und lege sie auf den Kindertisch. Sie ist hoch erfreut, und ich räume ein bisschen in der Küche rum. Als ich wieder nach ihr schaue, hat sie ihr Gesicht, den Tisch und den alten Küchenschrank mit einem schwarzen Filzstift bemalt. Die macht mich noch wahnsinnig. Wo hat sie den denn jetzt wieder her? Manchmal glaube ich, sie kann sich Stifte aus den Ohren ziehen. Wo bei anderen Kindern das Gehirn ist, da ist bei ihr eine volle Patrone mit allen möglichen Filzern, Bleiern und Kulis. Den untersten kann sie bei Bedarf mit einem kurzen Ruck des Kopfes zum Ohrausgang schütteln und unauffällig rausziehen.

Mir ist jedenfalls klar, so geht es jetzt nicht, ich muss mich schon eins zu eins mit ihr beschäftigen, damit sie keinen Blödsinn macht. Ich nehme ihr den Stift ab, betrachte die schwarzen Stricheleien in ihrem Gesicht und schaue sie verliebt an. Dann male ich ihr spontan ein kräftiges Bärtchen unter die Nase. Sehr komisch, denke ich und mache ein Foto davon mit meinem Telefon. Aber nicht der Mama sagen, mahne ich scherzend und hole ein Bilderbuch. Sie zieht sich derweil die Lippen mit dem Prittstift nach. Das bemerke ich aber erst, als ich beim Zeigen auf die Kuh ein eher genuscheltes *Muh* zu hören bekomme, da sie Ober- und Unterlippe nicht richtig auseinanderkriegt. Ich nehme sie, halte sie über die Spüle und schrubbe ihr den Kleber unter großem Protest mit dem alten Spülschwamm vom Mund. Anschließend gucken wir weiter das Buch an. Es ist eines dieser Bücher, in denen es nur so wimmelt von allem möglichen Zeugs. Zermürbt vom wiederholten Wiederholen von Tiergeräuschen überlege ich, ihr einfach mal ein paar falsche Tiergeräusche beizubringen.

Ich öffne die Terrassentür. Das Wetter ist gut. »Sollen wir mal auf den Spielplatz gehen?«

»Ga!«

Werfe Hekto-Pascal noch rasch eine Knusperstange vor die Nase. »Hier, für dich, mein Lieber. Aber pass auf, die Kleine hat auch noch Hunger«, warne ich ihn mit einem verschwörerischen Lächeln. Er verschlingt die Stange, ruft »i-a« und rennt nach draußen. »I-a, die Katze macht i-a, zu komisch, der kann wohl Gedanken lesen, der Kerl«, denke ich. Setze mich auf den Boden zur Kindergarderobe und überlege, was ich ihr anziehen muss. Sie reißt derweil so lange an der Matschhose, bis der Verschluss des elastischen Hosenträgers nachgibt und mir an den Kopf flitscht. »AAAH«, schreie ich erschrocken auf, was sie gar nicht gut findet und mitheult. Trösten, anziehen, einpacken. Windeln, Fruchtriegel, Trinken. Kind in Kinderwagen. Treppe runter. Rappel rappel. Lustig. Kinderwagenreifen aufpumpen. Pumpe zurück in den Keller werfen, um das Kind nicht zu lange allein zu lassen. Losfahren. Sonnenmütze vergessen. Wieder zurück. Wo ist der Schlüssel? Oh, der steckt noch. Mütze holen und dem Kind aufzwingen. Kind weint. Singen. *Das Wandern ist des Müllers Lust*. Alte Frau von schräg gegenüber kommt uns entgegen. Sie stellt sich uns in den Weg, schaut die Kleine ganz verzückt an und fragt: »Na, mein Kleiner? Bist du der neue Föhrer? Und der Herr Papa singt Volkslieder mit dir? Sehr vorbildlich. Gibt er dir denn auch genug zu essen?« Dann kniept sie ihr in die Wange und geht weiter. Ungläubig schaue ich ihr hinterher, betrachte dann mein Kind und entferne hastig und mit viel eigener Spucke das angemalte Oberlippenbärtchen. Latsche weiter zum Spielplatz. Kind ist ruhig. Verdächtig ruhig. Auf dem Spielplatz angekommen, blicke ich von vorn in den Wagen und sehe sie schlafen. Ist das gut? Keine Ahnung. Die Frau von Andreas und Nils, die Abgehauene also, steht plötzlich vor mir und sagt: »Ach, ist die süß. Habt ihr noch ein Drittes bekommen. Wir haben uns ja auch ewig nicht gesehen. Wie goldig die ist. Na, machst du ein Schläfchen? Bist du ganz allein mit dem Papa unterwegs? Wie heißt sie denn?« Ich verspüre nicht die geringste Lust auf irgendeine Unterhaltung und versuche daher instinktiv, ein wie auch immer geartetes Gespräch mit kurzen prägnanten Angaben im Keim zu ersticken. Darum sage ich völlig ernst: »Sie heißt Ann-Sophie Mutterkuchen, und sie ist behindert.«

»Oh nein! Was hat sie denn?«

»Legasthenie.«

»Was?«

»Legasthenie. Sie kann weder lesen noch schreiben. Aber wir sind guter Hoffnung«, füge ich an, als ich den Kinderwagen weiterschiebe, »dass sich das noch auswächst. Sie ist ja noch jung. Gerade erst neun geworden.«

»Neun?«

»Ja. Kleinwüchsig ist sie auch. Tschö, Andrea.«

»Andrea?«

»Wir sehen uns. Und grüß Markus. Seht ihr euch überhaupt noch?« Und fort bin ich.

Die weit verbreitete Fertigkeit und Bereitschaft zu schmalem Spielplatz-Geplauder ist bei mir kaum vorhanden. Ich bemühe mich aber auch nicht richtig und verstecke mich lieber hinter dem Argument der Unfähigkeit. Das alles ist natürlich kein Grund, einer nahezu fremden Person so einen ungehobelten Quatsch aufzutischen und sich dann vom Acker zu machen. Was soll die denn jetzt denken? Derart sind meine Gedanken, als ich auf dem Bürgersteig hockend langsam die Kleine wachrüttele, die gefälligst nicht jetzt, sondern nach dem Mittagessen ihr Schlafbedürfnis befriedigen soll. Mann, hab ich einen Hunger. Werfe einen Blick zurück zum Spielplatz und sehe, wie Andrea oder wie die heißt mit der alten Frau von schräg gegenüber redet und beide in meine Richtung schauen. Na, da haben sich ja die Richtigen gefunden, denke ich und halte ihnen anerkennend einen ausgestreckten Daumen entgegen.

Zu Hause angekommen, empfängt uns aus der Küche der Duft von frisch gekochten Nudeln. Nudeln, Nudeln, endlich wieder Nudeln, rufe ich fröhlich, aber offensichtlich einen Tick zu ironisch meiner Frau entgegen.

12.30 Uhr
Wir essen. Auf dem Telefon meiner Frau kommt eine Kurznachricht an. Sie liest und berichtet. »Steffi schreibt, weißte, die Frau von Andreas, dem Vater von Nils. Die, die angeblich abgehauen ist.«

»Ach, die. Jaja, ich erinnere mich.«

»Die schreibt mir nach zwei Jahren mal wieder, und zwar: *Glückwunsch zu eurem behinderten Nazi-Kind.* Weißt du, was das soll?«

»Keine Ahnung.«

»Das ist doch nicht witzig.«

»Auf gar keinen Fall.«

»Ich lösch die jetzt einfach aus den Kontakten.«

»Gute Idee.«

13.30 Uhr
Liege mit vollem Magen in einem stockdunklen Raum, auf mir liegt ein warmer, weicher, alles in allem sehr anschmiegsamer, atmender, leicht schnaufender, nein, mittlerweile ganz ordentlich röchelnder, fünf Kilogramm schwerer Sack. Ich hätte ihn mal besser noch nasal abgesaugt, mit diesem kleinen Vakuum-Nasensauger, der aussieht, als könne man auch Sahne in ihn hineinfüllen und dann kleine Törtchen verzieren. Vergessen hab ich es, wie auch die Schaumstoff-Lärmschutz-Pfropfen, ohne die ich schon lange nicht mehr schlafen kann. Die Geräusche,

die der Sack macht, erinnern mich an die des kleinen Blasebalgs, mit dem ich im Sommer das kaputte Schlauchboot aufzupumpen nicht müde werde. Mit dem einzigen Unterschied, dass man dem Sack auf mir nicht regelmäßig mit dem Fuß den Bauch eindrücken muss. Aber das Wort Balg passt bei beiden, denke ich. Habe tatsächlich freiwillig die Mittagsschlaf-Karte gezogen. Beziehungsweise die »Die Kleine mit allen Mitteln zum freiwilligen Mittagsschlaf zwingen«-Karte. Man kann sie eintauschen gegen die »Die versaute Küche auf Vordermann bringen«-Karte. Habe die Entscheidung spontan getroffen, als ich mich näher heruntergebeugt hatte zu der Bolognese Matsche in den Ritzen des Holzfußbodens. Nicht, dass ich meine Entscheidung bereue. Aber irgendwie … Das Gewicht des Sacks und die Verdauung des Hackfleischgerichtes scheinen von Minute zu Minute schwerer zu werden. Sie scheinen sich sogar gegenseitig zu erschweren. Wenn ich den Sack zur Seite ablege, verwandelt er sich in einen schreienden Zombie, das weiß ich aus eigener Erfahrung. Pule mein Mobiltelefon aus der Tasche und gucke, ob jemand angerufen hat. Und siehe da: Niemand hat angerufen.

Niemand heißt in meinem Adressbuch mein alter Bekannter Peter, mit dem ich mich vor bestimmt zehn Jahren sehr unangenehm zerstritten hatte wegen meiner Frau, mit der ich dann zusammenkam. Warum ruft er an? Will er sich mit mir treffen? Irgendwie wollte ich seine Nummer dann doch nicht löschen und fand es unfassbar lustig und demütigend, ihn einfach Niemand zu nennen. »Wenn Niemand anruft, muss man ja wohl nicht zurückrufen«, war damals der Spruch dazu. Was will der denn jetzt von mir? Nach zehn Jahren. Zum Jubiläum anstoßen?

Überlege, mit dem Telefon im Internet irgendetwas Sinnloses zu bestellen. Obwohl, das ist doch eigentlich Aufgabe der Frau. Habe eh kaum Empfang hier in der Schnarchhöhle. Dieses Geräusch. Dieses Gewicht. Diese Dunkelheit. Und kaum Empfang. So wird woanders gefoltert.

Bediene die Taschenlampe meines Taschentelefons und leuchte den Sack an. Ein spärlich behaartes Köpfchen liegt vor mir. In der Mitte eine Delle, die sich im Sekundentakt leicht hervorhebt. Das ist der Puls, der unter dem nichtknöchernen Teil des Schädels auf sich aufmerksam macht. Die Fontanelle. Die Fontanelle ist im Grunde eine Fontadelle. Und die pulst in einem fort. Das heißt: Der Sack lebt. Ich zähle die Ausschläge mit. Bei einhundert gucke ich auf die Uhr und merke, dass ich zu Beginn des Zählens nicht auf die Uhr geschaut habe. Ich müsste die Stoppuhr einschalten und sechzig Sekunden lang zählen, dann hätte ich den genauen Puls. Aber dazu müsste ich die Taschenlampe ausmachen.

Oh Gott, ist das Kind schwer. Das muss die Schwerkraft sein. Die Schwerkraft zieht noch mal an. Newton dreht sein Schräubchen weiter und weiter. Ich verschmelze mit dem Sack zu einem mächtigen Klumpen Blei. An Silvester werden wir dann erhitzt und flüssig in kaltes Wasser gegossen. Aus den entstandenen Skulpturen kann man die Zukunft lesen. Sie wird bleiern sein.

Plötzlich sehe ich auf der Kopfhaut des Sackes ein kleines Schneidewerkzeug, das die Fontanelle von innen kreisförmig aussägt. Ein kleines Männchen kommt zum Vorschein, legt den runden Hautlappen beiseite und setzt sich auf die Kante des offenen Kopfes. Schaue es ungläubig an. »Ja, da staunst du«, sagt es. Ich kann es tatsächlich nur schwer fassen. Ich kenne das Männchen. Es ist Niemand. Es ist Peter! »Peter. Du hier? Was … was machst du in meinem Kind?«

»Johann, Johann, Johann. Du siehst fertig aus. Also, ich bin hier, um dir etwas zu sagen. Hatte dich vorhin auch versucht, anzurufen. Aber da hast du wohl schon geschlafen.

»Ja? Aha.«

»Es ist so, Johann. Dieser kleine Sack hier, der auf deinem Bauch liegt, der ist von mir.«

»Von dir?«

»Hast du dich nie gewundert, dass dieses Kind dir nicht im Ansatz ähnlich sieht?«

»Was?«

»Ja, es tut mir ja auch leid. Aber es ist nun mal passiert, und ich wollte, dass du es erfährst. Ich wollte nicht, dass du ein Leben lang mit dieser Lüge lebst. Das hätte ich nicht ausgehalten. Ich habe deine Frau vor einiger Zeit zufällig mal wieder getroffen, als du auf Tour warst.«

»Zufällig?«

»Ja, also ›zufällig‹, so. Du weißt, für sie ist es auch nicht einfach, so oft allein mit den Kindern zu sein. Du unterwegs. Mein Gott. Da ist es halt passiert. Genau hier übrigens. Aber das nur am Rande.«

»Hier? In diesem Bett?«

»Jetzt reg dich ab. Was ich dir eigentlich sagen wollte, ist, dass du nicht glauben sollst, dass ich dir das Kind jetzt irgendwie streitig machen möchte. Es ist dein Kind. Du erziehst es, und das machst du super.«

»Aber …«

»Kein Aber. Du bist ein toller Vater, und – ganz ehrlich – ich bin froh, dass du den Job übernimmst. So voller Herzblut und Geduld. Ich könnte das nicht.«

»Voller was?«

»So, ich nähe das hier wieder zu, und dann bin ich weg.«

»Peter.«

»Genau. Niemand anderes als Peter.«

»Niemand?«

»Bis dann, Johann.«

»Nein, Peter, NEIN«, schreie ich, setze mich blitzschnell hin und stoße mit meinem Schädel gegen den Kopf der Kleinen, die anscheinend schon wach war und auf meinem Bauch saß. Jetzt haben wir beide Aua, und meine Frau kommt rein: »Alles klar bei euch?«

»Ja.«

»Hast du geträumt?«

»Nein.«

»Wer ist denn Peter?«

»Niemand.«

»Aha.«

15.30 Uhr

Sitzen alle am Esstisch. Meine Frau füttert die Kleine. Ich betrachte sie ausgiebig. Sie sieht mir ähnlich. Sie sieht mir so was von ähnlich. Das muss man sich einfach nur immer wieder sagen.

Die beiden Großen kriegen nach dem Kindergarten wie immer direkt eine geschmiert. Eine Scheibe Brot. Gerne Weißbrot. Immer mit Mandelcreme. Weil die bio ist, fühlen wir uns damit inhaltsstofflich auf der besseren Seite. Karius und Baktus ist das egal. Sie mögen die genauso gerne wie herkömmliche Creme. Bei unserer Bio-Paste wird die natürliche Süße der Mandel mit circa 80 Prozent Rohrzucker noch etwas verstärkt. Lecker. Es sind ja bloß die Milchzähne. Nach dem Verschlingen der von Auszugsmehl getragenen disacchariden Matsche verschwinden die beiden und ich räume den Tisch ab, setze mich wieder und warte auf den ersten Disput. Aber es passiert nichts. Was soll ich denn jetzt machen? Bin doch hier, um ihr Zusammenleben zu lenken. Was machen die nur? Mir ist langweilig.

»Ich gucke mal vorsichtig, was die machen«, sage ich nach zehn Minuten zu meiner Frau.

»Jetzt lass sie doch.«

»Nein, das interessiert mich jetzt.« Gehe los. Sie sind im Bad. Ich höre Geklacker und Geplätscher. »Was macht ihr denn da?«, rufe ich eintretend.

Der Große hat ein Säckchen mit kleinen Centmünzen in der Hand, und vom Grund der Toilette her schimmert es kupferfarben. »Ja, wir wollten, wie im Zoo, das Geld so runterrollen lassen. Aber das geht nicht.«

»Ja, das rutscht immer nur einfach runter. Und das ist blöd.«

»Und dann versucht ihr es noch mal und noch mal?«

»Ja, aber es geht immer noch nicht. Kannst du das machen?«

»Ja klar! Gib mal her den Sack.«

15.40 Uhr

Mit dem freigekrempelten rechten Arm fische ich unzählige Ein-, Zwei- und Fünfcentstücke aus dem Tiefspül-Klosett und lasse sie auf ein frisches Handtuch plumpsen. Die Kinder toben derweil wie irre um mich herum, klettern in die Badewanne, kämmen sich gegenseitig die Haare mit der Fußbürste und wollen auf mir reiten. Meine Frau ist oben und verpasst dem völlig eingesauten jüngsten Kind eine komplett neue Garnitur. Ich überlege zu schreien, belasse es aber bei halbherzigen Ermahnungen. Sie haben einfach ihre irren fünf Minuten. Wie Hekto-Pascal. Sie können nichts dafür. Sie sind ferngesteuert.

»Papa, warum ziehst du nicht einfach ab?«, fragt mich jetzt der Große.

»Wenn du da jetzt draufdrückst«, sage ich und schaue ihn sehr ernst an, »dann knall ich dir eine.« Er lacht und rennt weg. Irre. Ziel erreicht. Ziel erreicht mit einem der guten, alten pädagogischen Leitsätze meines Urgroßvaters.

Jetzt öffnen die Kinder die Terrassentür, rennen heraus und locken Hekto-Pascal mit Futterschalengeklapper an. Der kommt auch noch, der Dösbaddel, wird sofort vom Großen in den Klammerwürgegriff genommen und flugs oben zur Rutsche getragen. Das geht zu weit! Ich eile hinaus, bin aber zu langsam und kann so nur noch zusehen, wie mein lieber Kater mit einem übertriebenen Klaps aufs Hinterteil die steile Bahn hinuntergeschickt wird und mit quietschenden Pfoten unten ankommt. Es ist eine Szene, die an *Tom & Jerry* erinnert, nur dass unten nicht Jerry steht mit einer riesigen Bratpfanne in den Pfoten, um dem liebsten Feind kräftig eins über die Rübe zu geben, sondern die Mittlere. Ohne Bratpfanne. Mitleidslos lacht sie auf das verängstigte Tier ein. Aus seiner Perspektive, der Perspektive des Tieres, wird ihr Gesicht während des Abwärtsgerutsches immer größer und größer und ihr Lachen immer lauter und lauter. Darum ist es auch nur allzu verständlich, dass sich die Katze nicht anders zu helfen weiß, als der Mittleren mit ausgefahrenen Krallen einen schönen Gruß mit auf den Weg zu geben. Auf den Weg zu mir. Den tränenreichen Weg zu ihrem Vater, der ihre zerkratzte Hand begutachtet und sie anschließend in seinen ärmelnassen Arm nimmt.

Dann kehrt langsam Ruhe ein in die überdrehte Rasselbande. »Danke«, rufe ich in den Garten.

»Keine Ursache«, ruft die Katze zurück.

22.35 Uhr

»Wenn die so überdreht sind wie heute, dann denke ich immer, es muss doch etwas geben, das sie beruhigt. Eine Übung oder ein Spiel«, sage ich in die Richtung meiner Frau, um schließlich zu merken, dass sie bereits schläft. Dann eben nicht. Ich will aber noch etwas lesen. Decke mich zu, greife nach der aktuellen *ELTERNativ* und lese die Überschriften des Titelblattes. »Endlich wieder Sex – was moderne Paare im Bett glücklich macht.« Blicke die schlafende Mutter meiner Kinder an. Könnte den Artikel lesen und sie dann wecken. Das gäbe ein Hallo! Ich finde den Begriff »Moderne Paare« allerdings derart altbacken und anbiedernd zugleich, dass ich mich entschließe, den Artikel morgen zu lesen, und dann auch nur widerwillig und nicht zu Ende. Zweites Titelthema: »Freunde bleiben. Keine Zeit, zu müde – wie Freundschaften im Familienalltag trotzdem nicht verloren gehen.« Ein gutes Thema. Aber ein Unangenehmes. Denn bei Freundschaften hinken alle Familienmenschen ihren Erwartungen und Ansprüchen hinterher. Zu den alten Freunden, die kinderlos geblieben sind, scheint die Schnittmenge der gemeinsamen Themen über die Jahre stetig geschrumpft zu sein. Und gleichzeitig läuft man Gefahr, zu den Eltern der Freunde der Kinder immer mehr Gemeinsamkeiten zu entdecken. Lese ich also auch nicht. Letztes Thema: »Judo oder Yoga? Welcher Sport passt zu meinem Kind?« Das interessiert mich. Yoga. Für Kinder? Was lese ich da? *Yoga heißt still sitzen und die Klappe halten.* Hört sich gut an. *Ideal für Kinder, die nicht still sitzen können.* Passt. Morgen gleich anmelden. Gute Nacht.

Samstag, 24. Mai, 12.00 Uhr
Ich koche Nudeln, die Kleine steht an der Spülmaschine. Da kommt der Große in die Küche gestürmt, sagt: »Papa, der Gelbe gewinnt am öftersten beim Autorennen«, und rennt wieder weg. Ich koche unbeirrt weiter. Dann schaue ich doch mal durch einen Spalt ins Spielwohnzimmer, um zu sehen, was er dort treibt. Er geht in eine Ecke des Raumes, wirft mit einer Hand drei Metallautos wie eine Bowlingkugel vor sich her, und das Auto, das am weitesten rutscht oder zuerst an die Wand klatscht, hat gewonnen. Eine schöne Idee. Und eine feine Geräuschkulisse für die Mittlere, die am kleinen Tisch sitzt und ein Einhorn ausmalt. Gehe wieder in die Küche, wo die Kleine eine Schublade mit Plastikdosen ausräumt. Könnte doch ein ganz entspannter Samstag werden. Habe auftrittsfrei heute. Meine Frau ist beim Yoga. Das ist gut, denn dafür kann ich heute Abend zu Reiner. Rühre gedankenverloren in den Nudeln herum. Und sie ist jetzt beim Yoga. Sie beim Yoga, ich beim Reiner. Yoga könnte auch ein Typ heißen. Ja. Yoga könnte ihre Affäre sein, denke ich und schmunzele. Na ja, warum eigentlich nicht? Na klar! Darum kommt sie auch immer so gut gelaunt wieder. Mit rosigen Wangen. Und geht anschließend direkt duschen. Eine lustige

Vorstellung. Die Kleine hat die Schublade mit den Vorräten entdeckt und räumt die abgelaufenen Sachen raus. Die Nudeln im Kochtopf brauchen noch etwas. Die Geräusche im Nebenzimmer verweisen auf eine friedliche Koexistenz des Jungvolks. Ich nehme das Elektro-Tablett und prüfe kurz, ob es in Köln einen Mann mit Namen Yoga gibt. Angeblich nicht. Sehr verdächtig. Schaue mir Videos mit Yoga-Übungen an. Sehr verdächtig. Bei meiner zur allgemeinen Yoga-Recherche ausgeuferten Suche lese ich, dass man sich bei den Übungen mit Prana auflädt. Prana? Aus diesem Grund sollte man auch danach nicht duschen, da man den Energiegewinn dadurch wieder reduziert. Nicht duschen? Aber sie duscht doch immer. Sie duscht ihren Prana ab. Nein, Quatsch. Sie hat sich gar nicht erst mit Prana aufgeladen. Die macht gar kein Yoga. Die macht mit Yoga rum. Darum duscht sie. Jetzt ist alles klar. Mehr Beweise brauche ich nicht. Und ich habe immer geglaubt, sie tut es für ihre Gesundheit. Schaue mit ernstem Blick mein Kind an, das den Inhalt einer angebrochenen Packung Spiralnudeln in eine Brotdose kippt. Nehme es hoch und sage: »Alles ist gut, meine Kleine. Alles ist gut. Die Mama …« Das Kind schreit und will wieder runter. Setze es ab und mich hin. Die Mama. Jetzt heißt es, sich nichts anmerken zu lassen, wenn sie gleich wiederkommt. Der Ton einer angekommenen Kurznachricht erschüttert den Raum. *Gehe noch mit Olga und Jana essen. Wartet nicht auf mich. Kuss.* Starre wie erstarrt auf die Nachricht. Schreibe: *Du meinst wohl mit Yoga und Prana.* Schicke sie aber nicht ab. Der Große schreit YEAH, die Mittlere schreit FERTIG, und ich eile zur Toilette.

12.30 Uhr

Wir essen. Die Mittlere sagt, dass die Nudeln heute sehr groß und weich sind. Und dass ich die Küche noch aufräumen muss, »auch auf den Boden«. Der Kleine ist fertig mit essen und

Mittwoch, 18. Juni, 10 Uhr

Stehe in der Küche und versuche krampfhaft, an nichts besonders zu denken. Im Radio läuft das Lied »Wenn Worte meine Sprache wären« von Tim Bendzko. Der Text gräbt sich in meine Gehirnwindungen. Dabei habe ich diesen Titel noch nie verstanden. Da singt jemand mit den Worten *wenn*, *Worte*, *meine*, *Sprache* und *wären* die Zeile »Wenn Worte meine Sprache wären«. Als würde ich Nudeln essen und dabei sagen: Wenn Nudeln meine Nahrung wären. Schönes Lied. Wenn man nicht drüber nachdenkt.

11.10 Uhr

Gehe mit der Kleinen einen saufen. Quatsch. Einkaufen. Der Mann mit dem Bettelbecher begrüßt uns wie immer anständig. Er sieht ganz normal aus, nüchtern und aufgeräumt. Jemand erzählte, er wäre ›süchtig‹. Glaub ich nicht.

Im Biomarkt will die Kleine direkt raus aus dem Kinderwagen. Meine Frau hatte mich schon vorgewarnt. Na, von mir aus. Jetzt schiebt sie zum ersten Mal in meiner Anwesenheit ganz allein den Kindereinkaufswagen. Den kleinen Wagen mit dem großen Fähnchen dran. Damit man von Weitem sieht, wohin der orientierungslose Nachwuchs irrt. Gebe ihr freundlich die Dinge an, die sie in ihren Wagen werfen soll. Sehe mich gerade bei den roten Soßen um, da höre ich es immer wieder klatschen. Ah, wie lustig, die Kleine wirft zum wiederholten Male den Mozzarella genau in die Lücke zwischen Wagengriff und Wagen. Die Packung ist aber heil geblieben. »Guck mal, meine Kleine, so geht das«, sage ich und merke, dass ich mit ihr rede, als wäre sie ein fremdes Kind. Dann räumt sie ganz viel Unsinn ein. Kekse, die keiner mag, fiese Bio-Chips, Caro-Kaffee usw. »Didi, didi, da, meiner«, ruft sie jetzt ganz aufgeregt und zeigt auf bunte Getränkepäckchen auf Augenhöhe. Auf ihrer Augenhöhe. *Didi* ist ihr Wort für Trinken. Wieso, weiß kein Mensch.

161

Der Große hat früher zu einem Spielzeugmännchen Didi gesagt. Jeder wie er meint. *Didi da meiner* heißt in diesem Fall *ich möchte die Trinkpäckchen da haben*. Mit *Didi Muh* dagegen meint sie die Trinkflasche mit der Kuh drauf. Weitere Vokabeln, die man draufhaben sollte, sind: Nano für Pferd, Dodo für Socken, Wiwi für Fliege, Blauer für Blaubeeren und Katta für Katze oder Kacka, was aber im situativen Zusammenhang meist eindeutig zu erahnen ist.

Sie wirft bzw. schmeißt also den Wagen komplett voll mit diesen aluminiumartigen, zermatschte Früchte enthaltenden Einmal-Wegwerf-Trinktütchen, die sie von zu Hause kennt. »Ist das eigentlich Bio-Aluminium?«, frage ich spaßeshalber einen Verkäufer, doch es ist gar keiner da, weshalb meine Frage auch unbeantwortet im Raum verpufft.

Um selbst einigermaßen voranzukommen, lasse ich das Kind einpacken, was es will, und kümmere mich vornehmlich um meinen eigenen, immer gleichen, kinderkonformen Lebensmittelkauf. Bananen, Äpfel, Möhren, Kartoffeln – alles zum Selbstabwiegen und ohne Plastiktütchen –, dann rote Soßen, Nudeln, Erbsen, Fruchtschnitten und so weiter.

11.31 Uhr

An der Kasse lege ich das unbrauchbare, vom Irrsinn des Kindes zusammengeklaubte Zeugs an den Anfang des Bandes, separiere es mit einem Warentrenner vom Rest und erkläre: »Das hier alles nicht!« Die Freude der Kassiererin ist unübersehbar, darf sie doch nun den ganzen Quatsch in eine kleine Kiste packen, die in dem großräumigen Kassenkabuff zu ihren Füßen steht.

»Sammeln Sie …«

»Nein«, antworte ich blitzschnell.

»Das macht dann zweiundvierzig Euro einundvierzig.«

»Na so was. Bitte sehr.«

»Was sind denn das für Fruchtschnitten-Verpackungen in Ihrem Wagen?«

»Wo?«

»Na da. Hat die Kleine die gegessen?«

»Ich frage sie mal. Hast du die gegessen? Was?«

»Und?«

»Ja, hat sie. Entschuldigen Sie bitte. Die zahle ich natürlich. Sie hat ja noch kein eigenes … äh, sie ist ja noch … sie kann ja noch nicht mal richtig … äh, äh, Sätze vernünftig, na ja, Kinder halt. Muss man einfach immer ein Auge drüber legen. Drauf. Äh, haben. Mein ich. Wiedersehen.«

11.43 Uhr

Fürs Café ist es jetzt fast schon zu spät, denke ich, während meine rechte Hand versucht, ein Ein-Euro-Stück aus der Hosentasche zu friemeln. Wo ist denn überhaupt der Süchtige? Ach, da hinten. Er schließt ein Moped auf und braust davon. Ein Moped? Der hat ein Moped. Interessant. Dafür braucht der die Kohle. Für seine Moped-Sucht.

15.05 Uhr

Heute nehme ich Clara aus dem Kindergarten mit zu uns nach Hause. Eigentlich wäre ja Claras Mutter dran, beide zu nehmen, aber wer will das schon aufrechnen. »Hallo, Clara«, begrüße ich das Kind vorurteilsfrei und werde durch Missachtung in meinen Vorurteilen bestätigt.

»Du kommst ja heute mit zu uns.«

»Weiß ich.« Na, immerhin. Sie spricht mit mir.

»Holst du dann mal deine Jacke?«

»Das macht immer meine Mama.«

»Ja, aber die ist ja heute nicht da, weil ich euch beide mitnehme.«

»Ich will aber nicht.«

»Wo hängt denn deine Jacke? Dann nehme ich die einfach an mich.«

»Wo mein Foto hängt!« Wie kann ihre Mutter dieses Kind lieben, denke ich in dem Moment nicht. Denn ich weiß, Mutterliebe ist automatisch mit eingebaut und kennt keine Grenzen. Und ihrer Mutter gegenüber wird sie so nicht auftreten. Nicht immer. »Hallo. Na. Heute kommt ja die Clara mit zu uns«, begrüße ich die Mittlere.

»Weiß ich.«

»Freust du dich?«

»Nö.«

»Aber heute morgen hast du dich noch gefreut.« Sie rennt weg, holt ihre Jacke und sagt freudig zu einer Erzieherin: »Heute kommt die Clara mit zu uns.«

»Och, toll. Freust du dich?«

»Jaha!«

Ich habe mir abgewöhnt, über die psychologischen Ursachen dieser Sprunghaftigkeit nachzudenken, weil das nur aufhält. Im Kopf. Der Kopf muss frei sein, um im allgemeinen Abholgetümmel Jacke, Schuhe, Spielzeug und Stofftier richtig zuzuordnen, um nicht das Falsche mitzunehmen und das Richtige dazulassen. Und das Ausstecken nicht vergessen. Beide Kinder. Und dann die richtigen Kinder mitnehmen, nicht die sympathischsten.

15.50 Uhr

Die Mädchen spielen leise vor sich hin. Sehr angenehm. Ab und zu kommen sie vorbei und wollen, dass ich ihnen einen Sattel vom Plastikpferd reiße oder eine andere feinmotorische Hürde überwinde. Jetzt scheint allerdings die Kleine hinzugekommen zu sein, um ihre Pferde-Idylle zu zerstören. »Mei Nano, mei Nano«, ruft sie unentwegt, aber das wird die Große schon regeln, denke ich bei mir. Die Große. Die ganz Große. Ihre Mutter.

17.20 Uhr

»Können wir jetzt was gucken?«

»Erst wenn Clara weg ist.«

»Clara?«

»Jaha.«

»Kannst du jetzt gehen?«

»Warum?«

»Weil wir was gucken wollen.«

»KIND. Clara wird in zehn Minuten abgeholt, und dann könnt ihr noch was gucken.«

»Oah, aber das dauert viel zu lange.«

»Das dauert zehn Minuten.«

»Oah, was sollen wir denn so lange machen?«

17.35 Uhr

Clara ist weg. Endlich.

Schalte den Fernseher an und suche anschließend die Tom & Jerry DVD 4. Auf Arte läuft derweil eine Reportage über Nanotechnologie. Die Kleine wundert sich, dass dabei kein Pferd auftaucht.

18 Uhr

Das Abendbrot läuft wie geschmiert. Das heißt, wir schmieren, sie essen. Der Große könnte auch selber schmieren, ist dazu aber nach eigenen Angaben zu müde. Außerdem deuten sein Gesichtsausdruck und seine Körperhaltung, also im Grunde seine Gesamtverfassung, die deutet stark daraufhin, dass eine Diskussion über die Zusammenhänge von Alter, Lernen, Versuchen, Können und Selbstständigkeit nicht nur auf taube Ohren stoßen, sondern ihn insgesamt eine Stufe abwärts befördern würde in Richtung des Punktes, der das Gegenteil vom *Runner's high* ist: den *Children's down*. Wo der Marathonläufer seinen rauschhaften Tunnelblick-Kick erlebt, da gerät das

165

Kind in einen Zustand, zu dem jeglicher verbaler Zugang versperrt ist. Weil dann Worte nicht mehr seine Sprache sind.

Also bekommt auch er sein Brot geschmiert. »Erst habe ich ihm eine und dann sein Brot geschmiert.« Worte mit mehreren Bedeutungen sind doch die besten.

Nun zum nächsten Kind: Auch die Mittlere ist tief im *Children's down* gefangen. Sie sitzt da und will ihr Brot nicht essen, sondern wäscht mit ihren Tränen die Reste des geschminkten Einhorns aus ihrem Gesicht.

»Wer hat dich denn so schön geschminkt?«

»Das ist gar nicht schön.«

Einen Versuch war es wert. »Was willst du denn jetzt essen?«

»Will getoastetes Brot!«, lässt sie verlauten.

»Ich möchte bitte, heißt das«, kontert meine Frau.

»Mit Butter«, erwidert sie unbeeindruckt. Ich habe Mitleid und toaste ihr ein Brot, meine Frau streicht Butter darauf, die sofort schmilzt. »Mit Butter habe ich gesagt.«

»Da ist Butter drauf.«

»Wo denn?«

»Da. Das ist, das ist … unsichtbare Butter.«

Sie schaut irritiert, überlegt und fängt an zu heulen. »Ich will keine unsichtbare Butter!«

»Das war ein Scherz. Die Butter ist …«

»Will ein neues Brot. Getoastet! Mit richtige Butter«, und schiebt ihren Teller weg. Also noch mal von vorn. Mal sehen, was sie gleich zu meckern hat. Freue mich jetzt schon auf ihre Pubertät.

»Die Clara kommt ja nach dem Sommer in Schule.«

»Weiß ich.«

»Und dann bist du Vorschulkind.«

»Weiß ich.«

»Freust du dich, wenn die Clara nicht mehr im Kindergarten ist?«

»Ja!« Die Antworten auf Suggestiv-Fragen sind in diesem Zustand völlig ohne Wert.

Allein die Kleine ist heute Abend richtig gut drauf und beschmiert den Tisch mit Butter. Mit gut sichtbarer Butter. Nun will sie runter von ihrem Stuhl und abwechselnd die anderen Anwesenden auf ihren Stühlen besuchen, um auch am dortigen Essplatz alles anzugrapschen, umzustoßen und runterzuschmeißen. Dieser Wunsch ist verständlich und wird daher von allen gerne erfüllt. Auf dem Schoß des Großen greift sie kräftig in die Leberwurst und stopft sie sich in den Mund, der noch voller Käse ist. »Mach doch erst mal den Mund leer, bevor du die Leberwurst isst«, schlägt meine Frau vor, woraufhin sie selbigen öffnet und den angefressenen Gouda aufs Brettchen purzeln lässt. »Nein, so geht das nicht«, schimpfe ich leicht, während ich den Käsebrei mit Küchenpapier aufsammele. »Leberwurst isst man nicht mit den Händen. Hier, nimm einen Löffel.«

Meine Frau und ich beginnen nun mit der Zubereitung unseres eigenen Abendbrots. Da fragt sie mich, warum der Mozzarella völlige Matsche ist. »Keine Ahnung«, erwidere ich. »Ach, doch«, fällt es mir wieder ein, und ich fange leicht an zu lachen. »Die da hat den Mozzarella immer auf den Boden geworfen, im Supermarkt, immer genau zwischen Wagengriff und Wagen durch, und am Ende hab ich ihn dann in den Wagen geschmissen.«

»Und warum tauscht du den nicht aus?«

»Ich glaube, weil ich ja keinen Mozzarella esse«, sage ich und muss wieder lachen.

Es ist ein völlig unangebrachtes, dem Irrsinn geschuldetes Lachen, das die Stimmung meines Gegenübers in ungeahnte Tiefen befördert. *Wenn noch nicht einmal wir Alten nett zueinander sind, dann bricht der Laden hier bald zusammen,* sagt mir ihr entgeistert-entsetzter Blick. »Entschuldigung«, sage ich, »es tut mir leid. Es war nur so lustig, dieses dauernde Klatschgeräusch im Supermarkt, das ich nicht zuordnen konnte, bis ich sah …«

»Ja, ja, schon gut.«

18.20 Uhr

Nachdem auch wir schließlich ein paar Happen verschlungen haben, wird bereits das Ende der Abendbrotzeit eingeläutet. Diese Aufgabe übernimmt heute der Große, der zeitgleich mit dem letzten Bissen ins Leberwurstbrot in den Strudel seiner irren fünf Minuten gerät. Nein, seiner magischen fünf Minuten. Magisch deshalb, weil er uns alle in dieser Zeit verzaubert. Verzaubert mit einem unfassbaren Schmatzen, Gurgeln, Sabbern, Lachen, Vom-Stuhl-Kippen, Sich-Verschlucken, Grimassenschneiden und Brüllen. Damit das jetzt nicht ausartet und er seine Geschwister ansteckt, muss einer von uns beiden Normalen reagieren und ihn höflich bitten, oder besser, ihn höflich packen, am Schlafittchen vielleicht, und ihn ins Bad schleifen. Diese Aufgabe wird durch kurzen Blickkontakt mir zugeteilt. Ich erledige sie zügig, kauend, emotions- und gnadenlos, nachdem ich kurz vorher mit geringer Hoffnung auch den verbalen und körperlosen Weg zu gehen versucht hatte. Überlege, was ich nachher noch alleine für Schweinereien essen werde, um satt zu werden, während ich die Badezimmertür hinter uns schließe. Frage mich für den Bruchteil einer Sekunde, ob ich ihm die Wahl lasse zwischen erst Pipimachen oder erst Zähneputzen und reiße ihm dann in einem günstigen Moment die Hosen vom Arsch. Seine Körperspannung ist hinsichtlich der nun folgenden Notwendigkeiten eher kontraproduktiv. Aber dann lässt er sich doch irgendwie auf die Schüssel bugsieren und zu einer Urinabgabe nötigen. Ihm die griffbereite Höschenwindel anzuziehen scheitert anschließend an seiner hervorragenden Beinarbeit. Nun fehlt nur noch die Maßnahme, die in diesem seinem Zustand zur größten Herausforderung des Abends, was sage ich, des Tages gehört: die Beißerchen reinigen. Ich entscheide mich für folgende Schritte: Tür abschließen, Schlüssel hoch weglegen, Zahnbürste nehmen, Zahnpasta drauf, Zahnbürste und Hocker bereitstellen. Kind vorsichtig aus dem Duschvorhang wickeln, Sinnlosigkeit dieses Unterfangens einsehen, Duschvorhangstange samt Vorhang und Kind in die Badewanne legen, Kind an den Füßen herausziehen und gleichzeitig unter den Armen kitzeln, damit die Finger den Haltegriff lösen. Mich auf den Hocker setzen, Kind auf den Schoß knallen oder legen und kurz an etwas Schönes denken. Zahnbürste vom Boden aufheben, den Kopfschmerz vom Zusammenstoß mit dem Waschbecken ignorieren und das Kind fixieren. Kind kitzeln, bis es lacht, der Mund ist auf, Zahnbürste rein, schrubben wie ein Irrer. Dabei wenn möglich weiterkitzeln. Alle Versuche des Zahnbürste-mit-den-Zähnen-Einklemmens mit Schnelligkeit und Geschick, aber vor allem mit purer Kraft verhindern.

Nachdem alle Zähne irgendwann und irgendwie einmal berührt wurden von den weißen Borsten, lasse ich das Kind sanft auf den Boden gleiten, werfe die Bürste ins Waschbecken und verlasse den Ort der inneren Reinigung, um Platz zu machen für Mutter mit Mittlerer. Meine Frau schaut mich an. »Alles klar bei euch?«

»Aber klar«, sage ich und beschreibe ihr ganz sachlich das gerade Geschehene: »Habe ihm ordentlich das Maul gekärchert.« Sie lacht. Wie schön. Wir verstehen uns wieder.

Schaue mich noch einmal um zu meinem liebsten Irren und sehe, wie er die Klospülung betätigt und so die restliche Klopapierrolle in die Toilette gezogen wird.

18.35 Uhr
Ich räume noch schnell in der Küche auf und mache die Notwendigkeit eines Eingreifens vom Geräuschpegel im Sanitärtrakt abhängig. Die Kariesprophylaxe der Mittleren ist offensicht-

lich beendet und scheint relativ geräuschlos zu sein, wobei nicht klar ist, ob die elterlich eingeschätzte Toleranzschwelle des Kindes einen Einfluss hat auf Länge und Gründlichkeit der Bürsterei. Groß und Klein spielen friedlich miteinander, was zu diesem Zeitpunkt relativ unsinnig ist, da wir nun alle nach oben aufbrechen müssen. Die Ankündigung des »Bettfertig-Machens« genügt denn auch, um den Großen dazu zu bringen, die Kleine so zu triezen, dass sie ihm in den Unterarm beißt.

18.45 Uhr

Als ich oben ankomme, räumt meine Gemahlin noch schnell saubere Wäsche ein, schimpft anschließend Groß und Mittel auseinander und schließt die Vorhänge, während ich alles Nötige drumherum erledige. Ob diese diffuse Arbeitsteilung sinnvoll ist, ist ein beliebtes Dauerthema bei uns.

Die Kleine hat sich derweil die Windel ausgezogen und steht nun vornübergebeugt zu Boden blickend im Flur. Vielleicht krabbelt dort ein Tierchen zwischen ihren Füßen, denke ich noch, als ich sehe, wie sie beim Versuch fortzulaufen in ihrem frisch angelegten Urin-See ausrutscht und hinschlägt, und schreit, und, und, und.

Auch der Große heult, weil er nicht weiß, wo sein Kuscheltier ist, das er als Trost braucht nach der abdruckstarken Beißattacke der Kleinen. Und die Mittlere will noch etwas essen.

Meine Frau geht mit beiden noch mal runter. Als sie nach zehn Minuten wieder hochkommt, erläutert sie sehr klar ihr persönliches Gewaltpotenzial: »Einer von den beiden fängt sich heute noch eine«, sagt sie, ohne mich anzusehen.

»Meinen Segen hast du«, erwidere ich trocken und ernte schallendes Gelächter. »Und nicht nur meinen. Der Papst hat es auch gesagt: Man darf Kinder schlagen, wenn es mit Würde geschieht.«

»Und was heißt das?«, fragt sie.

»Das heißt, nie ins Gesicht schlagen.«

»Kein Problem.«

»Dann musst du aber auch wieder in die katholische Kirche eintreten, wenn du dich darauf berufen willst.«

»Scheiße, nein, auf keinen Fall.«

»Mama?«

»So, wie weit bist du?«

»Mama?«

»Ja, was ist denn, mein Kind?«

»Hast du gerade Scheiße gesagt?«

»Nein, das glaube ich nicht.«

»Wohl! Hab ich gehört. Scheiße hast du gesagt.«

»Ja, dann frag doch nicht.«

»Warum hast du scheiße gesagt?«

»Ich weiß es nicht mehr. So. Habt ihr schon ein Bilderbuch ausgesucht?«

»Scheiße, scheiße, scheiße.«

»Scheiße, voll scheiße. Scheiß Bilderbücher.«

»RUHE JETZT. ICH WILL DIESES WORT JETZT NICHT MEHR HÖREN. SONST WIRD HIER GAR NICHTS MEHR VORGELESEN.«

»Ich mach das schon«, beruhigt mich meine Frau.

»Nein. Lass mich. Ich bin ganz ruhig. Und ich lese vor. Kommt jetzt.«

»Okay. Aber sie da müsste noch mal Zähne putzen. Sie hat ja gerade noch gegessen.«

»Ach, Schei…benkleister.«

21 Uhr

Stehe allein in der Küche und atme tief durch. »Mein Tag war heute wie dieser eine Song von Revolverheld: Nicht gut.« Dieser Satz des geschätzten Humorkollegen F. Weise fällt mir auch jetzt wieder ein, da im Radio das Lied »Lass uns gehen« *der* deutschen Gefühlsrock-Combo läuft. Ich bin so fertig, als hätte ich eine Woche in einem peruanischen Stollen mit anderen Kindern nach Wolfram gesucht. Das ist natürlich ein ziemlich dummer Vergleich, da ich nicht im Geringsten nachempfinden kann, wie sich so eine Woche anfühlt. Ich komme auch nur darauf, weil vor ein paar Tagen eine von diesen »Ich mach euch ein schlechtes Gewissen«-Reportagen im Fernsehen lief. Irgendwas mit Blut. Blutiges Öl, blutige Kleidung, blutige Schokolade. Die finden immer was. Und ich schau mir alles an. Denn das Wissen um die Zusammenhänge, die blutigen Zusammenhänge, ist die Voraussetzung für genau die Verhaltensänderung, welche ganz oben auf meiner moralischen Zu-tun-Liste steht.

Diese Reportage hieß jetzt »Blutiges Handy« oder so ähnlich. Wolfram ist dabei nicht ein Freund der Kinder, der sich im Stollen verirrt hat und nun aufwendig gesucht wird, sondern das für den Vibrationsalarm benötigte Metall, welches sich in den Steinen befindet, die die Kinder tagtäglich aus dem Berg kloppen. Gerade wenn man eigene Kinder hat, sind solche Bilder nur schwer zu ertragen. Darum habe ich auch parallel zum Fernseh-Gucken den Rechner geöffnet und im Netz nach einem fairen Telefon gesucht. Immerhin. Und siehe da: So etwas gibt es tatsächlich.

Es machte auf den ersten Bildern einen sehr guten Eindruck. Alles dran. Gute Größe. Übersichtlicher Bildschirm. Trotz allem konnte es aber den Verdacht auf eine verminderte Lebensqualität durch schlechteren Empfang, geringere Akkuleistung und insgesamt weniger Möglichkeiten nicht vollends entkräften. Aber was sind diese Dinge gegen das Gefühl, ein faires Telefon in der Hand zu halten? Bin ich wirklich so zynisch, dass ich das ernst meine mit der verminderten Lebensqualität durch geringere Akkuleistung? Bringt es auf der anderen Seite den Kindern in Peru etwas, wenn ich mir hier ein gutes Gefühl in Form eines Telefons kaufe? Natürlich ja, wenn es sehr viele machen. Aber ich bin nicht sehr viele. Ich bin einer. Ich könnte mit sehr vielen darüber reden. Aber will ich das? Es wäre sicherlich … dachte ich noch, da quäkte das Babyfon meine Gedanken platt und ich musste nachsehen, weil meine Frau im Kino war.

Genau wie jetzt. Jetzt ist sie auch im Kino. So ein Zufall. Mit einem kräftigen Schluck Rotwein versuche ich, mir das Lied schönzutrinken, das aus dem Küchenradio dudelt. »Hinter Hamburg, Berlin oder Köln, hört der Regen auf, Straßen zu füll'n«, singt der junge Mann in seiner Stadtflucht-Hymne. Jaha, aber aufhören zu regnen wird es auf dem Land nicht, du Horst, möchte man ihm zurufen. Mann, Mann, Mann. Wer hört sich ernsthaft so etwas an? Alle, denen Nickelback zu sehr Heavy Metal ist. Und zu englisch. Für all diejenigen sind doch diese schlecht gereimten Format-Radio-Dödel-Songs. Ich könnte kotzen. Die Flasche Rotwein ist schon wieder alle. Das gibt's doch gar nicht. Wie einen diese Musik unverschuldet in den Alkoholismus treibt.

Samstag, 21. Juni, 10.30 Uhr
Heute ist mein Geburtstag. Aber egal.

Die Mittlere spielt den ganzen Tag schon, sie wäre ein Hund. Bewegt sich auf allen Vieren fort, will aus einem Napf essen und waut, anstatt zu sprechen. Das ist sehr schön. Aber nicht auf Dauer. Auf Dauer nervt es. Es nervt wie Hulle. Irgendwann reicht es mir, und ich hole eine Leine samt Halsband aus meiner Schatzkiste, binde ihr das Zeug um und gehe so flott durch die Wohnung, dass sie ihr maximales Krabbeltempo abrufen muss. Dann gönne ich ihr eine Pause. Meine Frau sitzt am Tisch und knüpft ein Armband. »Woher hast du denn das Halsband?«, rufen plötzlich beide zeitgleich im Chor. »Schnauze«, sage ich in scharfem Ton. »Also, entweder wir gehen jetzt Gassi im Park oder du lässt den Quatsch.« Schaue dabei aus Versehen meine Frau an, die, wie gesagt, ein Armband knüpft. »Wer jetzt? Ich, oder was?«

»Was? Wie?? Nein. Sie.«

Samstag, 28. Juni

Beim Sommerfest des Kindergartens, das für den Großen auch ein Abschiedsfest ist, weil er nach den Ferien verrückterweise ein Schulkind wird, bei diesem Fest also haben die Kinder zu dem Lied »Lieder« von Adel Tawil gesungen und getanzt. Das war sehr bewegend. Zumindest für die Kinder. Ich selbst betrachtete die Szenerie mit Zahnschmerzen aus der hintersten Ecke des Turnraumes durch das Telefondisplay eines furchtbar fleißig filmenden Vaters. Seitdem wird das Lied »Lieder«, quasi der erste Popsong meiner Kinder, bei uns immer wieder angestimmt und auf dem Tablett-Rechner angeschaut. Um die daraus resultierende visuelle Fixierung auf das kostenlose Musikvideo zu unterbinden, kaufte ich schließlich das Lied »Lieder« und las in Folge dessen auch den Namen des Albums. Es heißt *Lieder*. Im Internetlexikon heißt es dazu sinngemäß: »Das Lied ›Lieder‹ des Albums ›Lieder‹ mischt unzählige Zitate bekannter und dem Sänger wichtiger Lieder zu einem Lied zusammen.«

Überlege jetzt, ein Kochbuch rauszubringen. Mit ganz vielen Rezepten. Das erste Rezept heißt »Rezepte« und mischt unzählige Zutaten bekannter und mir wichtiger Rezepte zu einem großen Rezept zusammen. Titel des Buches: *Rezepte*. Mach ich aber erst, wenn mir sonst nichts mehr einfällt.

Quallen, Pisse, Humanismus

oder:

Weshalb Dachs und Lachs keine gemeinsame Zukunft haben

Montag, 14. Juli, 22 Uhr

Schleiche ans Hochbett der Mittleren, schalte ein kleines Licht ein und ziehe dem tief und fest schlafenden Kind die Gummistiefel aus. Dann fällt mir ein, dass ich gerne ein Beweisfoto davon hätte und ziehe sie ihr wieder an. Nach dem Foto ziehe ich sie ihr wieder aus und verlasse den Raum.

Morgen früh um sechs Uhr müssen wir alle aufstehen, da wir um zehn Uhr – gemeinsam mit einer Nachbarsfamilie – ans Mittelmeer fliegen. Also hatten wir den Kindern gesagt, sie könnten heute schon in den Klamotten schlafen, die sie eigentlich erst morgen anziehen würden, um sich morgen früh nicht mehr umziehen zu müssen. Genau so hatten wir es formuliert. Von Schuhen war allerdings nie die Rede. Von Gummistiefeln schon gar nicht.

Mittwoch, 16. Juli, 9.30 Uhr

Haben uns gut eingefunden im kinderfreundlichen Clubhotel. Nun sitze ich, wie gestern schon, im Kokiland und versuche, nicht nachzudenken. Das Kokiland ist der riesige Kinderbereich des Hotels, mit großen Spielflächen, Fußballplatz, Animation, Eisbude, Musikbeschallung, Toiletten, Kletterhalle, Bastelstube und dem geschlossenen Bereich für die Ein- bis Dreijährigen. In diesem Bereich sind die Mittlere und die Kleine untergebracht, der Große spielt Fußball auf einer eingezäunten Betonfläche. Sehr schön. Alle sind beschäftigt. Alle bis auf mich. Die Kinder sind hier dann am liebsten, wenn ich oder meine Frau sich mit auf dem Gelände aufhalten, um als

Notfallhelfer für alle möglichen Kinkerlitzchen parat zu stehen. Man könnte sie hier auch richtig anmelden, die Kinder, mit Namen, Geburtsdatum, Alter, Geschlecht, Vorlieben, Allergien, Appartement- und Telefonnummer und sich dann vom Acker machen. Aber das mögen sie nicht, die kleinen Scheißer, denn dann bekommen sie ein rotes Leibchen angezogen als weithin sichtbares Zeichen dafür, dass sie das Gelände nicht allein verlassen dürfen. Und damit fühlen sie sich natürlich stigmatisiert. Außerdem scheitert so eine dreifache Anmeldung bei mir regelmäßig an den drei völlig unterschiedlichen Geburtsdaten. Also setze ich mich in die Mitte des Areals auf eine blaue Kinderbank und versuche, nicht nachzudenken über meine Situation und die Möglichkeiten, die sie bietet. Beziehungsweise nicht bietet. Das zügige und zuckerlastige Weißmehlfrühstück schickt erste Anzeichen seiner nicht vorhandenen Nachhaltigkeit an mein Hungerhirn. Die Morgensonne wird in Kürze mein Gesicht erreichen, und ich weiß genau, wo die Sonnenbrille liegt. Nämlich auf den Zeitschriften, die man nur im Urlaub liest, neben dem Zettel und dem Stift, auf dem Nachttischchen. Könnte meine Frau anrufen und sagen, dass sie mir das Zeugs vorbeibringen soll. Aber dazu müsste sie mir zuerst mein Telefon vorbeibringen, das dort am Ladekabel hängt.

Mit der Zeit besetzen immer mehr Eltern die Kinderbänke und schauen zu, wie die Clubanimateure ihren Nachwuchs auf Spanisch, Englisch und Deutsch zum Mitmachen begeistern wollen. Genau das will man ja im Grunde nicht sehen, weil es einem die eigene Passivität so bewusst macht. Man ist doch hier, damit die Kinder außerhalb des eigenen Blickfeldes von neuen Menschen zu neuen Spielen angeleitet werden. Nach und nach lösen die Furzis den Klammergriff von den Beinen ihrer Erzeuger und machen allen möglichen Quatsch mit. Und in den Eltern entsteht eine Leere. Gekoppelt mit der flachen Hand vor dem offenen Mund.

Ich dagegen bin noch hellwach. Habe alles im Blick. Im Kleinkindbereich schreit die Kleine auf dem Arm einer Betreuerin. Das kriegt die hin, denke ich zuversichtlich. Da kommt Malte, der Sohn von Sabine und Klaus, angerannt und fragt, wie jetzt die Geschichte vom Dachs und dem Lachs weitergeht, die vorgestern beim Warten auf die Koffer so hoffnungsvoll begonnen hatte. »Nachher, Malte. Später. Spiel noch ein bisschen, und dann geht's bald weiter mit der Geschichte, versprochen«, beschwichtige ich ihn gekonnt. »Gut. Aber wehe nicht«, und weg ist er. Und mir fällt wieder ein, dass mir partout nichts Lustiges einfällt zu den beiden sich so vortrefflich reimenden Tieren.

Sehe mich um zum Fußballfeld. Da, der Große. Er hängt in einem Zaun, von dem aus er auf ein Dach klettern will. Vermutlich, um den Ball zu holen. Sieht gefährlich aus. Ich bleibe sitzen. Sind doch genug Aufseher hier.

Dem Kind die Freiräume lassen, die es braucht, um eigene Entdeckungen zu machen und Gefahren abzuschätzen, und gleichzeitig sicherstellen, dass es seine eigene Sicherheit nicht durch eigene Dummheit gefährdet, diese Aufgabe erfordert eine permanente Aufmerksamkeit, eine andauernde Helfen-Schlichten-Trösten-Loben-Rufbereitschaft und immer auch die kognitiv begründete Zügelung des eigenen Eingreifimpulses. Darin bin ich mittlerweile ganz gut. In Letzterem. Aber die Gesamtaufgabe führt – verbunden mit einem gewohnheitsmäßig eher schlechten Schlaf – immer wieder zu einer zwischenzeitlichen Leere in den Gesichtern der Aufpasser. Einer, wie erwähnt, gähnenden Leere, die zu beobachten ansteckend wirkt. Als würde man in einen Spiegel schauen und verzögert mitgähnen. *Bei gähnenden Gesichtern und bei Enthauptungen gucke ich immer ganz schnell weg*, dachte ich neulich. Es ist gerade die Zeit, in welcher die Gruppe *Islamischer Staat* mit halsabschneiderischen Maßnahmen ihre Idee vom zukünftigen

Zusammenleben durchzusetzen versucht. Im Internet und im Fernsehen werden dazu Videos und Fotos gezeigt. Fotos mit gerade noch lebenden Ungläubigen oder mit fertigen Leichenhaufen. Diese Bilder sind aber gottlob grafisch zensiert, d. h., die Gesichter sind verpixelt. Einfach, damit man sie nicht sieht. Sondern sie sich nur vorstellt. Was für ein rührender Versuch, das Grauen abzufedern. Ich schalte sofort um oder sehe woanders hin bei diesen Bildern. Wenn das Buch hier erscheint, dann freue ich mich, auch weil der *IS* sich dann wohl noch nicht die Weltherrschaft erköpft hat.

Ein fremder Junge kommt auf mich zu und sagt: »Weißt du, ich habe hier einen Keks, weißt du, was das ist? Karamell.«

»Aha«, sage ich. »Lecker, was?«

Der Junge will antworten, verschluckt sich leicht und hustet ein winziges Krümelchen von seinem Keks auf meine Oberlippe. Kein Problem. Bei den eigenen Kindern. Aber bei Fremden? Wische mir hastig den Mund ab und will nicht weiter nachdenken, kann aber nicht, denn das Karamellgesicht beobachtet mich. Von viel zu nah. Kein Distanzgefühl, diese Kleinkinder. Dann sagt es, weil es merkt, bzw. weil es denkt zu merken, dass ich nichts zu tun habe: »Guck mal hier, dieser Punkt da, da hab ich mich, lange, lange her, an ein Dorn gepiekt.«

»Aha.« Wo kommt eigentlich diese Angewohnheit her, anderen sein Aua zu zeigen? Aus dem Dreißigjährigen Krieg? Guck mal hier, dieses Loch da, da hat mich einer, lange, lange her, mit einer Lanze durchgepiekt.

Suche nach einem Grund, den Standort zu wechseln. Hole mir ein Eis, setze mich in eine freie Ecke und beobachte das Gesamtgeschehen jetzt aus einem völlig anderen Blickwinkel. Da ist auch der Junge wieder. Ich gucke weg. Noch etwas, bei dem ich immer weggucke. Bei fremden Jungen, die mich finden könnten. Zu spät. Er kommt. Mit einem neuen Keks in der

Hand. Bevor er den Mund aufmacht, sage ich: »Weißt du, ich habe hier ein Eis, weißt du, was das ist? Vanille.« Er reagiert nicht, sondern schaut mich stumm an und isst seinen Keks. Weil ich auf dem Boden sitze, ist er ein bisschen größer als ich. Dementsprechend herablassend blickt er mich an. Nein, er fixiert er mich. Durch seine runden Brillengläser bohrt sich sein Blick auf mich und das Eis. Er will bestimmt mal probieren. »Man isst nicht mit offenem Mund«, sage ich in der Befürchtung eines erneuten Krümelflugs. Keine Regung. Überlege kurz, ihm ein Aua von mir zu zeigen. Nein! Ich werde ihn jetzt einfach höflich bitten, vielleicht sind seine Eltern ja in der Nähe, also höflich bitten, dass er gehen soll, oder wenigstens woanders hingucken, weil ich ihm sonst … ich lass mir doch von so einem nicht den Morgen … wenn der jetzt nicht sofort …

Da knallt plötzlich ein Fußball an seine Rübe und haut ihm die Brille aus dem karamellkeksverkrümelten Gesicht. Ich muss ein herzhaftes Lachen unterdrücken, der Große kommt angerannt, ich klatsche ihn ab. »Klasse Schuss!« Der Keksjunge nimmt seine Brille und läuft zu seinem Vater. Sicher, um zu petzen. Manchmal bin ich so stolz auf meine Kinder. Gerade auch auf den Großen. Einfach fantastisch. Wie er die Situation erkennt und im richtigen Moment gezielt und effektiv zuschlägt. Toll. Er wird bestimmt mal ein guter … keine Ahnung. Soldat? Da kommt er auch schon zurückgerannt, der tapfere kleine Krieger. »Kann ich auch ein Eis?«

»Spiel doch erst mal zu Ende.«

»Ich will aber ein Eis!«

»Weißt du, wie viel Uhr es ist? Noch keine zehn.«

»Aber du …«

»Ich bin auch erwachsen. Es gibt für Kinder grundsätzlich vormittags kein Eis.«

10 Uhr

Wir sitzen beide mit einem Eis auf einer Bank und beobachten die Fußball-Stümper auf dem Asphaltplatz. Nur wenn man die eigenen Grundsätze auch mal durchbricht, wird man sich ihrer Richtigkeit wieder gewahr, denke ich, während nun das zweite Vanillehörnchen ununterbrochen an meiner Zunge entlanggleitet. Es fühlt sich verboten an. Aber niemand wird etwas davon erfahren. Bloß, was sage ich ihm jetzt? Erzähl bitte nicht der Mama, dass wir ein Eis gegessen haben? Auch nicht deinen Geschwistern? Bestehe ich darauf, dass er es unbedingt weitererzählt, in der Hoffnung auf sein Anti-Tun? Oder nichts von alledem? Egal, es wird eh alles auf das Gleiche hinauslaufen.

Der Große rennt plötzlich los. Verdammt. Er hat seine Geschwister hinter der Absperrung entdeckt. Jetzt wollen die da raus und auch ein Eis. Aber das kommt überhaupt nicht infrage.

10.10 Uhr

Die Frage ist doch, was an einem Vormittagseis schlechter sein soll als an einem Nachmittagseis, kommt es mir in den Sinn, während ich die drei schleckenden Mäuler um mich herum beobachte. Wie süß sie sind. Die Kleine ist noch nicht so gut im Eisessen. Ich helfe gern.

Oh Schreck. Der komische kleine Karamelljunge kommt auf uns zu und zeigt mit dem Finger auf mich. Im Hintergrund sein Vater. Der nickt. Der wird doch wohl nicht erzählt haben, dass ich auf ihn geschossen habe?

Das Eis ist verputzt, und die Kinder tummeln sich fröhlich auf dem Gelände herum. Ich könnte jetzt in aller Ruhe ... keine Ahnung ... sitzen bleiben. Und das mach ich auch.

11 Uhr

Die Ablösung kommt. Meine Frau. Wie schön. »Na, wie war's beim Yoga?«

»Zumba.«

»Zumba?«

»Ja.«

»Zumba, Zumba, Zumba, Tätärä?« Ich lache. Sie … eher nicht.

»Ich geh mal zum Pool, die Kinder sind hier irgendwo verteilt. Bis später.« Eile noch schnell zur Bude und hole mir ein letztes Eis für heute. Kaum führe ich es in Richtung Mund, da knallt mir ein Fußball das Hörnchen gekonnt aus der Hand. Das muss mein Sohn gewesen sein. Oder meine Frau. Drehe mich um. Der Karamellvater steht da und grinst. Spacko! Aber im Grunde wollte ich eh kein Eis mehr.

11.10 Uhr

Liege am Pool neben Sabine, der Frau von Klaus. Sie liest eine schöne Wohnzeitschrift. Mir ist langweilig. Da kommt Malte angepest und fragt, ob mir eingefallen ist, wie die Geschichte mit dem Dachs und dem Lachs weitergeht. »Aber klar«, lüge ich ihm offen ins Gesicht. »Der Dachs ist … äh, verliebt in den Lachs und läuft immer am Bach entlang, ihm nach.«

»Ja?«

»Ja! Ist doch lustig, oder? Der Dachs traut sich aber nicht ins Wasser.«

»Warum denn nicht?«

»Na, weil er … einfach ein bisschen sehr wasserscheu ist.«

»Ein bisschen sehr wasserscheu?«

»Ja. Aber die Liebe … pass auf. Nachher beim Mittagessen, da erzähle ich dir die ganze Geschichte von Anfang bis Ende, okay?«

»Oh Mann!«

»Okay?«

»Aber wehe nicht.«

»Jaja.« Er rennt weg, ich habe wieder Ruhe. Sabine grinst.

Setze mich auf eine Liege. Klingt paradox, ist aber so. Überlege, was Sabine mir gleich von der Bar mitbringen könnte, wenn sie denn aufstünde und hinginge und mich vorher fragte, ob ich auch etwas möchte. So ein Urlaub ist doch immer auch eine lange Reihe an Möglichkeitsformen.

Beobachte das Sportangebot im Pool. Wasserball. Könnte ich jetzt auch noch mit einsteigen. Müsste ich mir nur das T-Shirt ausziehen. Och nö. Bin heute ein bisschen sehr wasserscheu. Wer allerdings bereits hoch motiviert dem Spiel entgegenfieberte, ist der kahlköpfige Typ, den ich hier schon häufiger in einem Bayern-München-Trikot gesehen habe. Einem Trikot mit der Rückenaufschrift »Euer Hass ist unser Stolz«. Jetzt zieht er sich ein *Freiwild*-T-Shirt vom Leib und stellt sich an den Beckenrand. Da passt ja alles zusammen. Ein freiwilder Bayernfan. *Freiwild*. Ist das nicht diese Hardrock-Volksmusik-Kapelle aus Tirol? Die dafür bekannt ist, im Verdacht zu stehen, nationalistische Texte zu brüllen? Und die den größten Erfolg mit den Liedern hat, in denen gebrüllt wird, dass sie keine Nationalisten sind, sondern lediglich menschliche Heimat- und Zugehörigkeitsgefühle thematisieren? Nach kurzer Recherche weiß ich: stimmt alles.

Sein Körper ist über und über voll mit martialischen Tätowierungen. Großflächige spitze und runenartige Gebilde von der Wade bis zum Nacken. Was für ein Typ. Er springt ins Wasser und muss sogleich sein Haupt mit einer roten Mannschaftsmütze bedecken. Sabine fragt, ob ich etwas von der Bar möchte, ich bestelle ohne zu überlegen ein Vanilleeis und beobachte das beginnende Spiel. Spielt gar nicht schlecht, unser rechtes Rotkäppchen. Jetzt eine Großchance für ihn. »Tor!«, ruft einer. Tor. Ja genau. Wahrscheinlich heißt er sogar Tor. Aber mit *h*. Thor Steinar. Was für ein Pfosten. Im weiteren Spielverlauf brutzelt mir die Sonne alle möglichen Nazi-Assoziationen in mein vanilleverklebtes Hirn. Herrlich.

12.30 Uhr
Meine Frau eilt mit unseren drei Orgelpfeifen im Schlepptau an mir vorbei und sagt, sie müsse jetzt etwas essen. Wir ja wohl eher nicht, weil wir uns ja bereits mit Eis vollgestopft hätten. »Was? Wer hat das denn erzählt?«, frage ich in gespielter Empörung, und der Große ruft: »ICH!«

13 Uhr
Mittags esse ich vom Hotelbuffet nur Salat. Außer heute und gestern. Denn da gab es frisch gebratenen Fisch. Gestern Seehecht, heute Seezunge. Beides Fische, die laut der aktuellen Greenpeace-Liste weltweit zu den hochgefährdeten Arten zählen und auf deren Konsum man unbedingt verzichten sollte, wenn man Wert darauf legt, dass die eigenen Kinder und Kindeskinder noch mit gutem Gewissen aus einem reichhaltigen Fischangebot wählen können. Ich schaue meine Kinder an und denke: Solange es Fischstäbchen gibt, ist für die doch alles in Ordnung. Im Ernst denke ich natürlich anders. Aber trage ich wirklich die Verantwortung für die Artenvielfalt der Meere? Kann die Verantwortung dafür ernsthaft auf die Konsumenten abgewälzt werden? Habe ich die Trawler bestellt, die den Meeresboden durchpflügen, alles mitschleppen, was nicht schnell genug wegschwimmen kann, und den Grund so für Jahre unbewohnbar machen? Und beim Fleisch ist es ähnlich. Wenn die Nahrungsmittellobbyisten in den Talkshows sagen, die Verbraucher *verlangten* doch billiges Fleisch, dann wird doch einfach nur ganz kalkuliert das Wort *verlangen* statt des Wortes *kaufen* benutzt. Als würden die Verbraucher bei höheren Fleischpreisen billigeres Fleisch *verlangen*. Verlangen im Sinne von

einfordern. So wie man eine Erklärung vom Partner einfordert, wenn … keine Ahnung. Wenn das Essen nicht schmeckt. Oder wenn das Konto leer geräumt ist. Durch seinen aktiven Charakter suggeriert das Wort Verlangen, dass die schwimmenden Fischfabriken, die den billigen Fisch möglich machen, lediglich eine Reaktion auf die Verbraucherwünsche sind. Und das ist eine Perfidie und Heuchelei allererster Ordnung. Wenn sich jedermann täglich ein Rinderfilet kaufen kann, dann tut er es womöglich auch. Er würde aber nie in den Supermarkt gehen und zum Filialleiter sagen: *Ey, Meister. Das ist zu teuer hier. Mach das mal billiger, sonst …* Nein, würde er nicht. Bei der Sprache fängt der Fisch an zu stinken, denke ich abschließend, während das letzte Stück Seezunge in meinen Mund gleitet.

»Man soll ja eigentlich viele Fische gar nicht mehr essen«, versuche ich Klaus in meine Überlegungen einzubinden. »Die Bestände gehen dermaßen zurück. Man darf eigentlich nur noch Forelle essen. Hab ich mal gelesen. Und das größte Problem ist fast der Beifang. Also die kleinen, unbrauchbaren Tiere, die trotzdem alle sterben. Das hab ich mal gesehen, wie die Fische da durch den riesigen Druck in den Netzen so gequetscht werden, dass denen die Eingeweide aus den Augen herausquellen.«

»Musst du mir das jetzt erzählen, wo ich mitten beim Essen bin?«, erwidert Klaus gereizt und uneinsichtig.

»Siehst du? Genau das ist das Problem«, sage ich. »Dass die Wahrheit so schlimm ist, dass man sie nicht wahrhaben will. Dass man lieber erst mal zu Ende essen will …«

»Du hast doch selber gerade zu Ende gegessen, du Tünnes.«

»Jaha. Aber während des Essens habe ich da die ganze Zeit drüber nachgedacht.«

»Aha.«

»Und das ist der Unterschied.«

»Soso.«

»Ich habe nämlich beschlossen, dass das jetzt meine letzte Seezunge war.«

»Für heute, oder was?«

»Falscher Humor hilft da jetzt gar nicht weiter.«

»Was soll das denn sein?«

»Dein Sohn zum Beispiel.«

»Was hat denn Malte jetzt damit zu tun?«

»Willst du, dass der in zwanzig, dreißig Jahren ...«

»Johann?«

»Ja, Malte.«

»Was ist jetzt mit der Geschichte über den Dachs und den Lachs?«

»Gutes Stichwort, Malte. Lachs zum Beispiel, denkt man immer, ist völlig unbedenklich ...«

»Du hast doch gesagt, heute Mittag!«

»Pass auf, Malte. Ich esse jetzt noch ein Eis, ja? Und dann, nach dem Nachtisch, dann geht's weiter.«

»Ja, hoffentlich.«

»Versprochen.«

»Wehe nicht.« Zügig schleiche ich mich zur Eisbar und verschwinde mit dem letzten Vanillehörnchen aufs Appartement. Dem letzten für heute. Ich alter Fuchs.

14 Uhr

Meine Frau kommt mit ihren drei Nachkommen auf den Appartementbalkon und fragt mich, wie lange ich schon hier bin, warum ich nicht Bescheid gesagt habe und ob ich nicht mal aus der Sonne rausgehen will. »Ja«, sage ich, gehe ins Bad und wische mir ein paar Vanilleeisreste aus der Schnute. »Ich lege mich jetzt hin mit der Kleinen.«

»Alles klar«, sage ich. »Ich mach ein bisschen Pause mit den beiden.«

Sobald die Schlafzimmertür geschlossen ist, kriegen die zwei Gartenzwerge jeweils einen Tablett-Computer auf den Schoß und dürfen eine halbe Stunde daddeln. Natürlich nur Lernspiele. Natürlich! Da, die Tür geht auf, Frau Mama hat noch etwas vergessen. Sie sieht die zwei Daddelhasen, wirft mir einen gehörigen Blick zu und verschwindet wieder in ihrer Zweier-Höhle.

Ich versuche zu schreiben, aber die Untermalungsmusik der Spiele ist derart nervig, dass ich aufstehe und alle möglichen Taschen nach Kopfhörern durchsuche. Endlich, zwei gefunden, eingesetzt bzw. reingequetscht in die zu kleinen Ohrmuscheln und wieder ran an die Tastatur. Jetzt muss der Große groß, kein Problem. Die Mittlere will was trinken, aber klar. Dann, als endlich Ruhe einkehrt, beginnt die Mittlere laut und überdeutlich Worte aufzusagen: Banane, Kette, Wurst, Gans, Ente, Stift, Ameise, Fahrrad, Käse, Haus. Sie scheint eine Lernübung zu machen, bei der sie Begriffe vorsagen oder nachplappern muss. Der zu laut eingestellte Kopfhörerton führt bei ihr zu einem sehr lauten Sagen der Worte. Ich schaue sie sehr verliebt an und wünsche sie ganz weit weg. Da reißt sie sich die Hörer aus den Ohren und sagt: »Papa, warum guckst du so? Weißt du was, Papa, kennst du schon das? Eine Affendame frisst so gern Banane, frisst 'nen ganzen Haufen, muss ja keine kaufen.« Daraufhin lacht sie herzhaft wie ein altes Salamibrötchen und spielt dann unvermindert weiter.

15.30 Uhr
Der Nachmittag wird am Strand verbracht. Das ist schön. Das Mittelmeer ist warm wie eine flache Pfütze. Sehr gemütlich. Beim fließbandmäßigen Eincremen der drei kleinen durch die zwei großen Menschen haben die beiden großen Menschen ihren eigenen Sonnenschutz vergessen bzw. unbewusst auf später verschoben. Das wird jetzt nachgeholt.

Als ich den Rücken meiner Frau mit Sonnenmilch bespritze, schleicht sich Malte von hinten an und schüttet mir eine große Schaufel Sand in den frisch eingecremten Nacken. »WAS SOLL DAS JETZT. SCHEISSE, MANN!«, brülle ich etwas überhart nach hinten. »Ich habe dich gewarnt«, ruft der fast achtjährige Halunke. Seine Mutter bemüht sich mit ihm zu schimpfen, muss aber für einen ernsthaften Anschiss viel zu sehr lachen. Auch meine Frau lacht beim Anblick des panierten Nackens dreckig wie schon lange nicht mehr. »Das ist nicht witzig«, versuche ich kläglich die Freude der anderen zu mindern und die mir angeborene Deutungshoheit über Witzigkeit wiederzuerlangen. Gehe ins Wasser, um den Sand abzuspülen, da schießt ein brennender Schmerz in meine Wade. »AAAAH.«

»Papa, nicht ins Wasser. Da sind doch Feuerquallen drin!«

»Ja schön, dass ich das auch mal erfahre!«

15.40 Uhr
Stapfe durch den Sand in Richtung Strandaufsicht, die angeblich eine Ammoniaklösung gegen frische Feuerquallen-Wunden bereithält. Rufe »Hello« und beginne dann, den Hochstuhl hochzuklettern, der einem Tennisschiedsrichterstuhl nicht unähnlich ist. Mr. Baywatch sieht mich, ruft »No, no!«, schickt mich mit einer Handbewegung die Treppe wieder runter und lässt sich zu mir herab.

Versuche, ihm in einer Phantasiesprache zu erklären, was passiert ist. Dabei spielen die Worte »Fire«, »Quall«, »nix Fisch«, »per favore« und »aua« eine maßgebliche Rolle. Er entgegnet mir mit einer Attitüde, die sagt: Ja, Dummerchen, ich habe dich wohl verstanden, lasse dich aber noch etwas zappeln, bevor ich dir das Zeug hier über die Wade gieße, denn ich will sichergehen, dass es kein Piranha war, der dich so zugerichtet hat. Dann wären ganz andere Maßnahmen nötig, aber das sieht hier nicht so aus, keine Bissspuren, kein Blut, ist in dieser Gegend auch höchst unwahrscheinlich, ein Piranha-Angriff, bzw. zu Hundert Prozent ausgeschlossen. Du wärest quasi der erste. Also wohl doch eine Feuerqualle, die heute tatsächlich vermehrt in diese Strandbucht getrieben wurden, darum auch die rote Flagge hier an meinem Mast, die ein Badeverbot vorsieht, aber die kann man schon mal missverstehen, wenn man nicht von hier ist, eine rote Flagge am Strand bedeutet ja überall etwas anderes, im Süden der Nordmongolei z. B. heute Kinderschminken.

Diese ihm von mir angedichtete und sicherlich nachvollziehbare »Attitüde« enthält vermutlich in keinster Weise seine wahren Gedanken, sondern ist vielmehr eine Projektion meinerseits im Angesicht des eigenen Elends. Ich glaube, wenn ich mich so sehen würde, wie ich mir vorkomme, dann würde ich so denken wie ich denke, dass er denkt. Er ist bestimmt ein guter Mensch, dem solche Gedanken völlig fremd sind.

Mit einem vielfachen »Grazias« verabschiede ich mich von ihm und humpele mit einer feuchten und stinkenden Wade zu den anderen zurück. Die Kinder empfangen mich wie einen Kriegsversehrten, der nach jahrelanger Gefangenschaft zu Fuß aus der Nordmongolei wieder heimgekehrt ist. Entsprechend ausschweifend berichte ich von meinem Abenteuer. Vom langen Marsch zur Strandaufsicht, vom Bademeister, der früher Tennisschiedsrichter war, von unserem Gespräch über Piranhas, Haie und Monsterquallen und von seiner Wundertinktur, die er nur in den schlimmsten Fällen herausrückt. »Da hätteste genausogut draufpinkeln können«, zerstört Sabine mit einem Satz den Zauber meiner Geschichte. Die Kinder lachen. »Ja, klar. Ammoniak. Ist doch drin in Urin.« Oder so.

16.10 Uhr

Da das Baden heute ausfällt, begnügen sich die Jungs damit, die zahlreichen kleinen roten Quallen mit dem Kescher aus dem Wasser zu fischen und in einen Eimer zu schütten. Ist der Eimer voll, werden die Tiere auf den Boden gekippt und mit Sand bestreut, was ihnen gar nicht gut bekommt. Den Tieren. Den Mädchen missfällt dieser vielfache Mord, weshalb sie eine lebhafte und längst überfällige Humanismusdebatte anzetteln. Ihr Hauptargument: »Alles ist Lebewesen, außer Hochhäusers.«

16.30 Uhr
Der Große pinkelt sich auf die Wade. Ich frage ihn: »Hat dich auch eine Qualle berührt?« Er: »Nein, aber wenn, dann tut das bestimmt nicht mehr so weh.« Was für ein schlaues kleines Kerlchen, dieses Manneken Pis.

18.30 Uhr
Das Abendbrot-Ereignis besteht für uns Eltern aus klar festgelegten Abläufen. Erstens: Einer holt Getränke für alle, der andere latscht mit der Kleinen auf dem Arm – damit sie nicht dauernd über den Haufen gerannt wird – und den anderen beiden im Schlepptau das riesige, in mehrere Abschnitte aufgeteilte Buffet ab, um es vorzusondieren und auf mögliche Speisenvarianten für die drei zu überprüfen.

Zweitens: Der Getränke-Holer holt Teller mit sicheren Sachen. Also Pizza, Pommes und Kroketten. Drittens: Alle fünf treffen sich irgendwann am selben Tisch und essen das Gleiche wie gestern. Oder wie heute Mittag. Jetzt gibt es Seezunge in Tomatensoße. Das lehne ich natürlich ab.

Nach ein paar Minuten geht der Große noch mal los, die Mittlere will mit und die Kleine natürlich ebenfalls. Schweigend essen meine Frau und ich weiter. »Guck mal, da ist der Typ im Bayern-Trikot«, sage ich.

»Den hab ich schon vor dir gesehen«, kontert sie gekonnt mit einem typischen Kindersatz und bringt uns beide zum Lachen. Durch das Getümmel der schätzungsweise zweihundertfünfzig anderen Abendesser hindurch sehe ich immer wieder ausschnittweise die mir zugehörigen drei Strolche, die mit erhobenem Haupt und auf Zehenspitzen über den silbernen Rand des Buffets zu schauen versuchen, um etwas Esswürdiges zu erspähen. Ich will sie eigentlich nicht beobachten, aber die Gesprächslosigkeit am Tisch sowie das allseits bekannte Antlitz meiner Gattin lenken meinen Blick immer wieder in ihre Richtung. Gerade scheint der Große der Kleinen zwei Fleischbällchen mit Soße auf den riesigen Teller zu hieven, den sie mit einem ordentlichen Hohlkreuz wie einen Bauchladen vor sich hält. Stolz und voller Vorfreude eilt sie ein paar Schritte in die Richtung, in der sie unseren Tisch vermutet, die erbeutete Nahrung fest im Visier. Jetzt bleibt sie stehen, wohl um sich zu orientieren, und macht zwei Dinge gleichzeitig: Sie hebt den Kopf nach oben und senkt den Teller am vorderen Rand nach unten. In einer Bewegung. Irre. Das muss Physik sein. Die Klopse landen auf dem Boden und ihre Augen suchen die Erzeuger. Da hält sie kurz inne. Irgendetwas stimmt nicht. Der Teller ist leichter geworden. Blick zum Teller. Sauerei erkennen. Teller loslassen. Und heulen.

Toll. Hier greift ein Rädchen ins andere. Eine sauber aufeinander abgestimmte Kette von kleinen süßen Schusseligkeiten. In diesem Moment weiß ich intuitiv und in Sekundenbruchteilen, welche Reaktion meinerseits jetzt am gescheitesten ist. Es ist die Reaktion, die es schafft, dass meine Frau, hinter deren Rücken das alles passiert, nicht bemerkt, dass es ihre Tochter ist, die den porzellanenen Knall und den kleinen Tumult da drüben verursacht hat. Ich mache jetzt mit ihr, was ich sonst mit den Kindern mache: Ablenken, ablenken, ablenken. Denn wenn sie sich erst umdreht, die Lage erkennt, aufsteht und zu Hilfe eilt, dann kann ich mir eines Blickes sicher sein, der sagt: Warum stehst du eigentlich nicht auf, du hast das doch alles im Blick und hättest die Sache viel schneller erfassen und hingehen müssen? Du Fischgesicht.

Diesen Blick möchte ich vermeiden. Also sage ich in das hier täglich zu hörende Tellergeklirr hinein: »Was (klirr) würdest du tun, wenn der Große plötzlich Bayern-Fan würde? Hallo. Guck mich an.«

»Bayern-Fan? Oh, das wäre wirklich sehr schlimm, glaub ich«, sagt sie nachdenklich. »Ich würde ihm wohl erst mal rechts und links eine knallen.«

»Ja. Sehr richtig.«

»Gar nicht böse gemeint.«

»Nein, nein.«

»Und auch nicht ins Gesicht.«

»Auf keinen Fall.«

»Es wäre einfach aus Hilflosigkeit. Oder aus dem Gefühl heraus, versagt zu haben.«

»Ja. Was haben wir falsch gemacht?, würde ich ihn fragen.«

»Genau. Oder: Wann fing das an, dass du so auf die schiefe Bahn geraten bist?«

Während dieses kleinen, lustig erscheinenden, aber durchaus ernst gemeinten Gesprächs werden die Geschwister und die zahlreichen Servicemitarbeiter sich heldenhaft damit beschäftigen, unser kleinstes Kind zu trösten, die Klopse aufzusammeln und wegzuschmeißen, kurz drüberzuwischen und ihm mit aufmunternden Worten einen neuen, kleineren Teller mit neuen Klopsen in den Arm zu drücken. Und die Lektion *Wenn mal etwas schiefgeht, weil man mal etwas schief hält, dann gibt es genug Menschen, die gerne helfen, und das müssen nicht unbedingt die eigenen Eltern sein* kann als erteilt verbucht werden.

Kurz vor Schluss schleiche ich ein zweites Mal zur Dessert-Bar, werde auf dem Weg dorthin aber von Malte abgefangen, der mich am Schlafittchen fasst und an den Tisch seiner Bande zerrt. »Jetzt musst du dein Versprechen aber auch mal einhalten«, fordert Klaus erwartungsfroh, und ich beginne zu erzählen. Vom Dachs und vom Lachs, vom langen Weg den Fluss hinunter, von der Liebe im Allgemeinen und Wasserscheuheit im Besonderen. Und zum Ende wird es dann sogar noch ein bisschen philosophisch: »… weil er wusste, dass er bald für immer die Augen schließen würde. Denn wie sang schon Thees Uhlmann ganz richtig: »Zum Laichen und Sterben ziehen die Lachse den Fluss hinauf«. Und so starb unser Lachs beim extatischsten Orgasmus seines Lebens. Kann es einen schöneren Schluss geben als einen, der mit dem Höhepunkt endet? Ein Ende, das verbunden ist mit der Weitergabe der eigenen Gene, nicht aber mit deren Aufzucht? Ich glaube nein. Die entstandenen Jungfische dienten schließlich dem Dachs als Nahrung. Und so schließt diese Geschichte, so wie er sich tagtäglich schließt: der Kreislauf der Natur.« Dann lasse ich eine stolze Pause.

»Wie, das war's jetzt?«, fragt Malte.

»Jawohl. Das war es«, sage ich zufrieden und erhebe mich. »Einen schönen Abend euch. Und bis morgen.«

»Hey, warte Johann. Eine Frage noch: Was ist ein Orgasmus?«

»Frag deine Eltern, Malte! Gute Nacht.«

20 Uhr

Schalte die Tagesschau an. Die Terrassentür steht offen, und das Bühnenprogramm des Clubs schallt bis in unser Zimmer. Zu den ersten Meldungen über Enthauptungen von dreizehn Geiseln in Syrien ertönt Stimmungsmusik aus dem Club. Krasser Kontrast, denke ich und leere einen angebrochenen Sangriabecher.

Werde wohl gleich auch mal runtergehen. Ein bisschen zuschauen und ein Schlummerbier schlürfen. Muss aber erst noch »Bin gar nicht müde« vom Gegenteil überzeugen. Genauso wie »Kann nicht schlafen« und »Du hast gesagt, wir dürfen danach noch Olchis hören«.

21 Uhr

Gehe zur Bühne, wo das Abendprogramm seinen Höhepunkt erreicht. Zwei auf Puppen getrimmte Menschen staksen aus jeweils einer Schachtel heraus und bewegen sich rythmisch zu »I'm a barbie girl«. Mit einer Selbstverständlichkeit, als hätten sie im Leben nie etwas anderes gemacht. *I'm a barbie girl*, von den – keine Ahnung – Pet Shop Boys nicht, egal. *World of plastic, it's fantastic.* Dazu singen und tanzen die Eltern, die ich am Vormittag noch naturgenau auf der Poolliege habe liegen sehen. Dass der dargebotene Song in Bezug auf die plastikverseuchten Meere zutiefst unangebracht ist, scheint hier niemand zu bemerken. Der überzuckerte Nachwuchs steht direkt an der Bühnenkante und begafft die Animiermaschinen bewundernd und emotionslos zugleich. Ähnlich wie ich. Ich stehe am Rand in einer kleinen Nische mit guter Sicht auf alles. Mein Lieblingsplatz.

Eine blonde Frau erkennt mich und verwickelt mich in ein Gespräch über Comedians. Bülent Ceylan hat sie neulich in Zürich gesehen. »Wo denn?«, frage ich neugierig. Wobei besonders der zweite Teil des Wortes *neu-gierig* mitnichten dem entspricht, wie ich die Information aufzusaugen gedenke.

»In dem gleiche Laden, wo wir vorher den Bon Jovi gesehe habe.«

»Das passt«, sage ich.

»Ja?«

»Also von der Größe her.«

»Ah so.«

»Ja! Bülent Ceylan ist ja mittlerweile so etwas wie der Bon Jovi der Comedy.«

»Gell, oder?«

»Was machen Sie denn beruflich?«

»Ich bin Leiterin in einer Kindertagesstätte.«

»Oh. Sehr gut. Da hat man bestimmt … das ist doch wahrscheinlich … da ist man doch abends froh, wenn man … Sie haben privat keine Kinder?«

»Doch. Zwei Stück. Den Felix und die Anika.«

»Und was macht Ihr Mann?«

»Der ist bei der Rettung. Wir wohnen ja in Zürich.«

»Schön.« Sehe im Hintergrund plötzlich Thor Steinar mit seiner kleinen Tochter auf dem Arm in unsere Richtung laufen. Auf dem Shirt des Mädchens steht: *Papis ganzer Stolz*. Da sagt die Frau: »Ah, da ist ja mein Mann. Mit der Kleinen. Hallo. Hier!«

»Das ist Ihr Mann?«

»Ja!«

»Sie sind mit einem …«

»Was?«

»Mann zusammen, der …«

»Hallo. Guck mal, das ist der Johann.«

»Hallo. Grüß Gott. Ach, Sie. Sie kenn ich doch. Sie sind der Vanilleeis-Mann. Freut mich.«

»Ja. Und mich erst.«

»Du, Schatz, ich bring die Kleine ins Bett, die ist fertig.«

»Ja, ich komm mit. Wir treffen uns ja bestimmt hier noch mal wieder, gell? Tschau.«

»Ja, wiedersehen.«

Wahnsinn. Voll nett die beiden. Verstehe ich nicht. Der Mann war doch ein wandelndes Klischee. Ein lebendes Vorurteil. Und dann so was. Gehe zielstrebig zur Bar und bestelle wortwörtlich »irgendeinen All-inklusive. Egal. Geben Sie mir irgendwas, was richtig …, was weiß ich. Geben Sie mir das, was *Sie* jetzt am liebsten nehmen würden.«

»Hahaha.« Da lacht er, der kleine spanische Klischee-Kellner. »Das haben wir hier nicht.«

»Okay, dann zwei Bier.«

Ich warte noch auf Klaus. Darum die zwei Bier. Er kommt

nicht. Glück gehabt. Muss ich nicht gleich ein Neues holen. Auf der Bühne wird »Time of my life« als Liebesduett dargeboten. Von den gleichen, nein, von denselben zwei Püppchen, die gerade noch »I'm a barbie girl« sangen. Irre. Dazwischen moderiert der Mann, der heute Vormittag das Wasserballspiel geleitet hat. Und gestern Fußball. Diese vielleicht zehnköpfige Animiertruppe ist hier von morgens bis abends für alles zuständig. Respekt. Da wird mir plötzlich klar, woher ich die Frau bei »Time of my life« kenne. Von »I'm a barbie girl«, ja klar. Aber auch vom Babyclub heute Morgen, wo ich die Kleine ohne ihr Einverständnis abgegeben habe. Sie hat sich rührend um sie gekümmert. Zumindest hatte es den Anschein. Und jetzt springt sie hier in einem rosa Minirock über die Bühne und schmachtet den Typen an, der heute Volleyball gemacht hat. Was ist denn das hier für ein perverser Haufen? Nicht, dass ich der Frau die Kleine morgen nicht mehr ganz vorbehaltlos anvertrauen würde. Aber ein bisschen schon.

Generell kann ich ja mit derartigen Darbietungen in Ferienclubs nur wenig anfangen. Auch wenn die Leute noch so gut singen und tanzen und pantomimen und moderieren können, ich finde, auf eine Bühne gehören Künstler. Echte Künstler. Also Profis. Und keine Animieranimateure, die jeden Tag den gleichen Unsinn verzapfen. Klaus kommt wohl nicht mehr, denke ich beim dritten Bier. Da stellt sich einer neben mich und beobachtet mit einem Bier in der Hand den dargebotenen Schwachsinn. Sehr sympathisch. Ich bestelle noch ein Bier und stelle mich neben ihn. Ohne meinen Kopf in seine Richtung zu schwenken, sage ich, schon leicht beschwipst: »Ich kann ja mit solchen Darbietungen generell nur wenig anfangen.« Er nickt. »Auch wenn die Leute da noch so gut singen und tanzen und pantomimen und moderieren können, ich finde, auf eine Bühne gehören Künstler. Also Profis. Und keine Animieranimateure, die jeden Tag den gleichen Unsinn verzapfen.«

Zustimmung durchpflügt sein Gesicht. »Mir geht's genauso«, sagt er etwas krächzend.

»Es ist einfach keine Kunst, es ist einfach nur Arbeit.«

»GENAU«, sage ich etwas zu laut. »Genau. Arbeit. Aber nix Kunst. Jeden Abend das Gleiche.«

»Na ja, nicht ganz. Jede Woche das Gleiche. Was machen Sie denn?«

»Was?«

»Was Sie beruflich machen.«

»Äh, ja, ich bin … ich bin ein richtiger Künstler.«

»Aha.«

»Comedy.«

»Oh Gott.«

»Wieso?«

»Mit Comedy kann ich ja generell nur sehr wenig anfangen.«

»Ja gut. Was heißt Comedy? Was ich mache ist schon …«

»Wie lange spielen Sie ein Programm?«

»Je nachdem. Zweieinhalb, drei Jahre.«

»Jeden Abend das Gleiche?«

»Was? Wieso? Aber das ist doch … das kann man doch gar nicht vergleichen …«

»Wie auch immer, ich muss jetzt.«

»Wohin?«

»Mich umziehen. Ich bin gleich der Mann im Flintstone-Kostüm.«

»WAS? Sie sind das? Daher. Ich dachte schon die ganze Zeit … Toll. Das ist … bei Ihnen ist das wirklich etwas anderes … da sieht man direkt, das hätte auch, ganz anders enden können bei Ihnen … ich kannte mal einen Clown, der hieß Lucky …«

22.15 Uhr

Schlendere wankend mit einem Rotwein im Pappbecher zum Appartement, öffne die Tür und gehe auf den Balkon. Da kommt meine Frau dazu: »Was machst du denn schon hier?«

»Und du?«

»Ich dachte, du gehst noch mit Klaus an die Bar.«

»Und ich dachte, du schläfst.«

»Die Kleine ist gerade erst eingeschlafen, und ich wollte mich einfach noch ein bisschen hier hinsetzen.«

»Klaus ist nicht mehr gekommen.«

»Und jetzt?«

»Was wolltest du denn hier machen?«

»Einfach nur in Ruhe ein bisschen lesen. Und du?«

»Schreiben. Einfach nur in Ruhe ein bisschen schreiben.«

»Na dann.«

Wir sitzen uns gegenüber. Ich schreibe, sie liest. Schaue sie an. Das Elektrobuch beleuchtet ihr hübsches Gesicht. Gut sieht sie aus. Gar nicht nach drei Kindern und total fertig. Da reißt sie den Mund auf und gähnt ohne Hand davor offen und ehrlich in die Nacht hinein. Ich will weggucken. Aber zu spät.

Basteln, pricken, Kinderarbeit

oder:

Oh Schreck, oh Schreck, die Frau fährt weg

Dienstag, 20. August

Morgen sind die Ferien vorbei. Hurra! Wie ich mich auf den Alltag freue. Irre. Alltag. Das heißt, die Kinder sind fremdbetreut. Yeah! Unsere Erziehungstätigkeit verringert sich bei der Mittleren um bis zu acht Stunden. Pro Tag! HURRA! Und der Große hängt bald fünfmal die Woche von acht bis fünfzehn Uhr in der Schule rum. Krass.

Alltag, der Feiertag der Kinderreichen. Der kinderreichen Freiberufler.

Donnerstag, 22. August, 8 Uhr

Die Nacht war kurz, der Tag wird lang. Sieben Menschen stehen im Flur, der mal für drei konzipiert wurde. Alle sind ganz aufgeregt. Heute ist die Einschulung des Großen. »Jetzt beginnt der Ernst des Lebens«, sagt die eine Oma und zieht das gleichnamige Buch aus ihrer Stofftasche. »Bald musst du richtig viel lernen«, sagt die andere Oma und nimmt einen tiefen Zug aus ihrem Morgenzigarillo. »Wann kann ich meine Schultüte aufmachen?«, fragt der Lümmel, um den sich hier alles dreht. »Später«, sage ich, »jetzt gehen wir erst mal alle los. In die Kirche.«

»Aber ich dachte, ich komme in die Schule?«

»Nein, du kommst in die Kirche. Also eigentlich ins Kloster. Ins Schweigekloster.«

»Hä?«

»Ein Witz. Mein Gott. Also, erst mal Kirche, zum Gottesdienst, danach geht's in die Schule.«

»Papa?«

»Was ist?«

»Kann ich in der Kirche die Schultüte aufmachen?«

»Nein, erst in der Schule. Darum heißt sie ja Schultüte.«

»Ach so.«

Wir begleiten also unseren nicht getauften Sohn zum Gottesdienst, den die katholische Grundschule ins Einschulungsritual integriert hat. Den Gottesdienst. Nicht den Sohn. Die richtige Konfession ist an dieser Schule Gott sei Dank kein Beitrittskriterium. Dafür mangelt es schlichtweg an Kindern. Speziell an katholischen Kindern. Eine einzügige erste Klasse mit insgesamt drei Kindern würde wohl auf Dauer die Existenz der gesamten Schule infrage stellen.

So erwartet uns also ein bunt gemischter Haufen von Anders-, Nicht- und Gutgläubigen vor der proppenvollen St.-Bonifatius-Kirche. Eine schicke Mutter mit einer bekannten, sehr teuren Damenhandtasche am Unterarm und ihr geschniegelt und gestriegelter Sohnemann, den sie extra für den heutigen Tag in eine an Golf oder Reitsport erinnernde Steppweste gepresst hat, stolzieren an uns vorbei. Sie erblickt mich, die Kinder, die Omas, von denen eine noch immer raucht, und bleibt dann mit ihren Augen kurz an den sichtbaren Enden des neuen Oberarm-Tattoos meiner Frau hängen. »Ja, da gucken Sie, was? Wir sind die Asozialen, von denen man so viel liest! Und mein Sohn wird Ihr Gezücht direkt am zweiten Schultag komplett abziehen. Falls Sie wissen, was das heißt. Und er wird Löcher in seine Steppweste kokeln an jedem einzelnen Tag, an dem er ihm keine Zigaretten mitbringt. Jaja. Das ist der Ernst des Lebens.«

Diese Sätze habe ich nicht gesagt, obwohl sie fertig in meinem Sprachzentrum herumwaberten. Dem ersten Impuls zu folgen war noch nie meine Stärke. Und beim zweiten ist die Mutter schon verschwunden im Getümmel.

Ich schaue nach oben zur Kirchturmuhr. Es ist 8.50 Uhr. Unter der Uhr steht in blattgoldener Schrift: *UNA EX HIS TUA ERIT*, übersetzt heißt das: Eine Ex von dir ist hier. Blicke mich suchend um, kann aber keine erkennen und lasse mich dann bereitwillig mit der aufgeregten Masse ins Gotteshaus drängen.

9 Uhr

Die Show beginnt. Wir singen: Der Himmel geht über allen auf. Das ist der große Hit von Peter Janssens, wie ich dem Begleitheft entnehme. Die Mutter mit dem asozialen Blick auf uns sitzt eine Reihe vor mir. Aber, ach nee, ich glaube ja nur, dass sie denkt, wir wären asozial. Dabei denkt sie das vermutlich gar nicht. Hübsche Frau eigentlich. Wenn man sich die Klamotten wegdenkt. Und daneben sitzt ihr Mann. Na ja, da hätte sie aber was Besseres verdient. Rein optisch. Er wird Bänker sein. Oder Anwalt. Nein. Unternehmensberater! Oder Lobbyist. Er beißt permanent die Wangenknochen aufeinander und kniept dabei mit den Augen. Das glaube ich ganz sicher. Ich weiß es aber nicht. Sehe ihn ja bloß von hinten.

Vielleicht hat er sie mal anwältlich irgendwo rausgeboxt, und aus Dankbarkeit hat sie sich in ihn verliebt. Sie ist bestimmt Physiotherapeutin und hatte sich mit den neuen Praxisräumen übernommen. Weil ihre Freundin, mit der sie die Gemeinschaftspraxis schmeißen wollte, sich mit dem dritten Kind im Bauch für die nächsten Jahre eine Auszeit genehmigt hatte. Und obwohl sie es nun nicht mehr nötig hat, will sie gerade jetzt finanziell unabhängig bleiben und weiterarbeiten. Das hat ihr auch ihre Mutter eingebläut. Darum auch nur ein Kind. Aus vorsorglicher Angst vor der Scheidung mit dem Mann, der auch im Verfahren gegen seine eigene Frau ein gewiefter Anwalt bleiben wird. Und um den heimlichen Neid in ihrem Blick zu verbergen, tut sie so, als sähe sie in Menschen mit vielen Kindern das Sinnbild für die Disziplinlosigkeit von arbeitsscheuem Gesindel. So wird es sein.

Ich könnte diese Schublade jetzt schließen. Sie ist schließlich randvoll. Aber es macht einfach zu viel Spaß, alle Vorurteile, die die Äußerlichkeiten hergeben, mit dem Menschen zusammen in eine Kiste zu packen. Dabei ist interessant, dass ich nicht nur meine Vorurteile gegenüber Fremden entwickele, sondern dem Fremden zusätzlich eigene Vorurteile gegenüber meiner Familie in die Schuhe schiebe.

Jetzt singen wir »Macht hoch die Tür, die Tor macht weit«. Keine Wunder, dass viele Kinder nicht so gut der deutsche Artikeln können, denke ich. Bei solchen Texten.

Und da bin ich gedanklich auch schon wieder bei der wahrscheinlich artikelsicheren Kleinfamilie vor mir. Und bei meiner Gabe der gnadenlosen Vorverurteilungen. Was wäre ich ohne die? Wie würde ich mich hier langweilen! Die der Erfahrung geschuldete Richtigkeit der vorgefertigten Einschätzungen, die mit den Jahren immer mehr zunimmt, ist dabei natürlich ein Trugschluss. Ich erinnere mich an das Ergebnis einer Umfrage, welches ich vor Kurzem in der *ELTERNativ* las. Es besagt, dass die meisten Menschen viele Kinder als positiv und bereichernd empfinden, aber gleichzeitig glauben, dass die meisten anderen Menschen große Familien für asozial halten. Interessant. Aber wie will man da denn jemals wieder herauskommen? Voreingenommenheit ist doch bestimmt auch zu etwas nütze. Und warum haftet nicht der Einkindfamilie ein asoziales Image an?

Tatsächlich sind wir ja mit drei Nachkömmlingen – bei durchschnittlich etwa eins Komma fünf Kindern pro Frau – für deutsche Verhältnisse ganz ordentlich überbekindert. Als die Kleinste zur Welt kam, bekamen wir prompt Post vom Verband kinderreicher Familien. Der vertritt laut Eigenwerbung unsere Interessen. Ich fragte mich damals: Woher wissen die von der

Geburt unseres dritten Kindes, woher kennen die unsere Adresse und woher unsere Interessen?

Und außerdem: Offiziell gelten wir als Mehrkindfamilie. Was natürlich auch bescheuert klingt, das Wort *Mehr* mit einem Singular zu verbinden. Es heißt schließlich auch Mehrkatzenhaushalt oder Mehrfrauenehe.

Mehrkindfamilie heißt es angeblich deshalb, damit das Wort *kinderreich* vermieden wird. Dieses Wort ist deshalb problematisch, weil *reich an Kindern* oft einhergeht mit einer gewissen materiellen Armut. Familien mit vielen Kindern haben ein erhöhtes Verarmungssrisiko und sind häufiger von multipler Deprivation betroffen. Armes Deutschland, könnte man da sagen. Und so entsteht Kinderarmut in kinderreichen Familien. Klingt paradox, ist aber so. Wobei das Wort Kinderarmut ebenfalls irreführend ist, weil man sowohl arm an Kindern sein kann als auch von zahlreichen eigenen, aber armen Kindern umgeben. Die am Ende so arm sind, dass sie andere Kinder abziehen müssen. Ja, auch dich, gescheitelte Steppweste.

Der Reichtum, den die Kinder mir bringen, ist ja kein pekuniärer, sondern ein Reichtum im Sinne einer Bereicherung. Kinder sind eine riesige Bereicherung. Gerade auch für die eigene Freizeit. Und das ist schön. Das muss man sich einfach nur immer wieder sagen.

Diese mittelprächtigen Gedanken macht man sich dann, wenn der Herr Pastor Dinge erzählt, die einen nur mittelprächtig interessieren. Jetzt bittet der bunt gekleidete Mann alle Kinder nach vorne, um sie zu segnen, was einen mittleren Tumult mit kleineren Rockzipfelzupfereien auslöst. Die Eltern greifen allerdings nicht ein, da sie mit Fotografieren beschäftigt sind. So, fertig hier, der Segen ist verteilt, die Messe ist gelesen, Gottes Dienst hat ein Ende, er braucht eine Pause. Raus hier. Ab in die nächste Kneipe.

9.40 Uhr

Die Kneipe hat noch geschlossen. Also geht's weiter in Richtung Schule. Der Weg ist so lang wie zwei Zigarillos. Die Aula fühlt sich mit fünf Generationen. Alle i-Dötzchen bitte vor die Bühne setzen. Die Zweitklässler singen. Vier Klassenlehrerinnen positionieren sich. Alle jung und motiviert. Und weiblich natürlich. Wie im Kindergarten. Aber der Direktor ist ein Mann. Na, Gott sei Dank. »Wie wär's mal mit einer Männerquote für Erziehungsberufe«, sage ich laut lächelnd und gucke in der Hoffnung auf ein Gegenlächeln nach rechts zu meiner Frau. Die steht dort aber gar nicht mehr. Stattdessen blicke ich nun etwas zu nah in das Gesicht der modisch-mondänen Madame, die bereits in der Kirche meine Phantasie beflügelt hat. »Oh, ich dachte, es wäre ... äh, Sie wären ... meine Frau.«

»Ach so. Nein.«

»Viele Frauen da auf der Bühne, finden Sie nicht«, stammle ich vor mich hin.

»Ja, ja«, sagt sie. »Lehrer gibt's erst auf den weiterführenden Schulen.« Schaue sie an und überlege, an welche Ex sie mich erinnert. Dann fällt es mir ein. An gar keine.

Jetzt trotten die Kleinen etwas verschüchtert zu der ihnen zugewiesenen Lehrerin und verschwinden mit ihr in den Klassenraum. Wir schieben uns wieder hinaus und warten bequem auf den harten Betonbänken auf das Ende des ersten Schultages. Nach dreißig Minuten kommen alle rausgerannt.

»Wie, schon Schule aus?«

»Ja«, sagt der Große stolz. »Kann ich jetzt die Schultüte aufmachen?«

»Na klar.« Schnell noch ein Gruppenfoto der gesamten Klasse. Wer ist denn der schicke Steppke neben meinem Sohn? Ah ja. Der. Klasse.

Samstag, 23. August, 10.30 Uhr

Der Große wollte gerne in einen Fußballverein. Aber klar doch! Heute ist das erste Bambini-Training. Auf Asche. Na, herzlichen Glückwunsch! Zwanzig G-Junioren spielen also erstmalig zusammen auf zwei einen Meter große Tore. »Sollte man die Tore nicht gerade bei den Kleinen ein bisschen größer machen, um die Erfolgserlebnisse zu vermehren?«, frage ich investigativ den bestimmt schon über Vierzigjährigen, neben mir stehenden ehrenamtlichen Vater, der sich hier als Trainer versucht. »Das sind die offiziellen Bambini-Tore«, erwidert der, »aber Sie können gerne beim Verein nachfragen, der ja gerade jeden Cent für den Kunstrasenplatz spart, ob er ein paar größere bestellen kann.« Alles klar. Habe verstanden.

Stehe also weiter mit vielen anderen alten Säcken am Spielfeldrand und sehe den fünf- und sechsjährigen Knirpsen dabei zu, wie sie geschlossen in Richtung Ball laufen und sich möglichst lange in seiner Nähe aufhalten. Das eingeschränkte räumliche Sehen, die mangelhafte Technik und das oft fehlende Taktik- und Positionsverständnis der Kinder führen hier zur sogenannten Bambini-Traube, die zu entwirren oder zu verhindern eine der Hauptaufgaben der Trainerarbeit darstellt. Voraussetzung dafür ist ein guter Überblick über das Geschehen auf dem Platz, der allerdings dadurch erschwert wird, dass diese Traube zusätzlich von einer Wolke umgeben ist, weil aufgrund der Trockenheit die fein zermahlene rote Asche von den vierzig Füßen fleißig in die Luft befördert wird. »Warum spielen die eigentlich nicht da hinten auf der Wiese?«, frage ich ganz sachlich den Trainervater neben mir. Er schaut mich verständnisvoll an und sagt dann ebenfalls sehr sachlich: »Das weiß ich auch nicht. Diese Wiese ist für Fußball wohl nicht vorgesehen. Aber beantragen Sie doch eine Nutzungsänderung beim Verein.«

»Meinen Sie?«

»Na klar. Und überhaupt: Haben Sie nicht Lust, unser Trainerteam zu unterstützen?«

»Ich weiß nicht.«

»Ach, kommen Sie. Sie machen doch einen ganz engagierten Eindruck.«

»Finden Sie?«

»Ja, sicher. Solche wie Sie haben uns hier gerade noch gefehlt.«

»Aha.«

»SO KINDER, FEIERABEND FÜR HEUTE. HALLO. WO SEID IHR DENN?«

»Nichts für ungut und bis nächste Woche«, rufe ich beim Gehen in die Runde. Das Trainingsspiel endete null zu null und die kleine Rothaut in der Wanne.

Dienstag, 2. September, 15 Uhr

Hole den Großen von der Schule ab. Es gefällt ihm sehr gut dort. Dabei ist der Wechsel dorthin durchaus ein ordentlicher Einschnitt. Der Kindergarten war ein behütetes Nest. Die Kinder hießen Fiona und Finn, Laura und Leander und waren großteils im akademischen Milieu gezeugt worden. Im rot-schwarz geprägten Bildungsmilieu. Im links-konservativ gemäßigten Bildungsbürgertum mit großem Kombi für zwei Kinder und einem partiellem Interesse an Nachhaltigkeit, Esoterik, Waldorfpädagogik und Kinderyoga. Einem Milieu, in dem die pinocchiogleiche Silhouette auf dem Fahrrad-Kindersitz meist durch die lange Bio-Dinkelstange im Mund des helmpflichtigen Sprösslings hervorgerufen wird.

Die Mitkinder in der Grundschule repräsentieren nun endlich den wahren Bevölkerungsdurchschnitt unseres Viertels. Seine Freunde heißen jetzt Jeremy und Fabrizio und entstammen eher einem bodenständigen Kölner Milieu. Mit großem Interesse für Karneval, Fußball und Fußballkarten.

Der rauere Umgangston tut dem Großen sehr gut, denn er fördert seine Durchsetzungskraft und Grundschnelligkeit. Wichtig fürs Fußballtraining.

15.30 Uhr
Sehe mir die Hausaufgaben an, die er in der OGTS gemacht hat. Auf einer Seite des Aufgabenheftes hat er einen Fisch gemalt. Darüber steht: Male einen Fisch. Sehr gut! Daneben hat er ein braunes Häuschen gemalt. Ein braunes Häuschen mit Tür, und in der Tür hängt ein Hammer und vielleicht eine Säge. Darüber steht: Male dem Fisch Schuppen. Wie putzig. Da malt er dem Fisch einen Tischlerschuppen. Darauf muss man erst mal kommen.

Samstag, 13. September, 10.30 Uhr
»Sie haben ja immer noch keine Trainingsklamotten an«, begrüßt mich der motivierte Ehrenamtler zum Samstagstraining.

»Nein, das ist … äh, richtig«, bestätige ich seine Sicht der Dinge. »Wissen Sie, ich dachte … also ich habe mir das noch mal überlegt, ich muss ab Oktober wieder jedes Wochenende arbeiten, und deswegen ist das … kommt das für mich einfach nicht infrage. Ich hätte es sehr gerne gemacht, aber man muss auch immer gucken …«

»Ist doch gar kein Problem. War eh nicht so ganz ernst gemeint.«

»Aha.«

»ALSO AUF, KOMMT JUNGS, JEDER EINEN BALL UND LOS GEHT'S.«

Die ballorientierte Meute bewegt sich zu meiner Überraschung in Richtung des kleinen Rasenplatzes, den ich vor zwei Wochen bereits als Spielwiese ins Gespräch gebracht hatte. Interessant. Und es gibt neue Tore. Neue, billige Zweimetertore aus dem Baumarkt. Sehr aufschlussreich. Was man alles erreichen kann als Möchtegerntrainer.

Bei diesem vierten Training ist bereits deutlich ein fester Kern von engagiert zuschauenden und reinrufenden Vätern erkennbar. Die Ballkünste ihrer Söhne werden lautstark gepuscht, leise zum Nachbarn kommentiert oder mit abfälligen Handbewegungen in die Tonne gekloppt. Ihr eingeschränktes räumliches Sehen, die mangelhafte eigene Technik und das fehlende Taktik- und Positionsverständnis führen – gepaart mit den unverständlichen Einsatzzeiten des Nachwuchses und dem unfairen Verhalten der verdächtig guten Gegenspieler regelmäßig zum sogenannten Elterntumult, den zu entwirren oder zu verhindern ebenfalls eine der Hauptaufgaben der heutigen Trainerarbeit darstellt. Das gilt weniger für die samstäglichen Übungseinheiten als vielmehr für die Turnierspiele, in denen auch die jüngsten aller Junioren den nötigen Druck zu spüren bekommen sollen, während die ambitionierten Senioren die Träume der eigenen Jugend auf ihr Kind projizieren, um wenigstens den Ersatztraum vom Vater und Berater eines kickenden Jungmillionärs aufrechtzuhalten.

»Und, haben Sie auch früher gespielt?«, will ein Mann aus der Runde wissen.

»Ja«, sage ich, »ich war auch sehr gut, aber mir fehlten die Kraft, der Wille und das Talent.« Das finde ich lustig, aber die erwarteten Lacher bleiben leider komplett aus. Das sage ich schon seit Jahren: Fußball und Humor passen einfach nicht zusammen.

Montag, 29. September, 7 Uhr

»Der Wecker fiept: Halb sieben, Unheil, nimm deinen Lauf! Der Große muss zur ersten Stunde. Los, steh auf.« So beginnt das Reinhard-Mey-Lied »Aller guten Dinge sind drei«, dessen Refrain oder Strophenfetzen ich immer wieder im Ohr trage. Hier ist es jetzt Punkt sieben. Ich höre, wie meine Frau bei der Mittleren das Licht anknipst und die Vorhänge aufzieht. »DU SOLLST NICHT DAS LICHT ANMACHEN. UND NICHT DIE VOR-

HÄNGE AUFZIEHEN. ICH WILL NOCH SCHLAFEN«, brüllt die Vierjährige wie von Sinnen ihrer Mutter entgegen. Die bleibt ungerührt, wahrscheinlich, weil sie für eine angemessene Antwort sowohl zu überrascht als auch zu kraftlos ist, und erwidert: »Guten Morgen, mein liebes Kind. Wir stehen jetzt so langsam alle auf. Es ist …«

»ICH WILL ABER NICHT AUFSTEHEN. MACH DAS LICHT AUS UND GEH RAUS.« Wenn die eigenen Erwartungen an einen freundlichen Umgangston nicht schon so niedrig wären, dann wäre so eine Begrüßung vermutlich noch viel schlimmer, denkt sich mein verschwurbeltes Morgenhirn die Sache schön.

9.15 Uhr
Durch den Schulbeginn um acht Uhr ist die geliebte Frühstückspause in meiner Koffein-Bar ebenfalls nach vorne gerückt. Von neun Uhr fünf auf acht Uhr fünf. Nach dem Wegbringen des Großen radle ich sofort weiter und setze ich mich oft als Erster in die wenige Minuten alte Öffnungszeit des Cafés. Eine sonderbare Formulierung, die mir da soeben aus den Fingern gehuscht ist. Ich setze mich in eine wenige Minuten alte Öffnungszeit. Was nun? Keine Ahnung. Man weiß ja wohl, was gemeint ist. Und solange Menschen von *geöffneten Zeitfenstern* reden, möchte ich mich auch *in eine Öffnungszeit setzen* dürfen.

9.45 Uhr
Nun muss ich aber weiter, um den obligatorischen Kurzeinkauf im Biomarkt zu erledigen. Der Moped-Junkie steht vor der Tür und macht wie immer diskret auf sich aufmerksam, um am Ende umso mehr abzukassieren für sein spritschluckendes Hobby. Jemand hat mir erzählt, dass er Karl heißt. Das passt irgendwie.

15.15 Uhr

Der Große kommt in einer völlig desolaten Verfassung von der Schule nach Hause. Physisch wie psychisch erschöpft, Hose verdreckt, leicht humpelnd, nah am Wasser gebaut, leerer Blick, Schrammen im Gesicht. Auf Nachfragen antwortet er nicht. Ich schaue ihn an und denke: Mein Gott, Kind. Was hat dich bloß so ruiniert? Die Schule? Wahrscheinlich. Nach dem Kindergarten sahst du so nie aus. »Was hat dich bloß so ruiniert?« Das ist doch ein altes Lied. Wie beginnt dieses Lied noch gleich? Ach ja: »Warst du nicht fett und rosig? Warst du nicht glücklich?« Ja, das war er. Im Kindergarten. »Bis auf die Beschwerlichkeiten, mit den andern Kinder streiten, mit Papa und Mama.« Ja, genau so war es. »Wo fing das an und wann? Was hat dich irritiert? Was hat dich bloß so ruiniert?« Wahnsinn. Wie ich plötzlich dieses Lied verstehe. Hier geht es ganz offensichtlich um ein Kind und seine unbeschwerten Jahre vor dem Beginn der Schule. Und auch der Rest passt ganz gut zu meinem humpelnden, verbeulten Sohn am Küchentisch: »Kannst du nicht richtig laufen? Oder was lief schief? Und sitzt die Wunde tief in deinem Innern? Kannst du dich nicht erinnern? Bist du nicht immer noch Gott weiß wie privilegiert? Was hat dich bloß so ruiniert?«

In diesem Moment, also fast zwanzig Jahre später, begreife ich endlich die erste Strophe des größten Hits der Hamburger Band »Die Sterne«. Alles fügt sich zusammen. Es ist ein Lied über ein Schulkind. Ein frisches Schulkind. Über mein frisch ruiniertes Schulkind.

22 Uhr

Am Abend beim Aufräumen fällt mir ein sehr altes Foto des Großen in die Hände. Es ist unser offizielles Geburtsverkündungsfoto. Auf dem Bild ist er ungefähr drei Tage alt. Hat also noch nicht viel erlebt. Dennoch sieht er ähnlich mitgenommen aus wie heute Mittag. Zerdötscht und verpickelt liegt er auf einem Deckchen, mit halb geöffneten Augen und einem ordentlichen blauen Hörnchen über der Stirn, von der Saugglocke. Wir fanden damals, dass wir das süßeste Kind der Welt auf einem wirklich gelungenen Foto verewigt haben. Beides war eine Lüge. Aber so muss es wohl sein, dass einem die Hormone oder was auch immer den Blick auf die Wahrheit versperren. Nur so wird verhindert, dass man dieses verschrumpelte und krumpelige Bündel einfach in die nächste Babyklappe legt. Muss an Squash-Rainer denken, dem ich ein Foto von den dreien gezeigt hatte. Müsste mich mal wieder melden bei ihm. Mach ich morgen.

Samstag, 11. Oktober, 15.30 Uhr
Der Nachmittag legt seinen windigen Klammergriff um das elterliche Personal. Der Herbst, der Herbst, der Herbst ist da. Zahlreiche bunte Bastelbögen fliegen durch die Wohnung und rufen: Bastel mich fertig! Doch das steht heute nicht auf dem Plan. Denn wir pricken. Ich könnte mir jetzt auch etwas Schöneres vorstellen, aber um mich geht es hier nicht. Heute wird geprickt. Pricken ist laut Duden ein »schwaches Verb«, das u. a. *ausstechen* bedeutet. In neuerer Zeit hat sich in das Wort ein kleines l geschoben, sodass diese Ausstechtechnik in der Freien Enzyklopädie des Internets unter dem Begriff *prickeln* bekannt ist. Nicht so im Duden. Aber wie sagte schon Heinz Erhardt: Was weiß Duden.

Wie und warum ändert sich so ein Wort? Wahrscheinlich war die Aussprache des Wortes *pricken* vielen Leuten zu hart. Und zu nah dran an anderen, ähnlich klingenden Worten. Wie zum Beispiel … Brikett. Dass das Prickeln das Gegenteil von einer prickelnden Angelegenheit ist, war in diesem Falle wohl zweitrangig. Geprick(el)t wird häufig in Kindergärten, weil es länger dauert als das Ausschneiden mit einer Schere und nicht so gefährlich ist. Außerdem sehen die geprickelten Werke angeblich interessanter aus als geschnittenes Papier oder Pappe.

Die Kinder bekommen also eine Filzunterlage und stanzen vorgefertigte Tiere aus Tonpapier aus. Das tun sie mit ausgesprochener Fokussiertheit und Sorgfalt, was wahrscheinlich mit der Verletzungsgefahr durch die spitzen Holzgriff-Nadeln zusammenhängt. Er herrscht eine schöne, stille und konzentrierte Arbeitsatmosphäre.

Ich stelle mir vor, wie in Deutschland alle Perforiermaschinen mit der Zeit durch Kinder ersetzt werden. Weil deren Arbeit am Ende noch billiger ist als die der stromverschlingenden Stanzautomaten. Bald wird man beim Kauf von Abreißkalendern darauf achten müssen, das Siegel »Garantiert ohne Kinderarbeit« zu erspähen.

Die Kleine will natürlich auch pricken, aber nicht mit der dicken Stricknadel, die ich ihr anbiete, sondern mit einer richtigen Pricknadel. Das Geheule wird schließlich so groß und die Ablenkversuche so erbärmlich, dass meine Frau sie mitnimmt in den Wäschekeller. Endlich Ruhe. Groß und Mittel prickeln, was die Nadel hergibt; ich überlege, wo die Pflaster sind.

Bin etwas fasziniert von ihrem Fleiß. Die fixen feinmotorischen Fertigkeiten geben einen Eindruck davon, was Kinder arbeitstechnisch zu leisten im Stande sind. 75 Prozent aller weltweit hergestellten Fußbälle z. B. stammen aus Pakistan, und dort ist Kinderarbeit gang und gäbe. 75 Prozent aller Haselnüsse stammen aus der Türkei und werden aufgelesen von kurdischen Wanderfamilien, die ohne die Mithilfe ihrer Kinder gar nicht überleben könnten. Stand in der *ELTERNativ*. Für jeden Familienvater gehören diese Zahlen zu den unangenehmsten Wahrheiten der Welt. Ich dachte beim Lesen des Artikel aber auch: Komisch. Gleich zweimal 75 Prozent.

Der große Prickelheini hier am Tisch besitzt mindestens

drei Fußbälle. Und die Prickelfee daneben liebt Haselnuss-creme. Wenn ich ihr aber die faire, harte, ohne Palmöl hin-stelle, verzieht sie das Gesicht.

16.05 Uhr
Meine Frau erscheint mit der Kleinen auf dem Arm und fragt mich, ob ich irgendwo Tennisbälle habe. »Oh, will die Mama mit dir Tennis spielen im Keller?«, rede ich übertrieben verzückt mit dem getragenen Mädchen und bin mir voll bewusst über den Unmut, den ich mit diesem Verhalten schüre. Denn erstens redet man nie mit einem Kind über einen anwesenden Erwach-senen, es sei denn, man ist Dr. Jäger, zweitens antwortet man auf eine Frage sachgemäß und nicht mit einer nicht lustigen Ge-genfrage, und drittens ist durch die Aufgabe, zusammen mit die-sem jede Ordnung zerstörenden Wesen im neonlichtkalten Kel-ler die vollgesaute Wäsche von fünf Personen in den Griff zu bekommen, jeder humorige Zugang bereits restlos verbraucht.

»Äh, oh, Entschuldigung, aber wozu brauchst du Tennis-bälle?«, frage ich schuldbewusst.

»Hast du welche oder nicht?«

»Ja, bestimmt. Irgendwo im … äh, im Keller.«

»Kannst du mir drei geben?«

»Ja, klar. Ich gucke schnell.«

16.15 Uhr
Es rumpelt und pumpelt ein Geräusch aus dem Keller nach oben, das ich mir nicht erklären kann. Aber ich bleibe oben.

»Papa?«

»Jaha.«

»Können wir einen Drachen bauen?«

»Tolle Idee. Morgen vielleicht.«

»Och, ich will aber jetzt.«

»Jetzt prickel doch erst mal da noch den Fisch und dann …«

»Das ist eine Insel. Hast du schon mal einen Fisch mit einer Palme gesehen?«

»Nein. Aber einen Fisch mit einen Tischlerschuppen.«

»Häh?«

»Ach, vergiss es.«

Meine Frau kommt hereingeschneit, allein, hält sich eine Kinderhose vors Gesicht und sagt: »Bei manchen Ökohosen habe ich das Gefühl, dass man da ohne Weiteres ein Loch reinfurzen kann.« Alle lachen. Sie nicht. Dann verschwindet sie wieder mit Bügeleisen und Bügelflicken in ihrem polternden Verlies.

17.35 Uhr

Der Große und die Mittlere haben ausgeprickt, danach ohne viel Theater aufgeräumt und helfen mir nun beim Decken des Abendbrottisches. Fleißig, fleißig. Schon bald sitzen wir drei am Tisch und warten auf die beiden noch fehlenden Tennisdamen, die wir lange nicht mehr gesehen haben und die vermutlich gerade in den dritten Satz gehen.

Um die Übergangszeit bis zum Beginn der gemeinsamen Nahrungsaufnahme zu überbrücken, denke ich mir ein Spiel aus. Ich verstecke ein Brettchen unter dem Tisch und sage: »So, ich habe hier etwas versteckt, und ihr müsst jetzt raten, was es ist. Ihr dürft mir dazu Fragen stellen, die ich mit Ja oder Nein beantworten kann.«

Darauf der Große: »Ein Brettchen!«

»Hä, woher wusstest du das?«

»Hab ich gesehen. Außerdem liegt da keins mehr.«

»Oh ja, das stimmt. Das war etwas zu, äh, zu einfach. Okay. Jetzt wird es schwieriger.« Husche kurz nach nebenan, hole mir eine Pricknadel und weiter geht's.

»Was hast du jetzt versteckt?«, fragt der Große.

»Das müsst ihr raten.«

»Aber wie denn?«

»Ihr müsst jetzt Fragen stellen, die ich mit Ja oder Nein beantworten kann.«

»Okay«, sagt die Mittlere, »was hast du versteckt?«

»Nein.«

»Hä?«

»Ich meine, nein, so geht das nicht. Ihr könntet zum Beispiel fragen: Ist der versteckte Gegenstand aus Metall?«

»Ist der aus Metall?«

»Ja.«

»Ein Löffel!«

»Nein. Es ist auch nur halb aus Metall.«

»Oh, das ist aber zu schwierig.«

»Ihr könntet auch fragen: Was kann man … nein. Kann man damit etwas schneiden?«

»Kann man damit etwas schneiden?«

»Nein.«

»Okay, also ein Messer ist es nicht.«

»Genau.«

»Ja, was ist es denn jetzt?«

»Ratet doch mal weiter. Ist es vielleicht spitz?«

»Ist es spitz?«

»Ja. Sehr spitz.«

»Was soll das denn sein?«

»Ich gebe euch mal einen Tipp: Ihr habt es heute Nachmittag schon fleißig benutzt.«

»Eine Prickelnadel!«

»Genau.«

»Kann ich die haben?«

»Was? Nein. Die kommt wieder zurück in die Kiste.«

»Oh Mann.«

Man muss solche Spiele einfach viel öfter machen, damit das Prinzip klar wird.

17.41 Uhr

Ich stehe vorm offenen Kühlschrank und starre hinein, ohne genau hinzuschauen. Ich weiß gerade einfach nicht, was ich sonst tun soll. Es ist einigermaßen aufgeräumt, und der Tisch ist gedeckt. Im Kühlschrank dürfte nichts mehr sein, was auf den Tisch gehört. Milch vielleicht noch. Die Milch steht noch im Kühlschrank. Mein Freund, der Kühlschrank, denke ich kurz an einen Stoppok-Song. Und dann beobachte ich mit einem Auge, wie die Kinder versuchen, das Spiel von eben nachzuspielen. Der Große versteckt etwas unter dem Tisch und sagt zu seiner Schwester: »So, du musst jetzt raten: Was habe ich versteckt?«

»Weiß ich nicht«, erwidert die Mittlere.

»Ich geb dir mal einen Tipp. Ist es spitz oder rund?«

Die Mittlere überlegt kurz und antwortet: »Spitz.«

»Genau«, sagt der Große und zeigt seinen Gegenstand, »eine Gabel.« Das ist so schön, dass mir vor Lachen der Schluck Milch aus dem Tetra Pack wieder durch die Nase herausläuft.

17.43 Uhr

»Was läuft denn da aus deiner Nase?«, fragt meine Frau leicht angeekelt und gibt mir ein Taschentuch. »Ist das Milch? Du trinkst Milch direkt aus der Tüte?«

»Ja, 'tschuldigung. Wer hat denn gewonnen bei euch?«

»Hä?«

»Na, beim Tennis!«

»Die brauchte ich für deine angeschimmelte Daunenjacke.«

»Aha.«

»Die habe ich gewaschen, und die verklebten Daunen werden durch die Dresche mit den Bällen wieder schön fluffig.«

»Aha.«

»Ja, da staunst du, was?«

»Allerdings.«

»Und ihr?«

»Die Kinder haben ganz allein den Tisch gedeckt.«

»Und Hände gewaschen?«

»Was? Nein.«

»Ja, dann.«

»Ich?«

»Wer sonst?«

»Na klar. Kommt, Kinder, Hände waschen. Dass ihr das auch jedes Mal wieder vergesst ...«

19.05 Uhr

Lese die zweite Geschichte für die Großen vor, während meine Frau nebenan die Kleine fertig macht. Bei der zweiten Geschichte erreiche ich regelmäßig den Müdigkeitshöhepunkt des Tages. Ich muss dermaßen gähnen, dass die Sätze für bis zu fünf Sekunden unterbrochen werden. Aber das kennen die beiden Racker bereits und ertragen es mitfühlend und duldsam. Pro Seite lasse ich ein bis vier Sätze komplett weg, um die ganze Angelegenheit nicht unnötig in die Länge zu ziehen.

Die zweite vorzulesende Erzählung ist der Schwarz-Weiß-Klassiker »Mein Esel Benjamin«, den ich – wie alle in meinem Alter – nur gekauft habe aufgrund der nostalgischen Gefühle, welche das Titelbild auslöst. Es geht in dem Buch um Susi und ihren Esel, aber auch ihre Muschi spielt eine Rolle. Als der Esel mal wieder alles durcheinanderwirft, heißt es in dem Buch wörtlich: »Muschi und ich finden das gar nicht nett von ihm. Trotzdem haben wir viel Spaß miteinander.« Im Hintergrund des Fotos sitzt die Hauskatze und beobachtet den Wüterich kopfschüttelnd. Vorher heißt es bereits an einer Stelle: »Unsere Muschi versteht sich ganz gut mit ihm. Nur manchmal ärgert sie sich, wenn er sie beim Frühstück stört.« Das Buch ist von 1968. Ist doch interessant, denke ich, wie ein Wort über die Jahrzehnte seine Unschuld verlieren kann.

19.20 Uhr

Nach dem üblichen Hin und Her verlasse ich am Ende gähnend die düsteren Hochbett-Hörspiel-Höllen und latsche in die Küche. Dort sitzt Hekto-Pascal verdächtig unverdächtig in einer Ecke. »Na, du Muschi, was hast du ausgefressen?«, frage ich das verblüffte Tier, das daraufhin kopfschüttelnd durch seine Klappe ins Freie flüchtet.

Sonntag, 12. Oktober, 9.30 Uhr

Sitze am Frühstückstisch, will mir gerade den Sportteil aus der Zeitung nehmen, weil die Gelegenheit, einen Artikel zu lesen, mit der Betonung auf *einen*, günstig erscheint, da spüre ich plötzlich einen stechenden Schmerz auf dem linken Spann. Schreie laut auf, reiße reflexhaft den Fuß weg, stoße dabei mit dem Knie an die Tischkante, und der Kaffee kippt um. Was zum Teufel war das? Dann erkenne ich den Grund für die Pein: Die Kleine hat – um mir zu zeigen, wie man auch ohne Kaffee blitzschnell hellwach werden kann – eine Pricknadel durch meinen Filzhausschuh gerammt. Mein Schrei hat sie natürlich so erschreckt, dass sie jetzt weint. Muss mich wohl bei ihr entschuldigen.

11 Uhr

Wir basteln Laternen. Nach einem Schnittmuster aus einer Schnittmusterzeitschrift. Meine Frau hat alles besorgt, wie es sich gehört. »Haben wir nicht gestern schon gebastelt?«, frage ich. »Ich will pricken«, nölt die Mittlere. »Entweder einen Drachen, oder ich bastel gar nicht mit«, stellt der Große klar. Ich stehe auf, um mir noch schnell in aller Ruhe einen Kaffee zu machen. Da kommt die Kleine mit einem neongelben Flummi im Mund auf mich zugestürzt und wirft sich an meine Beine. Ich erschrecke mich, schütte mit dem kochend heißen Wasser die Filtertüte platt und schreie gedämpft in mich hinein. »Kannst du ihr mal den Flummi aus dem Maul holen?«, bitte ich meine Frau.

»Was hat die? Komm mal her.«

»Seit wann haben wir eigentlich wieder Filterkaffee?«, frage ich genervt.

»Seit das schneller geht. Wegen der Kinder.«

»Hä?«

»Ich meinte, *weil* das schneller geht«, erwidert sie. Ich baue ganz langsam alles wieder auf.

»Wieso kaufen wir denn eigentlich keine batteriebetriebenen LED-Fertiglaternen?«, erkundige ich mich im Wissen um die Antwort.

»Weißt du, was da für ein Plastikschrott anfällt?«

»Ja.«

»Außerdem haben wir zwei kaputte davon noch hier irgendwo rumfliegen.«

»Soso.«

»Und Batterien sollte man generell vermeiden, wenn es geht.«

»Du hast ja recht. Na, klar.«

11.20 Uhr

Urplötzlich ist mir so übel, dass ich vorgebe, noch einen Text schreiben zu müssen. Ich verschwinde mit einem frischen Filterkaffee in mein Arbeitszimmer und lege die Füße hoch. Dann fällt mir ein, dass ich tatsächlich noch einen Text schreiben muss, und ich ärgere mich prompt darüber, dass meine Frau jetzt vielleicht glaubt, ich hätte nur vorgeschoben, dass ich noch einen Text schreiben muss. Könnte kurz runtergehen und sagen: »Du, ich muss wirklich einen Text schreiben.« Aber ich bin ja nicht komplett bescheuert.

3. November, 17 Uhr

Laternenumzug – Umzug der Freude

Dazu ein Limerick mit dem Titel:

LED-Leuchten, nein danke

Die Tochter wollte echtes Licht,
nur an die Folgen dacht' sie nicht.
Laterne brennt,
das Kindlein flennt,
und Papa hat die Schuld gekriegt.

Der Papa jetzt am Rande steht,
wo er im Kopf um Gnade fleht.
Das Kind gibt Ruh,
und er gibt zu,
das Teelicht war nicht angeklebt.

Die Kleine hat es ihm verziehn,
der Papa dankt auf beiden Knien,
dann steht er auf,
und sie sagt: Kauf
mir dann jetzt die mit Batterien.

Da hat der Papa kurz geschnauft,
und ist dann sofort losgelauft.
Im Supermarkt,
wird ihm gesagt,
Laternen alle ausverkauft.

Jetzt wird ein Kerzlein ganz geschickt,
durch einen Bierdeckel gedrückt.
Fast fackelgleich,
ein feiner Streich,
so wird das Kindchen gleich beglückt.

Das Kindchen sieht den Fackel-Quatsch,
und wirft ihn wütend in den Gulli,
und so ist wohl,
wie dieser Reim,
das ganze Leben nicht so einfach.

Freitag, 7. November

Wir sind alle Mann bei der Oma. In der Stadt der Oma ist Kirmes. »Dann hat dein Arsch Kirmes«, ist eine bekannte Androhung für eine Tracht Prügel auf den Allerwertesten. Wird aber heute kaum noch benutzt.

16 Uhr

»Oh, guck mal. Eine Schiffschaukel!«, ruft die Mittlere.

»Die hab ich schon vor dir gesehen«, kontert der Große. Die Kleine sagt nichts, denn sie schläft im Sack der Mutter. Also im Tragegurt. Die Oma gibt großzügig einen nach dem andern aus. Entenangeln, Babyflug, Ponyreiten. Allein dafür brauchen wir zwei Stunden. Die Mittlere will auf jedem der sechs Ponys eine Runde drehen. Ja, herzlichen Glückwunsch. Ich frage mich, wo ist eigentlich Bärbel, wenn man sie mal braucht? Die würde jetzt einen Schaumstoff-Würfel aus dem Hut zaubern, mit lauter Einsen. Und dann dürfte sie noch genau einmal reiten. Beziehungsweise auf einem der daherschlurfenden kleinwüchsigen Huftiere ihrem tierschutzfragwürdigen Hobby frönen.

Jetzt gibt es Zuckerwatte für alle. »Mögt ihr das überhaupt?«, fragt meine Frau völlig zu Recht und empfiehlt, erst einmal eine zu holen, von der dann alle mal probieren können.

18.30 Uhr

Zu unserer üblichen Abendbrotzeit kaut jetzt jedes der drei Kinder an einer überdimensionalen Zuckerwatte herum.

18.32 Uhr

»Entschuldigung, es ist eine etwas komische Frage, aber ich würde die ungern komplett wegschmeißen. Wir haben hier drei Zuckerwatten, bei denen jeweils nur an einer kleinen Stelle, hier zum Beispiel, etwas weggegessen wurde. Ansonsten sind die noch einwandfrei. Also die Frage ist, möchten Sie die geschenkt haben? Für Ihre Kinder? Oder für Sie? Die sind wirklich ganz frisch«, gehe ich in meinem reizüberfluteten und durch zwei Bier angeheiterten Kopf eine Frage durch, die ich sogleich zusammen mit den klebrigen Zuckerspießen in die Tonne kloppe.

19.00 Uhr

Die Mama geht noch schnell mit der Mittleren in eine Kinderschiffschaukel. Wir andere gucken zu. Sie sitzen ganz vorn. Die Mittlere etwas ängstlich, ihre Mutter daneben etwas schmerzverzerrt. Vermutlich aufgrund der ausschließlich für Kinderkörper konzipierten Sitzgelegenheit. Nach der Fahrt empfangen wir die beiden ehrenhaft und fragen nach dem Befinden. Die Mittlere ruft ganz beseelt: »Da müsst ihr auch mal mitfahren, das kribbelt ganz toll in der Scheide!« Nicht nur wir, auch die Umstehenden schweigen daraufhin für einen kurzen Moment. In allen Gesichtern hält sich die Frage: Hat sie das gerade wirklich gesagt? Ich bleibe aber cool und sage: »Ach, das klingt ja … das würd ich ja auch gerne mal, wenn … äh, also vielleicht morgen mal.«

»Nein, Papa. Du hast doch gar keine Scheide.«

»Ach ja, richtig.«

Dienstag, 11. November

Meine Frau möchte nach den anstrengenden Herbstferien gerne bald mal für ein paar Tage wegfahren. Zu einer Freundin nach Hamburg. »Kein Problem«, sage ich, »wenn du abends hier bist, um die Brustsaugerin in die Heia zu wiegen, kannst du das gerne machen.«

»Witzbold.«

»Sehr gerne.«

»Also, das wäre dann in zwei Wochen, Dienstag bis Donnerstag.«

»Nicht im Ernst.«

»Doch.«

»Du kannst uns doch jetzt nicht einfach im Stich lassen.«

»Was soll das denn jetzt heißen? Seit ihrer Geburt bis jetzt habe ich keinen Tag ohne die verbracht.«

»Ja? Und ich soll das jetzt ausbügeln, oder was?«

»Was? Ausbügeln? Verstehst du das wirklich nicht?«

»Doch, natürlich. Entschuldige. Alles okay. Du fährst für zwei Tage nach Hamburg. Ist doch kein Thema. Ich werde das Kind schon schaukeln …«

»Ja?«

»Na klar.«

»Okay.«

»Dann merke ich endlich mal, was du alles machst, wenn ich weg bin.«

»Ja.«

»Was ist denn?«

»Meinst du wirklich, dass du das schaffst?«

»Ja natürlich. Warum denn nicht?«

»Dir ist schon klar, dass das eine Menge Arbeit ist?«

»Ja sichi.«

»Du müsstest die Kleine immer mal wieder wickeln.«

»Schaff ich!«

»Ja?«

»Klar. Gibt's Videos drüber im Netz.«

»Du …«

»Ein Spaß. Hey, was ist los?«

»Du müsstest morgens alleine alle wecken, also erst mal dich selbst.«

»Logisch.«

»Und zwar am besten zwanzig Minuten früher als jetzt.«

»Ja?«

»Ja. Weil du ja alles allein machen musst. Das dauert länger.«

»Okay.«

»Dann alle irgendwie in die Klamotten kriegen, Frühstück machen und wegbringen.«

»Läuft.«

»Und immer warm genug anziehen.«

»Ja doch.«

»Weißt du überhaupt, wo für welches Kind die ganzen Klamotten sind?«

»Das find ich schon.«

»Und dann alle abholen.«

»Jawohl.«

»Und abends allen die Zähne putzen, Schlafanzug an, vorlesen.«

»Natürlich.«

»Oh Gott, wenn ich wiederkomme, sind alle krank und dreckig und die Bude ist komplett verwüstet.«

»Genau.«

»Entschuldige.«

»Du traust mir das gar nicht zu, stimmt's?«

»Doch klar, aber …«

»Was willst du jetzt? Wegfahren und dir Sorgen machen oder alles im Griff behalten? Beides geht nicht.«

»Ich weiß.«

»Ich schaff das schon. Ganz sicher.«

»Das glaube ich ja auch, aber …«

»Kein Aber. Du fährst. Und wenn du wiederkommst, dann

begrüßen wir dich wie eine … keine Ahnung. Wie eine, die zwei Tage weg war.«

»Ich vermisse die Kleine jetzt schon.«

»Du bist ja krank.«

»Du darfst nachts keine Ohrstöpsel tragen, hörst du? Sonst hörst du die nicht.«

»Mach ich. Hauptsache, die ist bis dahin abgestillt.«

»Ach so.«

»Wie *ach so*?«

»Ja, ja, krieg ich hin.«

»Na also. Gib mir einen Kuss.«

Dienstag, 18. November, 10 Uhr

Meine Gemahlin beschriftet die Kinderschränke wie für einen sehbehinderten Lese- und Rechtschreibschwächling. Groß und deutlich schreibt sie HOSEN, UNTERHOSEN, PULLIS, BODYS und SOCKEN an die Schubladen und klebt kleine Symbole daneben.

»Was soll das denn jetzt? Ich sehe doch, was drin ist, wenn ich die aufmache.«

»Glaub mir, frühmorgens bist du froh, wenn du nicht alle aufreißen musst, um was zu finden.«

»Könntest du die Schriftfläche vielleicht noch anrauen, damit ich die Klamotten auch im Dunkeln finde?«

»Spotte nur.«

Dienstag, 26. November, 10.15 Uhr

Das Taxi kommt. Und weg ist sie. Sie zieht es wirklich durch, die coole Sau. Respekt. So, jetzt wird es interessant.

10.30 Uhr

Habe endlich die gesuchte CD gefunden und höre jetzt übertrieben laut den alten Hit *Sie ist weg* von den vier Stuttgarter Pop-Rappern. »JETZT IST SIE WEG, WEG!«, singe ich mit und tue so, als stünde ich vor einer mannshohen Herkulesaufgabe, an deren Ende der Ritterschlag steht. Da klingelt der Paketbote und bringt den bestellten Heizlüfter. »Na, haben Sie sturmfreie Bude, Herr König?«, fragt der neugierige Bursche.

»Jawohl«, brülle ich ihn an, »ich bin jetzt Strohwitwer. Jetzt mache ich mal all das, was meine Frau nicht ausstehen kann!«

»Aha. Das heißt? Heizlüfter an und nackt durch die Bude tanzen?«

»Genau. Wiedersehen.«

13 Uhr

Hole die Kleine aus der Nestgruppe ab. Sie sieht mich und bekommt als Erstes einen Nervenzusammenbruch, weil ich nicht ihre Mutter bin. Als sie sich beruhigt hat, empfiehlt mir die Erzieherin, beim Rausgehen den Seitenausgang zu nehmen, damit ich die Wahrscheinlichkeit reduziere, der Mittleren über den Weg zu laufen, die in derselben Einrichtung zu Hause ist und erfahrungsgemäß beim Anblick ihrer Mutter immer auch gleich mitmöchte, obwohl sie auf 15 Uhr »gesteckt« ist. Alles klar. Mache ich. Danke für den Tipp. Suche den Seitenausgang und werde prompt entdeckt.

»Papa!«, ruft meine Tochter. Ich gehe unbeeindruckt weiter.

»Papa!« Ich hör dich nicht. Ich hör dich nicht.

»PAPA!!!« Na gut.

»Ja, hallo. Was machst du denn hier?«

»Ich bin doch hier in Kindergarten.«

»Ach ja?«

»Das weißt du doch.«

»Ja, stimmt.«

»Papa?«

»Jaha?«

»Du musst mich dann um drei Uhr abholen, weil die Mama ist ja verreist.«

»Um drei Uhr?«

»Ja.«

»Okay. Das mach ich.«

»Nicht vergessen.«

»Nein. Tschüs bis nachher.«

17.45 Uhr

Abendbrotzeit. Die drei Chaoten sitzen zufrieden am Tisch und essen. Während des »Guckens« habe ich generalstabsmäßig alles vorbereitet: Tisch gedeckt, Brote geschmiert, Brote zurechtgeschnitten, zu trinken eingeschüttet. Alles scheint zur vollen Zufriedenheit der Herrschaften angerichtet zu sein. Ich bin erleichtert. Für den Notfall habe ich in der Hinterhand noch ein paar Bockwürstchen, die ich nur einfach mit dem vorgeheizten Wasser aus dem Wasserkocher übergießen und servieren müsste. Ich alter Fuchs.

»Papa.«

»Jaha.«

»Wann kommt die Mama wieder?«

»Am Donnerstag.«

»Wann ist Donnerstag?«

»Noch zweimal schlafen.«

»Papa?«

»Jaha.«

»Bringst du uns dann alle drei heute ins Bett?«

»Nein. Das macht heute der Weihnachtsmann.«

»Ist heute Weihnachten?«

»Na, überleg mal.«

»Nein.«

»Genau.«

So vergeht die Zeit mit interessanten Gesprächen über Gott und die Welt. »Weihnachten ist in vier Wochen«, erkläre ich. »Das heißt, noch dreißig Mal schlafen.«

»Boah, dreißig Mal. Wie oft muss ich da bis sechzig zählen?«

»Das ... das müsste ich nachrechnen. Wisst ihr denn eigentlich, warum wir Weihnachten feiern?«

»Ja, wegen Jesus«, sagt die Mittlere. »Weil, der hat da die Geschenke gebracht.«

»Nein«, widerspricht der Große.

»Doch.« – »Nein.« – »Doch.« – »Nein.« – »Doch.« – »Nein.«

»Doch.«

»So, wer will denn noch ein leckeres Würstchen?«

»ICH!«, brüllen alle drei gemeinsam.

»Papa?«

»Ja, mein Großer.«

»Weißt du auch, warum Jesus angekreuzt wurde?«

»Warum der was?«

»Warum der angekreuzt wurde?«

»Was wurde der?«

»Angekreuzt!«

»Aha.«

»Da haben wir heute in der Schule drüber geredet.«

»Aha.«

»Weißt du, warum der angekreuzt wurde?«

»Nein.«

»Ich auch nicht.«

»Aha.«

»Ja, weil, der war ja eigentlich lieb. Der hat den Leuten geholfen ... und so. Hat denen Sachen gebracht. Zum Essen. Und trotzdem wurde der angekreuzt.«

»Das versteh ich auch nicht. Vielleicht haben die einfach ..., keine Ahnung, einen zum Ankreuzen gesucht. Und da stand der gerade in der Nähe.«

»Ja, kann sein.«

18.01 Uhr

Aus Zeitgründen jetzt mal die nächsten zwei Minuten in Protokollform:

Die Würstchen sind fertig – Vorsicht, heiß – Ich hab doch gesagt, die sind heiß – Hast du jetzt Aua am Finger? – Ich hol dir einen nassen … – Nicht die Hand in die Apfelschorle! – Du willst was? – Das heißt nicht Rinde – Also ohne Pelle – Du auch ohne Pelle? – Und du? – Du nur Pelle? – Na klar, die Pelle ist doch das Leckerste an der Wurst – Ja, ich hole Ketchup – Hab ich doch schon gesagt, am Donnerstag – Du magst die jetzt doch nicht, oder was? – Dann spuck die aber nicht in das Glas! – Dann nimm einen Lappen – Das kriegt alles die Katze nachher.

18.04 Uhr

»Kommt, wir spielen noch eine Runde *Ich sehe was, was du nicht siehst*«, versuche ich ein harmonisches Ende des Abendmahls herbeizuführen.

»JA! Ich fange an«, ruft der Große.

»Nein, ich«, die Mittlere.

»Wer jünger ist, fängt an.«

»Oh Mann, das ist unfair. Immer ist die jünger.«

»Wisst ihr eigentlich, wie viel Jünger Jesus hatte?«

»HÄH?«

»Okay. Wir fangen an.«

Die Mittlere überlegt sehr, sehr lange. Dann startet sie: »Ich sehe was, was ihr nicht sieht …«

»Nicht seht.«

»Was ihr nicht seht, und das ist weiß.«

»Die Wand?«, sage ich, eher im Scherz.

»Richtig«, sagt sie zufrieden.

»Okay, jetzt bin ich dran. Ich sehe was, was ihr nicht seht, und das ist grün.«

Die beiden raten sich einen Wolf, während ich schon ein

bisschen abräume und mir die letzten Würstchenreste einverleibe. Dann rät der Große richtig: »Die Vögel da auf dem Kissen.«

»Richtig!«

»Jetzt bin ich dran.«

»Ja. Letzte Runde.«

Da fängt die Mittlere an zu schluchzen. »Was hast du denn jetzt?«, frage ich völlig ratlos.

»Ich hatte die Vögel schon vorher gesehen«, beklagt sie sich.

»Ja, aber woher soll ich das wissen?«, wende ich ein. »Du hast ja nichts gesagt.«

»Ja«, erwidert sie jetzt heulend, »ich wusste ja nicht, dass du die Vögel meinst, die grün sind.«

Es dauert ein bisschen, bis das Gesagte in meinem Hirn ankommt. Immer wieder bittet das Gehirn den auditorischen Cortex darum, das eingegangene Signal noch einmal zu überprüfen und den Quatsch gegebenenfalls zu den Ohren wieder herauszuwerfen. Doch der Cortex bleibt stur und behauptet, es ganz deutlich genau so empfangen zu haben. Als sich das Gehirn damit abfindet, überkommt mich ein stotternd beginnender Lachanfall, den ich aus purem Mitgefühl mit der Mittleren allein auf der Toilette in den Griff zu bekommen versuche.

Mittwoch, 27. November, 7.15 Uhr

Die Kinder sitzen angekleidet am Tisch und futtern zufrieden ihren Toast mit Mandelcreme. Ich könnte auch jetzt etwas essen. Aber ich packe lieber den Ranzen des Großen, aus dem ich vorher noch ein ranziges Brot entferne. Da kommt eine Kurznachricht an. »Guten Morgen, mein Lieber. Denkst du an die U7 mit der Kleinen heute früh um neun bei Dr. Jäger? Das gelbe U-Heft liegt in der Kommode links, oberste Schublade rechts. Schönen Tag euch und Kuss aus HH.«

»Da habe ich natürlich dran gedacht, aber danke trotzdem!«, schreibe ich zurück und entwerfe eine neue Vormittagsplanung.

8.10 Uhr
Groß und Mittel sind den staatlichen Betreuungsanstalten übergeben, Klein muss zum Arzt. »I Arz«, sagt sie stolz jedem, der ihr entgegenkommt.

»Und was machen wir jetzt bis neun? Keine Ahnung. Komm, wir fahren schon hin.«

»I Arz.«

»Genau. I Papa, du Arz.«

8.30 Uhr
Sitzen im Warteraum unseres Kinder-, Haus- und Notfallarztes Dr. Jäger.

»Herr König?«

»Ja?«

»Sie können schon mal mit durchkommen.«

»Ach, prima.«

»In die Zwei bitte.«

»Danke.«

»Dauert aber noch einen Moment.«

»Kein Problem.«

8.50 Uhr
Warum werde ich schon so früh ins Behandlungszimmer geschickt, wenn die Behandlung noch so lange auf sich warten lässt? Hier sind keine Zeitschriften und keine anderen Kinder und keine Spielsachen. Will zurück ins Wartezimmer gehen, da kommt mir die Arzthelferin entgegen. Ich erkenne sie sofort. Es ist die interessante neue Nachbarin von ein paar Hausnummern neben uns. Wir schauen uns an und lassen uns dann

beide nichts anmerken. Sie sagt, sie werde jetzt schon mal Gewicht, Größe und Kopfumfang messen und der Herr Doktor würde dann gleich kommen für den Rest. Die Kleine klammert sich verängstigt an mich und vergräbt ihren Kopf an meiner Brust. Ich muss wohl mithelfen bei den Vermessungen.

Unter panischen Schreiattacken ziehe ich sie anschließend liegend in die Länge, halte mit aller Kraft ihren Schädel fest und bugsiere sie auf die Waage. Bei jeder neuen Maßnahme blickt sie drein, als erwarte sie die Streckbank. »Hey, jetzt beruhig dich mal, das ist doch nur die Arzt… äh, Frau …« Aber keine Chance. Auf das Maßband, das ich ihr zum Befühlen geben will, reagiert sie, als hätte ich ihr eine Vogelspinne in die Hand gedrückt.

9 Uhr

»Ach, Sie sind es«, begrüßt mich Dr. Jäger, und die leichte Enttäuschung in seinem Gesicht ist nicht zu übersehen. »Na, das ging ja schon mal gut los, wie ich hörte. Größe und Gewicht eher Pi mal Daumen, was?«, scherzt er und lacht wie ein Kühlschrank ohne Licht. »So, dann wollen wir mal schauen. Ihre Frau ist nicht da?«

»Nein. Die ist für zwei Tage in Hamburg.«

»Ach ja. Kenn ich. Und jetzt bist du ganz allein mit dem Papa zu Hause? Mama nicht da?«, beginnt er ernsthaft den Dialog mit der verhuschten Kleinen auf meinem Schoß, die ihm daraufhin mit akustischem Nachdruck zeigt, wo in seinem Ohr der Hammer hängt. Nämlich neben dem Amboss. Und dem Steigbügel. Im Mittelohr. Dann wird es wieder ruhig. »Ja, vielleicht liegt es auch daran«, wendet er sich wieder mir zu.

»Was?«

»Na, dass sie so … gar nicht zugänglich ist. Vielleicht liegt das daran, dass die Mutter länger weg ist.«

»Aha.«

»Ich versuche jetzt noch ein, zwei Sachen, dann müssen wir eventuell abbrechen.«

»Okay.«

»Und dann machen Sie vorne einen neuen Termin. Und dann kommen Sie am besten mit Ihrer Frau, also, Ihre Frau kommt dann am besten allein … äh, also allein mit der Kleinen vorbei. Dann wird's bestimmt vielleicht einfacher. Einverstanden?«

»Ja klar.«

»Okay. So. Magst du mal da vorne zur Waage laufen?«

»Da war sie gerade und hat …«

»Können Sie sich jetzt bitte mal nicht einmischen?«

»Ja.«

»Also, läufst du mal da vorne zur Tür, ja? Kannst du das schon? … Verstehen tut sie mich aber?«

»Auf jeden Fall. Aber sie ist gerade einfach …«

»Ja, schade, ich hätte einfach gerne gesehen, wie sie läuft. Okay. Guck mal, hier habe ich ein Steckpuzzle. Kannst du das mit mir machen? Ja? Guck mal, hier kommt der Löwe rein. Ja? Und hier, wo passt denn diese Giraffe rein? … Nein? Alles doof gerade? Mit dem Papa? Na gut.« Der Doktor steht auf und die Kleine fängt an zu heulen, weil sie denkt, er packt sie sich. Dann schaut er ins U-Heft und sagt sehr laut: »Wissen Sie was? Wenn sie jetzt eh heult, dann können wir sie auch impfen.«

»Okay.«

»Hier fehlen nämlich noch zwei.«

»Okay.«

»Oder wollen Sie nicht?«

»Doch, doch.«

»Sind Sie auch einer von den Impfgegnern?«

»Nein, nein.«

»Die sich nicht vor den ausgerotteten Krankheiten fürchten, sondern vor den Impfungen, mit denen wir sie ausgerottet haben.«

»Nein.«

»Was?«

»Gerne jetzt impfen.«

»Ja, nicht?«

»Ja.«

»Okay, dann mal beide Arme freimachen.«

9.15 Uhr

Dr. Jäger reicht mir die Hand zum Abschied. »Wissen Sie was? Machen Sie sich mal keine Gedanken. Achtzig Prozent der Kinder sind bei der U7 so. Die U7 ist die schlimmste U, die man sich vorstellen kann.«

»Und wieso ist das so?«

»Weil die Kinder mit zwei Jahren zum ersten Mal ein Gefühl haben für etwas Bedrohliches.«

»Aha.«

»Ein Feindbild, das einen auch noch so piekt, wie es die eigenen Eltern nie machen würden.«

»Soso. Interessant.«

»Jaja. In fünf bis zehn Tagen kann sie erhöhte Temperatur bekommen.«

»Wieso?«

»Wegen der Impfung.«

»Und dann?«

»Und dann geht's irgendwann wieder weg.«

»Aha.«

»Also, einen schönen Tag noch. Und grüßen Sie Ihre Frau«, sagt er und verschwindet in einem Zimmer. Ohne nachzudenken, gehe ich zu der Tür und halte mein Ohr daran. Höre, wie er durch die Gegensprechanlage sagt: »Canceln Sie alle Termine heute, ich muss dringend nach Hamburg.«

9.45 Uhr

Wir sitzen schon wieder auf dem Fahrrad. Mit den Gummibärchen von der Arzthelferin, die sich die Kleine komplett in den Mund gestopft hat, sind auch die letzten Tränen getrocknet. Jetzt halten wir kurz am Büdchen und ich kaufe einen kleinen Schokoriegel, um vor dem Kindergartentor noch ein Argument in petto zu haben, falls sie nach dem traumatischen Arztbesuch nicht in ihre Nestgruppe möchte. Heute darf ich sie ausnahmsweise erst um zehn Uhr bringen, statt sonst maximal bis neun. Das ist toll. Aber wie erwartet beginnt sie zu weinen, als ich sie aus dem Kindersitz zerre. »Pass auf, du kannst noch diesen Riegel haben, dann musst du aber in den Kindergarten.«

»Nei.«

»Dann gibt's den Riegel nicht.«

»Doch.«

»Willst du den Riegel haben?«

»Ja.«

»Und danach geht's in den Kindergarten.«

Sie mampft den Riegel. Darum kann sie auch nicht sprechen. Mein Fehler.

»Na, war das lecker?«

»Ja. Mehr!«

»Mehr gibt's nicht. Wir gehen jetzt in den Kindergarten.«

»Nei!«

»Oh doch.« Trage sie zum Tor, klingele, wische ihre Schnute sauber und berichte der vertretungsweise in der Nestgruppe aushelfenden Leiterin der Erziehungsstätte von unserem ereignisreichen Vormittag.

»Oh, warst du beim Arzt?«

»Ja, i Arz. Aua«, sagt die Kleine, zeigt auf ihre Arme und fängt an zu heulen.

»Die Erinnerung an den Schmerz kann auch sehr wehtun«, sage ich und blicke zu ihr herab.

»Willst du mich auf den Arm nehmen«, sagt sie in diesem Moment nicht, aber ich nehme sie auf den Arm, wortwörtlich, und deute an, sie nun der bewundernswert geduldigen Fachkraft um den Hals zu hängen.

Nach der kraftvollen Kindübergabe verlasse ich zügigen Schrittes die Einrichtung und lasse das erbarmungswürdige Geheule meiner kleinsten Lieblingstochter an mir abperlen wie die Demütigungen von Dr. Jäger.

19 Uhr

Der Große sucht zum Vorlesen ein mir unbekanntes, kleines und angeblich rotes Büchlein mit dem Titel »Der Hund, der biss zwanzigtausend Zelte«.

»Oh Mann, ich finde das aber nicht!«

»Wie sieht das denn aus?«

»Ja, rot.«

»Aha.«

»Wo ist das denn?«

»Und das heißt wirklich »Der Hund, der biss zwanzigtausend Zelte«?«

»JAHA!«

»Und warum hat der Hund die Zelte gebissen?«

»Ach, Mann, Papa.«

»Was denn? Hat der die Schnüre durchgebissen, oder was?«

»Oh Mann, wo ist das denn jetzt?«

»Der Hund, der biss zwanzigtausend Zelte ... Ach, jetzt weiß ich! Du meinst, »Der Hund, der bis zwanzigtausend zählte«.«

»Ja.«

»Ja, dann beton das doch nicht so komisch.«

»Weißt du jetzt, wo das ist?«

»Nein. Aber ich weiß jetzt besser, was ich suchen muss.«

»Ach, Papa.«

20 Uhr

Die Kleine schläft so gut wie. Das heißt, noch lange nicht. Im Moment haut sie mit den Fingerkuppen ihre Unterlippe nach unten, wodurch der gleichzeitig produzierte Summton einen gewissen Rhythmus erhält. Boing, boing, boing. Ja, herzlichen Glückwunsch. Schöner und eintöniger kann man kaum in den Schlaf geboingt werden. Es klingt ein bisschen wie ein Didgeridoo mit einem Sprung in der Schüssel.

21.30 Uhr

War wohl mit eingeschlafen. Jetzt erwache ich und erinnere mich dunkel an meine Lage. Baby, Bett, Abend, Frau nicht da. Darum alles dunkel und ich hier. Mühsam entsteige ich dem Kissengewirr und schleiche nach draußen. Gehe zum Kühlschrank, mache ein Bier an und schalte den Fernseher auf. Bin noch etwas durcheinander. Und geschafft. Aber auch angespannt. Aufgekratzt und müde zugleich. Fix und fertig mit einem Puls von hundertachtzig. Wie man so sagt. Setze mich ganz ruhig aufs Sofa.

Heute kommt Fußball. Ich bin pünktlich zur Halbzeitpause dabei und lasse die Nachrichten auf mich einregnen.

So, jetzt geht's aber gleich weiter. Das Spiel. Werde wacher und wacher. Fußball gucke ich ja am liebsten mit meiner Frau. Und am zweitliebsten alleine. Es steht null zu eins. Der reife Herr Kommentator nennt Gründe dafür und listet verletzte Spieler auf: »Ein Reus, ein Hummels, ein Gündogan sind nicht zu ersetzen.« Ein Gündogan? Was soll das eigentlich? Der Gebrauch des unbestimmten Artikels vor dem Spielernamen ist mir völlig unverständlich. Das hat es doch früher nicht gegeben. Das Wörtchen *ein* steht in meiner Wahrnehmung immer für *einer wie*. Einer wie Reus. Einer wie Hummels. Dabei wissen wir alle: Es gibt keinen wie Reus. Es gibt nur diesen Reus. Diesen einen bestimmten Reus, der hier gemeint ist. Die Einzigartigkeit des Spielers wird durch das *ein* völlig verwässert. Ich sage ja auch nicht zum Großen, heute kommt *ein* Niklas vorbei. Nein. Es ist immer *der* Niklas. Aber was reg ich mich auf?

Die Kleine jammert durchs Babyfon. Soll ich hochgehen? Nachher fällt ein Tor. Das würde ich ihr nicht verzeihen. Vielleicht träumt sie auch nur, dass sie jammert. Sie jammert träumend. So wird es sein.

Jetzt unkt der Kommentator: »Wenn es so bliebe, wären das drei Punkte, die man liegen ließe.« *Wenn es so bleibt, sind es drei Punkte, die man liegen lässt,* versuche ich den Satz konjunktivlos zu formulieren. Geht auch. Konjunktivgebrauch als intellektuell anmutende Attitüde ist ja wohl … allein das Wort *wenn* reicht doch als Möglichkeitsform. Wenn … wenn … wenn es nicht so spät wäre … würde ich jetzt nicht einschlafen.

Donnerstag, 28. November

Per Kurznachricht wurde der Beginn einer Taxifahrt angekündigt. Wir vier Hiergebliebenen stehen Spalier auf der Fensterbank vor dem Fenster zur Straße. Die Vorfreude wächst. Sie wächst, wie bei Kindern üblich, ins Unvorstellbare.

Gleich kommt sie wieder. Wie schön. Die Frau meiner Träume. Die Mutter meiner Kinder. Unsere Supermama. Meine bessere Hälfte. Mit der ich bereits eine unendlich lange Zeit zusammen bin. Aber gefühlt erst eineinhalb Jahre.

Die Kameradin, Angetraute und Herzensgefährtin. Endlich wieder daheim. Hurra, Hurra! Wir freuen uns so, als hätten wir nicht mehr damit gerechnet. Da ist sie. Koffer, Weib, alles da. Umarmung, Küsschen, Hallo. Mantel an Haken, kleine Geschenke. Nach zwanzig Minuten ist alles wie immer.

Dienstag, 9. Dezember, 7 Uhr

Der Wecker fiept mich aus kinderlosen Träumen. Ich torkele zum Großen, um ihn zu wecken, der hört bereits eine Elefantenkassette. Und er will partout nicht aufstehen, weil er noch

»total müde« ist. Ich schiebe ohne Vorwarnung den Vorhang zur Seite und das dahinter befindliche Rollo hoch, um ihn licht-technisch zu schocken. Die kleine Straßenlaterne fünfzig Meter weiter ist mir in dieser Hinsicht aber leider gar keine Hilfe. Es ist einfach noch zu dunkel. Ich sage: »Komm, aufstehen. Hös-chenwindel aus, Pipi machen, anziehen«, und gehe zurück ins Schlafzimmer. Dort kuschel ich mich zurück ins warme Feder-bett und genehmige mir die hochverdienten drei Stunden Rest-schlaf. Meine Loyalität, mein Verstand, meine Vernunft, mein krankhafter Familiensinn und die Schlummerfunktion des We-ckers nerven mich aber nach zwei Minuten bereits dermaßen, dass ich aufstehe, mich mühsamst anziehe, in die Küche wanke und unter Aufbietung aller Kräfte und Konzentration den Früh-stückstisch decke.

»Frühstückstisch am besten immer schon abends decken«, höre ich die weisen Worte meiner gütigen Gattin in den Oh-ren und denke: Ja, und warum hat sie es dann nicht gemacht? Sie, die noch jede Restnacht bei der Kleinen im Bett verbringt und ihr einen Restschluck Muttermilch gewährt, macht gerade Groß und Mittel fertig. Jetzt tapsen sie zu mir in die Küche, die angezogenen Ungezogenen, die dieser Bezeichnung bestimmt gleich alle Ehre machen. Einfälle wie »Hab kein' Hunger«, »Will nichts essen«, »Ist heute Kindergarten?«, »Will nicht in Kindergarten« kommen aber heute gar nicht aus ihren Mün-dern, sondern stattdessen Nettigkeiten und gute Laune. Wie schön. Um halb acht kommen dann auch die noch fehlenden Damen hereingeschneit und freuen sich über das Wiedersehen mit den gerade Gesehenen.

Wenn die Kleine etwas nicht essen mag, dann verzieht sie ihr Gesicht, öffnet leicht den Mund und lässt die angekaute Nahrung einfach aus dem Mund purzeln. Ich finde, das ist im-mer noch die ehrlichste und unmittelbarste Form der Essens-kritik. So tut sie es auch jetzt mit dem gestern Morgen noch gern gegessenen Marmeladenbrot. Häufig schaut sie dem ausgespuckten Matsch hinterher und sagt: »Da.« *Da* heißt in diesem Fall so viel wie: *Da! Das kannst du aufwischen, ich esse es nicht mehr.* Jetzt schmiert sie ihren Nasenrotz in den Ärmel und schaut ihn interessiert an. Neulich fiel mir auf: Wenn sie ein Ei isst und sehr verrotzt ist, dann verlangt sie kein Salz, weil der nachziehende Rotz das Ei ganz automatisch salzt.

Die Mittlere will jetzt endlich ihr Kläppchen vom »Kaventskalender« aufmachen und erhält irgendein Plastikzubehör für ihre Pferdelandschaft, welches sie nicht weiter beachtet. Der Große hat ein paar winzige Legoteile für seine Star-Wars-Sammlung in seiner Neun und fängt an zu schluchzen, weil er lieber einen Schokokalender hätte.

»So, Zähne putzen, Schuhe anziehen, wir gehen gleich los!« Aufkommende schlechte Stimmung muss man im Keim ersticken durch Anweisungen, die Orts- und Handlungswechsel nach sich ziehen.

»Wer hat denn hier die Knete in den Föhn gesteckt?«, ruft meine Frau entsetzt aus dem Badezimmer.

»Wieso musst du denn jetzt föhnen?«, frage ich.

»Ich muss gar nicht föhnen, ich habe das nur gerade gesehen, das geht total schwer wieder raus. Hast du denen gestern Knete gegeben?«

»Kann sein. Gib mal her. Ich mach das …«

»Papa.«

»… nachher.«

Putze dem Großen auf der Toilette die Zähne nach, da höre ich, wie hinter der Tür die Kleine seine Fußballkarten aus dem Album schüttelt …

12 Uhr
Essen machen. Mahlzeit. Guten Appetit.

15.30 Uhr

»Den Nachmittag in seinem Lauf hält weder Ochs noch Esel auf«, kommt es mir beim Aufstellen der Krippe in den Sinn.

16 Uhr

Meine Frau backt Plätzchen mit der Kleinen auf der Arbeitsfläche, der Große sortiert seine Fußballkarten, und die Mittlere sitzt auf der Toilette und singt »Goldener Stern« von den Erdmöbeln. Was mache ich? Ich tue so, als würde ich aufräumen. Aber was? Solange alle noch spielen, bringt das nicht viel. Gehe zum Regal. Meine Frau hat die Bücher im Regal nach Farben sortiert. Ich betrachte das Werk. Sehr schön. Aber das geht besser. Ich korrigiere hier und da. So ähnlich, wie ich das von ihr eingeräumte Geschirr in der Spülmaschine umräume, um mit platzsparenden Maßnahmen und mehr Geschirr einen effektiveren Spülgang zu erreichen. Bei all dem habe ich meine Ohren natürlich überall. Ich bin quasi der Springer der unteren Wohnetage. Wenn irgendwo etwas brennt, komme ich zum Löschen. Wenn die Mittlere gleich mit ausgestrecktem Popöchen »Ich bin fertig«, brüllt, bin ich zur Stelle. Springer oder *Hand* bin ich. *Hand*, englisch ausgesprochen, nennt man einen Springer in der Bühnen- und Roady-Sprache. »Wo sind denn die zwei Hands?«, ist der oft gehörte Hilferuf nach den beiden schlecht bezahlten, schwarz gekleideten, lethermanbewaffneten und leicht bekifften Backstage-Praktikanten, die alles können. Können müssen.

»Nein, nicht in den Mund«, schreit meine Frau genervt. Schon bin ich da, nehme die Kleine von der Küchenarbeitsfläche herunter, prokele ihr die Knete aus dem Mund und stelle mich mit ihr ans Fenster. Sie will aber nicht, sondern sofort wieder runter. Gerne. Sie tapert zum Großen und durchmischt absichtsvoll, aber mit Unschuldsmiene einen großen Haufen seiner vorsortierten Karten, was einen ordentlichen Schubser und einen mittleren Heulkrampf seinerseits auslöst, woraufhin die Kleine beleidigt mitheult. Mit teigigen Fingern eilt meine Frau aus der Küche herbei und nimmt die Kleine wieder mit zu sich. »Dann musst du sie gar nicht erst nehmen, wenn es kurz danach eh Gebrüll gibt«, erklärt sie mir verständnislos. »Aber …«, versuche ich den Beginn einer Gegenrede, deren Inhalt mir selber noch unbekannt ist, da schließt sich bereits die Küchentür vor meine Nase. Ich hätte das schon geklärt mit den beiden, denke ich. Du hättest die Kleine nicht nehmen müssen, denkt sie.

»Komm, ich helfe dir, die wieder zu sortieren.«

»ICH BIN FERTIG!«

»KOMME! Ich muss nur kurz deiner Schwester helfen.« Die singt immer noch das Lied vom goldenen Stern. »Na, dir scheint aber heute auch die Sonne aus dem Arsch, was?«

»Jaha.«

18 Uhr

Die Kleine schüttet den Sand aus ihrem Schuh auf den Esstisch, die Mittlere singt kauend: »Alle meine Entchen, fahren Motorboot, fahren Motorboot, kommt der Meikel Käptn, schießt sie alle tot.« Und der Große sagt: Ich muss mal kaka. Das alles passiert innerhalb von acht Sekunden. Zu Beginn des Abendbrots. Und jetzt die nächsten sechs Sekunden: Meine Frau wirft den Schuh in die Ecke und wischt den Sand in ihre Hand. Die Mittlere sagt zum Großen: »Das ist schlecht, wir haben leider keine Toilette«, und ich frage: »Meinst du vielleicht Michael Jackson?« Kann man sich schönere, vollere vierzehn Sekunden vorstellen? Ich nicht.

Irgendwann sehr viel später

Ich bin im Backstage, es ist kurz vor acht. Mache mich auf zur Bühne. Gleich geht's los. Muss mich etwas beeilen. Gehe durch eine Tür, dann durch die nächste, und da, wieder eine

Tür. Suche nach Hinweisschildern zur Bühne, sehe aber keine. Hier die Treppe hinunter, noch durch diesen Gang, dann nach rechts. Stoße eine Tür nach der anderen auf, höre die Leute im Saal, mal lauter, mal leiser. Werde hektisch. Beginne zu rennen. Da wieder eine Abzweigung. Ein Treppenhaus. Eine Brandschutztür. Die Gänge der Stadthalle tun alles ihnen Mögliche, um mir den Zugang zur Bühne zu verwehren. Ich blicke auf die Uhr. Es ist immer noch kurz vor acht. Panik. Schweiß. Wut. Immer der gleiche Albtraum.

Da rettet mich völlig überraschend meine Frau: »Kannst du mich bitte ablösen? Sonst haue ich die gleich windelweich!«

»Was? Wen? Wie viel Uhr ist es?«

»Es ist halb drei. Seit zwei Stunden brüllt die jetzt, und ich kriege sie nicht beruhigt. Ich bin auf hundertachtzig.«

»Ich nicht. Wen denn überhaupt?«

»Die Kleine! Hörst du die nicht?« Höre ein leises Brüllen oder Wimmern, das schlagartig lauter wird, als ich die Schaumstoffstöpsel aus meinen Ohren ziehe.

»Ja klar. Kein Problem«, sage ich, torkle leicht benommen in Richtung des Gebrülls und hebe die Kleine hoch. Sie beruhigt sich sofort. Der männliche Geruch des Vaters, denke ich ein wenig stolz. Sie schmiegt ihren Kopf an meinen Hals, und ich lege mich mit ihr auf dem Bauch in ihr Bett. Sie wird immer ruhiger, macht noch zweimal den stotternden Einatmer, gefolgt von dem erlösenden Ausatmer, der sich anfühlt wie eine lange Welle im flachen Sand. Und dann schläft sie ein. Wie schön. Eine letzte Träne trocknet mühsam zwischen ihrer Wange und meinem Adamsapfel. Sie ist so herrlich warm und weich und lecker riechend. Und sie schnauft so putzig. Jetzt hat der Schlaf sie mitgenommen. »Fährst mit dem Traumschiff ans Ende der Nacht, bis dir der Morgen die Augen aufmacht.«

Ich kann so natürlich nicht einschlafen. Das wird mir von Minute zu Minute klarer. Muss einfach warten, bis sie richtig fest schläft, und sie dann behutsam rüberlegen. Immerhin bin ich nicht mehr in der Stadthalle. Das ist gut. Ich bin zu Hause. Das ist schön. Auf mir liegt etwas sehr Schweres. Das ist … sehr schwer. Da durchzuckt es mich plötzlich. Es ist dieses Zucken, das einen manchmal kurz vor dem Einschlafen durchfährt. Merkwürdig. Ich kann doch so gar nicht einschlafen. Warum versucht mein Körper es dann trotzdem? Idiot. Mein Körper ist ein Idiot. Nach dem Zucken hebt die Kleine den Kopf. Oh, Mist, ich dachte, sie schläft schon. Sie will wohl nachsehen, ob ich noch da bin oder warum ich so zucke. Anschließend fällt ihr Kopf etwas zu fest auf mein Schlüsselbein, was eine kurze Wimmerphase ihrerseits und einen erhöhten Wachheitsgrad meinerseits zur Folge hat.

Jetzt reicht es mir aber langsam, muss sie zur Seite legen. Ihre Muskelspannung ist zwar noch nicht endgültig besiegt, wie es für eine solche Maßnahme eigentlich erforderlich wäre, aber das Risiko gehe ich ein. Drehe sie von meinem Bauch herunter auf die Seite, sie zuckt, deutet dann mit der Hand in meinem Schlafanzugoberteilkragen zaghaft den reflexhaften Mutterbusenfreilegegriff an, gefolgt von einem kaum hörbaren *Bu, Bu*, aber bevor ich ihr erklären kann, dass sie mich gerade total verwechselt, schläft sie auch schon weiter mit dem Kopf auf meinem Oberarm. Das klingt so aufgeschrieben irgendwie niedlich und gemütlich, es erfordert aber allerhöchste Konzentration, eine weise, leise und langsame schrittweise Vorgehensweise und selbstverständlich die komplette Zurückstellung der eigenen Bedürfnisse wie Pipi, Durst, müde und eigenes Bett. Ganz wichtig in dieser stockdunklen Gemengelage: Nie das eigene Ziel aus den Augen verlieren, das da heißt, physisches Verlassen des Raumes und Übergang in die finale Schlafposition im Elternbett.

Die Erinnerung an die nächste Maßnahme wird befeuert durch das Taubheitsgefühl im Oberarm. Die Venenhelfer, die sich mit aller Kraft gegen den Kindskopf stemmen, um den Rückfluss des Blutes zu gewährleisten, klopfen panisch von innen an meine Hautwand. Sanft und entschlossen drehe ich schließlich das Kind auf den Rücken. Es bleibt liegen, greift aber mit der rechten Hand in meine Richtung und kriegt meinen Zeigefinger zu fassen. Okay. Verstehe. Ich warte jetzt so lange, bis der erschlaffte Muskeltonus auch in den Fingern angekommen ist. Langsam, ganz langsam öffnet ihr Händchen den Klammergriff um meinen Finger. Wenn ich ihn zu früh wegziehe, sodass sie die Herausziehbewegung spürt, dann wird sich die Hand reflexartig wieder schließen. Und dann muss ich länger warten. Woher ich das alles weiß und kann? Üben, üben, üben. Ziehe meinen Finger in einer kurzen Sekunde der Ungeduld langsam, aber bestimmt heraus, ihre Hand greift zu wie eine fleischfressende Pflanze, ich ziehe reflexartig den Finger kräftig zu mir und setze mich blitzschnell und leise auf, sie greift ins Leere, patscht ins Leere, dreht sich um, setzt sich auf und schaut mich verschlafen im Dämmerlicht an.

»Papa.«

»Ja, der Papa ist noch hier. Ich habe mich nur mal kurz hingesetzt. Aber ich bleibe die ganze Nacht bei dir«, lüge ich ihr ins Gesicht und lege sie und mich wieder hin.

Nelken, Zimt und Calvados

oder:

Wieso Bio-Tannen nichts für Vegetarier sind

23. Dezember, 10 Uhr

Die Frau, also meine, ist beim Friseur, die drei Furzknoten machen nebenan irgendetwas sehr Lautes, und ich verwische die Spuren der Frühstücksschlacht, um gleich mit der Vorbereitung des Mittagessens zu beginnen. Die Kleine kommt in die Küche, im Gesicht vollgeschmiert mit Buntstiftstrichen und strahlt. Ich räume die saubere Spülmaschine aus, die Kleine kommt wieder und schüttet die volle Buntstiftdose auf den Boden. Wegen ihres geringen Alters kann man sie nach einer solchen Lappalie noch nicht anpflaumen, ohne ein längeres, beleidigtes Gewimmer zu ernten. Also schiebe ich in aller Ruhe die Buntstifte mit dem Besen rüber in den Kinderbereich des Wohnzimmers. Mir ist auch gar nicht nach Brüllen. Die Mittlere kommt vorbei und jammert, dass der Große sie »angemalt« hat. »Wo denn?«, frage ich interessiert. »Hier an Arm«, zeigt sie. Der Große stürmt herein, hat die Anschuldigung offensichtlich mitbekommen und rechtfertigt seine Tat damit, dass die Mittlere vorher die Kleine angemalt hat. Ich gehe mit rüber, packe die Stifte weg, ignoriere die Striche auf dem Holzfußboden und hole die Holzeisenbahnkiste aus dem Schrank, deren Inhalt ich sogleich konzentriert aufzubauen beginne. Sofort sind alle mit dabei. In einem günstigen Moment schleiche ich zurück in die Küche und räume dreckiges Geschirr in die Maschine, die noch halb voll ist mit sauberem. Verdammt. Ach, was soll's. Sortiere ich später um.

Jetzt schaue ich erst einmal auf dem kücheneigenen Tablett-Rechner ein Kochvideo mit der Zubereitung des Weihnachtsessens für den Heiligabend ab. Mit Calvados flambierte Rosmarin-Schweinelendchen in Apfel-Zwiebel-Sahne-Soße. Für zwei Personen. Die Kinder kriegen Nudeln mit Pommes oder so. Was für ein Aufwand. Nur wegen Jesus. Nicht drüber nachdenken. Die Kleine trägt derweil ein Schienenfahrzeug nach dem anderen auf den Küchentisch, was im Spielbereich zu Schienenfahrzeugknappheit und entsprechenden Protesten führt. Ich hole die völlig verstaubte, weil nur einmal im Jahr gebrauchte Flasche Calvados aus dem Keller, rieche daran und probiere ein winziges Schlückchen. »Au, au«, ruft die Lok-Verschlepperin, was so viel heißt wie »auch, auch«, was so viel heißt wie »ich will auch mal probieren von dem Zeug«. Ich erkläre ihr, dass Calvados noch nichts ist für sie und dass die Loks und Anhänger jetzt wieder rübergetragen werden müssen, was sie beides ohne Nachfragen akzeptiert.

Ich bin begeistert und starte erneut das Kochvideo. Während der Auflistung der Zutaten kommt mir sofort die Frage nach dem kühlschränklichen Vorhandensein von frischem Rosmarin in den Sinn. Auch wird mir klar, dass zusätzlich noch Nelken, Pimentkörner und bittere Orangenmarmelade für das Festessen am ersten und zweiten Feiertag gekauft werden müssen. So wie jedes Jahr. Und Petersilie. Glatte. Schreibe meiner Frau, die nach dem Friseur noch das Nachtisch-Eis kaufen wollte, eine entsprechende Kurznachricht.

Die Kleine hat derweil der Mittleren eine Holzschiene weggenommen, sie ihr auf den Kopf gehauen und dann herzlich gelacht. Die akustische Version dieser Geschichte habe ich soeben gehört, die erzählte Variante bekomme ich nun unter Schluchzen mitgeteilt. Versuche, die Kleine so zu ermahnen, dass sie nicht anfängt zu heulen, und die Mittlere so zu trösten, dass sie damit aufhört. Einen Versuch war es wert.

»Wollt ihr vielleicht etwas malen?«

»Ja, aber mit Wasserfarbe.«

»Nein, das gibt nur 'ne Riesensauerei.«

»Wollen wir aber.«

»Nein.«

»DOCH.«

»Na gut. Aber nur, wenn ihr mir versprecht …«

»Jaaah!«

Ich bereite alles vor, leite an, eile wieder in die Küche und räume dreckige Tassen aus der Spülmaschine in den Schrank. Dabei tue ich so, als hätte ich es nicht bemerkt. Das Kochvideo ist durchgelaufen. Wo mache ich jetzt weiter? Meine Wangenmuskulatur arbeitet, ohne dass Nahrung im Spiel ist. Muss kurz innehalten. Da höre ich von drüben: »Lass das hier. Nein. NEIN, nicht trinken. Papa, PAPA, die …« Da tapst die Kleine rein, zeigt mir stolz den leeren Becher, in welchem noch vor drei Minuten das Farbwasser war, und sagt ihr aktuelles Lieblingswort: »Mehr.«

Ich gehe davon aus, dass meine Frau Bio-Farbe gekauft hat, und entscheide mich gegen das notfallmäßige Auspumpen ihres Magens mithilfe der Saugfunktion der Schlauchbootpumpe. Nehme sie stattdessen mit hoch auf die Arbeitsfläche, wo sie innerhalb von drei Sekunden den Zucker umschüttet, den Wasserkocher anstellt und den Kartoffelschäler in den Mund nimmt. Schreie kurz, haue dabei mit der bloßen Faust eine Kartoffel entzwei – die dann aber doch ganz bleibt – und umarme sie. Die Kartoffel. Und dann das Kind. Zwinge sie nun mit hocherhobenem Schneebesen dazu, zügig ein Kilo Kartoffeln zu schälen. Aber nur für einen kurzen Gedanken.

Starte erneut das Video mit dem flambierten Schwein. Sie ist tatsächlich für zehn Minuten gebannt. Dann sieht sie in der Pfanne im Bildschirm die lodernde Flamme und sagt »Eis« statt »heiß«. Lustig. Nebenan hat die Mittlere den Wasserbecher auf das Aquarell des Großen gekippt und entsprechend Prügel kassiert, wobei auch er sich wehgetan hat, weil sie sich mit dem umgedrehten Pinsel zur Wehr gesetzt hat.

»Wer will denn mal Hekto-Pascal füttern?«

»Ich!«

»Nein, ICH.«

Die beiden kloppen sich um das Privileg, den Terrassentürgriff zu betätigen. Ich eile hinzu. Öffne die Tür. Sprinte dann zurück in die Küche, als mir klar wird, dass die Kleine noch Beine baumelnd auf der Arbeitsfläche sitzt. Gehe mit ihr auf dem Arm zur Terrasse zurück. Dort liegt im Netz der Tannenbaum. Verdammt.

»Können wir den Tannenbaum aufbauen?«

»Ja? Bitte, Papi.«

»Ihr wolltet doch Hekto-Pascal füttern.« »Wir wollen aber lieber den Tannenbaum aufbauen, ja? Dürfen wir? Papi.« Papi sagen sie immer dann, wenn sie etwas unbedingt wollen. Pa-pi. Sie glauben vermutlich, dass ein mit der Verniedlichungsform von Papa angesprochener Vater ihre niedlichen Wünsche viel schwieriger abschlagen kann. Was für ein Quatsch. »Können wir bitte, bitte, bitte, jetzt den Tannenbaum aufstellen? Lieber Papi.«

»Na, von mir aus.« *Aber nichts der Mama sagen*, vorformuliere ich in meinem Kopf noch einen Appell, doch zur Aussprache kommt er aufgrund seiner Schwachsinnigkeit nicht. Der Tannenbaum ist etwa drei mal zwei Meter groß und wird mitten im Wohnzimmer stehen. Meine Frau ist zwar kurzsichtig, aber so auch wieder nicht. Hatte einfach gerade einen Erinnerungsfunken an die vage Abmachung, den Baum erst am Heiligen Morgen, also morgen früh aufzustellen und gemeinsam zu schmücken. Aber ich meine, die Umstände hier ... das wird sie ja wohl ... ich hätte ja auch nichts dagegen, wenn sie morgen allein mit den ... im Gegenteil, und warum soll ich jetzt hier ein Riesentheater entfachen, das ist ... man muss da einfach auch flexibel reagieren.

Wir schleppen also zu viert das nadelige Gestrüpp, das laut einem Weihnachtklassiker grüne Blätter hat, durch die gesamte

Wohnung, wobei der Koloss zuallererst so über die hervorstehende Terrassentürschwelle gezogen wird, dass man einen guten Eindruck bekommt von seiner aktuellen und zukünftigen Nadelfähigkeit. Endlich liegt der Baum dort, wo er einmal stehen soll. Der Baumständer könnte einen guten Teil zum aufrechten Stand beitragen. Aber wo ist der Ort seines Befindens? Nehme die Kleine auf den Arm und latsche in den Keller. Da werden sich dann die beiden Großen sicher in die Haare kriegen, aber wenn ich alleine gehe, will die Kleine auf jeden Fall bald nachkommen, und dafür ist die Kellertreppe nicht geeignet, und wenn ich mit allen dreien gehe, gibt es nur Geschubse und Gerangel, und dann entdecken sie die uneingepackten Geschenke für meine Frau und verraten ihr, was sie bekommt, obwohl ich ihnen ein »Wir-sagen-es-nicht-der-Mama«-Schwur abgenötigt und diesen mit Schokokugeln verfeinert habe, aber was ist schon ein Schwur von Drei- bis Sechsjährigen wert?

Der Baumständer ist wider Erwarten schnell gefunden, er lag wider Erwarten dort, wo er immer liegt, neben der Calvados-Flasche, wo er sich mit ihr den Staub teilt, und beim Hochgehen wird klar, dass die Streitereien oben wider Erwarten ausgeblieben sind. Toll. Die Mechanik des Ständers wird schmerzhaft geprüft, das Aufrichten des Baumes ist dann ein Kinderspiel.

Nun bekommt jedes Kind eine Kinderschere in die Hand gedrückt, um das straffe Netz zu beseitigen, das den Baum raketengleich zusammenhält. Ich starte zeitgleich eine Filmaufnahme mit meinem Telefon. Lustige Weihnachtsvideos werden immer gerne gesehen. Interessante Szenen ergeben sich, weil die Scheren natürlich viel zu stumpf sind für die feste Kunststofffaser des Netzes. Ich betrachte das Geschehen nur im Display, um mich selbst weniger als Teil des Spektakels zu fühlen, sondern mehr als stiller Beobachter. Eher als Tierfilmer, der eine seltene Spezies erforscht. Thema: Wie drei kleine

Stadtbewohner einen echten Naturbaum aus seinem Flechtwerk befreien. »Papa, wer hat den Baum denn so gefangen?«, höre ich die irren Worte des mittleren Wesens an mein Ohr dringen. Das wird später analysiert. Der Anführer der drei, ein schmächtiger Blondling mit ungepflegter Mähne, scheint eine Idee zu haben. Er rennt davon, man hört ein Gepolter, dann kommt er mit einer großen metallenen Schere zurück. Diese Art verfügt also bereits über die Fähigkeit, eigenes Werkzeug zu bauen. Oder sie kennen einen, der es bauen kann. Mit einem gezielten Schnitt durchfährt der Schmächtling das weiße Netz, und der erste freigewordene Ast wischt dem kleinsten der drei Geschöpfe ein paar Nadelzweige durch das putzige Gesicht. Erschrecken, Schrei, Geheul. Die kleine Gestalt läuft genau auf mich zu. Jetzt heißt es, Ruhe bewahren, Kamera vors eigene Gesicht halten und langsam rückwärts gehen. Die angeschlagene Kreatur darf mich auf keinen Fall entdecken. Wer weiß, wozu sie in der Lage ist. Auch der Große bewegt sich in meine Richtung. Das sind einmalige Aufnahmen. Da reißt mir plötzlich die Mittlere die Kamera aus der Hand und rennt davon, die Kleine heult mit ausgestreckten Armen auf mich ein, und im Hintergrund schneidet der Große mit der scharfen Schere dem Baum eine neue Frisur. Die Dokumentation ist beendet.

»Telefon her!«

»Oh Mann.«

»Schere her.« Keine Reaktion. »SCHERE HER!«

»Oh Mann, Papa, ja!«

»Können wir jetzt den Baum schmücken?«

»Das machen wir morgen. Mit der Mama zusammen.«

»Oh Mann.«

»Wollt ihr vielleicht was gucken?«, stelle ich mit der Kleinen auf dem Arm die bekannte antwortgleiche Frage.

»Jaaah!«

»Aber erst aufräumen.«

»Oh nein. Das ist viel zu schwierig.«

»AUFRÄUMEN!!!«, schreie ich.

Lautstärke ist dann ein funktionierendes Mittel, um eine Diskussion im Keime zu ersticken, wenn sie nicht häufiger als einmal pro Woche eingesetzt wird. Meine Meinung. Jetzt ist es ganz ruhig. Ich fege Nadeln, sie räumen auf. Anschließend zappe ich eilig durch die Kanäle, bleibe beim ersten Zeichentrickfilm stehen, sage: »Aber höchstens fünf … äh … fünfundzwanzig Minuten«, und gehe mit der Fernbedienung in der Hand zurück zu meiner schlampigen Freundin, der Küche.

Trinke schnell eine einsame Flasche Bier aus dem Kühlschrank und atme tief durch. Was kommt jetzt? Wie viel Uhr ist es? Wo war ich stehen geblieben?

Schalte das Tablett an. Die Kleine hat offensichtlich während ihrer Zeit auf der Arbeitsfläche darauf herumgedrückt und ein anderes Kochvideo angeklickt. Das schaue ich mir mal an. Dort brutzelt ein durchtrainierter Lackaffe ein Gericht, »mit dem auch Sie es garantiert schaffen, eine Frau rumzukriegen«. Wie bitte? O mein Gott. Ich kenne den Kerl. Das ist doch …

Ich höre das Öffnen der Haustür. Wer kann das sein? Ach ja. Die, die auch hier wohnt. Jetzt schon? Verdammt. Schalte hektisch das Video aus, stelle die Bierflasche weg, nehme den Kartoffelschäler mit einer Kartoffel in die Hände und hobel mir einen hauchdünnen Streifen Haut von der Daumenkuppe.

Tütenbeladen betritt meine Frau die Küche. »Oh Mann, war das voll. Alle verrückt da draußen.«

»Nicht nur da draußen.«

»Wieso die einen Tag vor Weihnachten noch alles einkaufen müssen, verstehe ich nicht.«

»Du bist lustig.«

»Eis hab ich aber.«

»Sehr gut.«

»Ist da überhaupt noch Platz im Gefrierfach?«

»Keine Ahnung.«

»Deine Nachricht habe ich leider gerade erst gelesen.«

»Häh?«

»Mit dem Piment und so.«

»Ach so. Nicht so wichtig. Gehe ich später noch mal los. Oder morgen.«

»Sag mal, gucken die Werbung?«

»Weiß nicht.«

»Die sollen doch kein Privatfernsehen gucken, hatten wir gesagt.«

»Jaja.«

»Nee, nicht jaja. Machst du das bitte gleich aus, ja?«

»Ungern.«

»Wie lange gucken die denn schon?«

»Noch keine …«

»Sag mal, hast du was getrunken?«

»Nein.«

»Was sagst du denn zu meinen Haaren?«

»Schön.«

»Sind das hier dreckige Gläser im Schrank?«

»Wo?«

»Hast du das nicht gesehen?«

»Nein.«

»Was hast du eigentlich hier geschafft in den letzten zwei Stunden?«

»Ich … wir haben … die Kinder waren … es war einfach immer irgendwas … man kommt ja zu nichts richtig.«

»Was riecht denn hier so?«

»Was?«

»Jetzt sag nicht, dass ihr den Baum schon aufgestellt habt.«

Ich sinke in einen Sessel und schließe die Augen.

»Hallo, Mama.«

»Hallo, ihr drei.«

»Der Papa wollte das.«

»Aber warum denn? Das wollten wir doch morgen gemeinsam machen. So wie immer.«

»Morgen schmücken wir ihn.«

»Und wieso habt ihr hier Zweige abgeschnitten? War das auch der Papa?«

»Jaha. Und dabei hat er Bier getrunken. Und gesungen.«

»Und dann hat er gesagt, wenn du eine neue Frisur kriegst, dann soll der Baum auch eine haben.«

»Jaha, und im Keller liegen deine Geschenke.«

»Noch nicht eingepackt. Es ist aber nur eins: eine riesige Küchenmaschine.«

»Jaha. Eine Schwarze.«

»Aber ich wollte doch eine in creme …«

»Und Handschellen.«

»Handschellen?«

»Jaha. Und dann haben wir im Keller Calvados getrunken.«

»Ihr?«

»Jaha. Aber wir durften nur mit Fanta gemischt.«

»Mit Fanta? Aber …«

»Ja. Darum haben wir auch so rosige Wangen.«

»Jaha, und wir gucken seit 10 Uhr Fernsehen.«

»Jaha. Aber nur Werbung.«

»Und dann hat der Papa noch gesagt, dass er dich für keine Frau der Welt eintauschen würde.«

»Aha.«

»Außer für die neue Nachbarin.«

»Was?«

24. Dezember, 10 Uhr

Gehe kurz los für einen letzten Einkauf. Vorher noch schnell ins Stammcafé. »Hallo, Johann. Na, du hast ja auch die Ruhe weg. Kein Stress bei euch zu Hause?«

»Häh? Wegen was? Wegen Weihnachten? Nein, nicht dass ich wüsste. Ich gehe gleich noch gemütlich auf den Weihnachtsmarkt, dann mach ich zu Hause Pommes, danach schläft die ganze Bande, alles entspannt.«

»Weihnachtsmarkt?«

»Ja, ich war noch gar nicht dieses Jahr.«

»Da musst du dich aber beeilen.«

»Jaja.«

»Tschö.«

»Auch so.«

Gehe zur U-Bahn. Vor der Rolltreppe steht Karl mit seinem grüßenden Blick. Ich bin weihnachtlich gut gelaunt und schütte ihm mein gesamtes Kleingeld in seinen Becher. »Danke, Johann. Bist echt ein guter Mensch. Frohe Weihnachten dir und deiner Familie. Und alles Gute fürs neue Jahr. Fand dich immer schon spaßig. Mach weiter so.«

»Ist gut, Karl.«

»Woher kennst du meinen Name?«

»Dir auch ein schönes Fest.«

»Sehr witzig.«

»Und ein gutes Neues.«

»Jaja.« Auf der Rolltreppe ruft er mir noch hinterher: »Den Karl gibt's aber im nächsten Jahr nicht mehr.«

»Wieso? Verlässt du uns?«

»Ich sag nichts. Soll 'ne Überraschung werden.«

»Okay. Tschö dann.«

10.15 Uhr

Fahre die zweite Rolltreppe runter. Komischer Typ, denke ich. Und dass man sich dann mal unterhält, nur weil Weihnachten ist, ist auch komisch. Der Bahnsteig ist voll. Gehe zum Automaten. Scheiße, verdammt. Habe ja kein Kleingeld mehr. Was jetzt? Vielleicht kann Karl mir … brauche ja nur 1,40 Euro. Fahre wieder hoch.

10.20 Uhr

»Hallo, Karl. Könntest du mir vielleicht, äh …, ist mir echt unangenehm, ich brauche Kleingeld für die Bahn, nur eins vierzig, ich habe dir gerade bestimmt drei Euro, drei Euro fünfzig gegeben, wenn du mir eins vierzig wiedergibst, dann wären das immer noch …, ich kann's dir auch morgen wiedergeben …«

»Können Sie bitte weitergehen? Sie spinnen wohl. Einen Obdachlosen anbetteln? An Weihnachten? So weit kommt's noch. Wo sind wir denn?«, beschimpft mich Karl laut und deutlich, sodass die Passanten mir prüfende Blicke zuwerfen. Richtig böse werden die Blicke erst, als ich ihn zum Abschied »blöder Penner« nenne.

10.40 Uhr

Wir erreichen den Marktplatz in der Innenstadt, ich zahle 15 Euro und steige aus dem Taxi. Der Weihnachtsmarkt scheint noch geschlossen zu sein. Wird sicher gleich aufmachen. Da tut sich schon etwas. Zwei Fensterläden klappen auf. Und … werden abgeschraubt und eingepackt.

»Was machen Sie da?«, frage ich verwundert.

»Nach was sieht's denn aus?«

»Sie bauen schon ab?«

»Rischtisch. Gestern war der letzte Tag.«

»Aber warum denn, ich wollte doch …«

»Wat brauchste denn?«

»Piment.«

»Was ist datt denn?«

»Das sind so …«

»Bienenwachskerzen kann isch dir noch verkofen. Hier. Große, Mittlere, Kleine. Acht Stück in der Kiste. Eigentlich achtzisch Euro. Geb isch dir für vierzisch.«

»Nein danke, ich … äh, ich bin Veganer.«

»Ja, ist doch kein Problem. Musst die ja nicht essen, wat? Haha.«

»Was? Ich esse doch nicht … ich meine, ich kaufe nichts, bei dem Tiere leiden müssen.«

»Die leiden nisch.«

»Aber du hast ihnen den Honig weggenommen, den sie mühsamst …«

»Komm, geh wigger, du Tünnes. Du bist ja nicht normal.«

»Nicht am Fest der Liebe solche Worte, ja?«

»Jaja.«

Gehe in einen Feinkostladen, den gerade ein Herr verlässt. »Furchtbar. Keine Ahnung von Gewürzen, aber einmal im Jahr einen auf Gourmet machen«, sagt der eine Verkäufer zum anderen. Vermutlich reden sie über den letzten Kunden. »Guten Tach, was darf's denn sein für Sie?«

»Äh, Nelkenblätter, Piment und orangene Bittermarmelade«, sage ich etwas verstockt.

»Aha. Sie meinen sischerlisch Lorbeerblätter?«

»Äh, nein. Ich meine, ja. Nelken. Also nur Nelken. Ohne Blätter.«

»Oh, ob wa dat da haben. Jupp? Haben wir Nelken ohne Blätter da?«

»Nein. Aber dann soll er einfach die Blätter vorsischtisch abzupfen und dann wegschmeißen«, erwidert der andere, und die beiden Honks lachen sich ins frisch gewürzte Fäustchen. »Entschuldigen Sie, wir sind ein bisschen drüber. War viel los, die letzten Tage. Und es kommen halt oft so Leute, die … na ja. Für wat für ne Jerischt ist denn dat Janze eigentlisch?«

»Rehgulasch.«

»Aha.«

»Gibt's bei uns jedes Jahr.«

»Aha.«

»Super lecker.«

»Ja.«

»Mit Nelken.«

»Jaja.«

»Ham Sie denn Piment?«

»Ja sischa.«

»Sehr gut.«

»Wie viel brauchen Se denn?«

»Acht Körner.«

»Soso.«

»Das reicht für drei Kilo Rehfleisch.«

»Das denk isch.«

»Das Reh hol ich gleich.«

»Na, dann.«

»Ist diesmal sogar Bio-Reh.«

»Aha.«

»Das ist natürlich erheblich teurer.«

»Ja klar.«

»Weil es eben Fleisch von freilaufenden Rehen ist.«

»Soso.«

»Und nicht von Rehen aus Käfighaltung.«

»Aha.«

»Man kennt ja diese schrecklichen Bilder von riesigen Hallen, wo in kleinen Käfigen auf engstem Raum zusammengepfercht die Rehe stehen und die Hirsche. Und dann werden die da gemästet, mit antibiotikaverseuchten Bucheckern und … ja, und das lehnen wir einfach ab«, versuche ich nun ganz deutlich, seinen Humorbereich auszuloten. Aber er lässt sich diesbezüglich nicht in die Karten schauen und fragt: »Dann noch Orangenmarmelade, und das war's dann?«

»Ja genau.«

12.30 Uhr
Komme mit vollen Tüten und leerem Portemonnaie zurück nach Hause. Erwarte eine gestresste Frau, die viel angefangen und nichts zu Ende gebracht hat. Zu meiner Überraschung sitzt sie mit den drei Weihnachtsengeln auf dem Sofa und guckt ganz entspannt irgendeine Cinderella-DVD. Ihr Blick sagt, dass sie viel angefangen und nichts zu Ende gebracht hat und dass dies im Grunde die einzige Möglichkeit war, bei der wirklich alle überleben. Respekt, denke ich. Ich alter Fuchs, sie junge Füchsin. Freue mich auf eine ruhige Zeit in der Küche.

14 Uhr
Nach dem Schnellimbiss schickt meine Frau Groß und Mittel für zwei Stunden in deren Zimmer, damit sie sich selbst finden, während sie sich die Kleine schnappt, um mit ihr in der Dunkelheit zu verschwinden. Ich freue mich erneut auf eine ruhige Zeit in meiner Küche.

15 Uhr
Die beiden zeitgefühllosen Wesen kommen gelangweilt aus ihren Spielzeug-Paradiesen und machen das, was sie am besten können: Sie stören.

Ich bin ganz ruhig und erkläre ihnen, dass ich noch ein kleines Stündchen hier das Abendessen vorbereiten muss. Das verstehen sie natürlich und gehen sich stattdessen gegenseitig auf den Senkel. Das nervt mich wiederum auch, aber ich blende den Quatsch geschickt aus durch die Lautstärkeregelung des Küchenradios.

15.25 Uhr

Lege das feine Stück Fleisch aufs Schneidebrett. Das Gezänk nebenan hört nicht auf. Gehe im Kopf eine subtile Anleitung zu einem Spiel für die zwei Tritz-Köppe durch. So etwas wie: »Also ich spiele jetzt Lotti Karotti. Aber allein.«

»Wir wollen aber auch mitspielen.«

»Na gut.« Und dann, wenn's läuft, wieder rausschleichen. Spüre allerdings nicht die geringste Spur von Lust darauf und entscheide mich für mein Recht auf Unlust.

15.30 Uhr

Schneide die schweinische Lende in Scheiben. Dabei nehme ich aus den Ohrwinkeln wahr, dass der Große sich immer ganz dicht neben die Mittlere setzt, die angeblich in Ruhe ein Bilderbuch gucken will. »Ich darf hier aber auch sitzen«, ist sein Argument, »Ich will aber allein hier sitzen«, das ihrige.

15.32 Uhr

Das Streitthema »Sitzen« hat sich im circa dreißig Quadratmeter großen und von zahlreichen Sitzgelegenheiten gesäumten Wohn- und Spielbereich zu einer handfesten Klopperei entwickelt. Ich drehe das Radio noch einen Tacken lauter und verstehe deshalb nur allzu deutlich die Meldungen der Lokalnachrichten. Dort wird berichtet von einem vorweihnachtlichen Familiendrama, das der Vater einer fünfköpfigen Familie bereits heute Mittag mit seiner Schrotflinte eröffnet hat, um sich am Ende selbst endgültig herzurichten für den heiligen Abend. Ich lege das schöne große Fleischmesser beiseite, schalte das Radio aus und gehe zum Durchatmen für fünf Minuten in den Garten.

15.41 Uhr

Meine Frau kommt völlig fertig mit der trotzig dreinschauenden Kleinen auf dem Arm in die Küche und setzt sie betont
unbehutsam auf ihr Stühlchen. »Die hat, wenn's hochkommt,
zwanzig Minuten geschlafen. Sonst nur Rabatz gemacht. Mir
ins Auge gehauen, im Dunkeln, ihren Kopf auf meinen fallen lassen, hat mich gekniffen wie bescheuert, rotzfrech und
aggressiv. Jaha, von dir red ich. Ehrlich, ich war kurz davor, ihr
die Windel auszuziehen und auf den nackten Arsch zu hauen.«

»›Wenn man sieht, dass eine Sache genetisch versaut ist,
das kann man mit Prügeln allein nicht korrigieren‹«, zitiere ich
einen alten Spruch von Gerhard Polt.

»Jetzt hör du mit deinem Quatsch auf, ich bin echt gerä-
dert!«

»Entschuldigung. Komm mal her.«

»Was willst du?«

»Und was hast du da gemacht, als du so sauer warst?«

»Ich bin fünf Minuten rausgegangen und hab die schreien
lassen.«

»Ach. Habe ich gar nicht gehört. Aber das ist natürlich sehr
gut. Sehr vernünftig. Das könntest du jetzt auch noch mal machen. Willst du einfach ein bisschen rausgehen? Für 'ne halbe
Stunde? Bevor das hier noch zum Familiendrama ausartet.«

»Was? Was soll das denn jetzt?«

»Ich mein ja nur.«

»Nein.«

»Warum denn nicht?«

»Ich geh in den Keller und mache Wäsche.«

»Auch gut. Lass dir ruhig Zeit.«

»Sehr witzig.«

»Bis später.«

16.25 Uhr

Wie die Zeit vergeht, denke ich bei dem Versuch, etwas Gefühl in meine Stimmung zu bekommen. Schon wieder Weihnachten. Irre. War nicht gerade erst Sommer? Wie war das noch letztes Jahr? Last Christmas. Musik wäre jetzt schön. Was zum Mitsingen. Wer singt, haut nicht. Lege die Weihnachts-CD vom guten alten Rolle Zuckowski ein. Anschließend werfe ich das Reh in eine Schüssel und singe laut mit: »In der Weihnachtsmetzgerei, gibt es manche Metzelei, zwischen Reh und Schwein, gibt's so manche Pein, und am Schluss 'ne Riesensauerei.«

»Sei doch mal leise!«, ermahne ich mich selbst. Was hör ich da? Ach so. Hekto-Pascal mauzt auf dem Balkon. Natürlich möchte er zum Fest auch etwas Besonderes zum Essen bekommen. Das erledige ich mal kurz nebenbei. Wenn ich jetzt die Tür öffne, kommt allerdings sofort die Kleine hinterhergewatschelt, will mir helfen und macht dadurch alles noch schlimmer. Jaja. Sehr gut. Vorher schon an die Folgen der Handlung denken. Nehme also die Kleine auf den Arm, öffne die Terrassentür, trete in die Kälte, hocke mich mit ihr auf dem Oberschenkel hin, öffne ein Fläschchen Katzenmilch und will es in das Schälchen schütten. Da stößt der Kater katzentypisch und wegen der langen Streichelarmut besonders kräftig mit dem gesenkten Kopf an meine Hand, um ein Kraulen einzufordern. Dabei erwischt er die schüttende Hand so, dass die Milch komplett auf den Boden läuft. »Aaaaaah, Scheiße!«, höre ich mich überraschend laut und heftig schreien. Hekto-Pascal ergreift die Flucht, die Kleine verarbeitet den Schock mit kräftigem Geheule, und meine Frau fragt: »Oh Gott, was ist passiert?«

»Die Milch …«

»Und deshalb schreist du so hier rum? Spinnst du? Ich dachte, es ist wer weiß was passiert! Komm mal her zu mir. Nicht du. War der Papa laut, ja? Willst du vielleicht einfach mal für 'ne Stunde verschwinden?«

»Was?«

»Ich schaff das hier schon. Leg dich hin, hör ein bisschen Musik.«

»Nein!«

»Warum denn nicht?«

»Weil … weil … weil ich hier dazugehöre.«

Ich hasse es, wenn sie mich nach einem kleinen und seltenen Wutausbruch behandelt wie einen gereizten Irren. Einen überforderten Schwachmaten, der von selbst nicht darauf kommt, mal kurz in seine Zelle zu gehen. Wie sie dabei guckt, wie sie dabei spricht, wie sie es dabei nur gut meint. Wie mit einem bescheuerten Kind redet sie dann. *Weil ich hier dazugehöre.* Was war das denn für eine armselige Antwort? Das sollte ich mal bei ihren Wutausbrüchen machen. Sie fortschicken. Da wäre ich aber oft allein mit den Kindern.

23 Uhr

»Für den stressigen Tag war dann der Abend doch sehr harmonisch«, stelle ich abschließend fest und ernte ein zustimmendes Nicken. Angesäuselt und vollgefressen sitzen wir vorm Baum und genießen die Ruhe.

»Sag mal, was sind denn das hier für Tierchen unter der Tanne?«, durchbricht meine Frau die Stille.

»Keine Ahnung«, sage ich gleichgültig.

»Hier! Und da! Alles voll mit kleinen Tierchen.«

»Zeig mal.«

»Alles voll mit Ungeziefer.«

»Geziefer. Es heißt Geziefer.«

»Was?«

»Man sagt auch nicht Unkraut, sondern Beikraut. Also auch Geziefer. Unkraut ist ein Unwort.«

»Du bist total krank, weißt du das? Außerdem müsste es dann Beigeziefer heißen.«

»Ja, richtig.«

»Du willst doch nur ablenken mit diesem Scheiß. Ablenken von der verseuchten Tanne, die du uns hier ins Haus geschleppt hast.«

Ich überlege. Dann fällt mir tatsächlich ein möglicher Grund für den Befall ein. »Du willst doch, dass wir ökologisch sinnvoll einkaufen, oder?«

»Ja, und?«

»Das hier, mein Herz, ist eine Bio-Tanne.«

»Was?«

»Ja, wirklich. Der Verkäufer hat gesagt, viele Bäume, viele Tannenbäume werden extra für Weihnachten in Monokulturen mit Hilfe von sehr viel Dünge- und Pflanzenschutzmitteln gezüchtet.«

»Aha.«

»Aber der hier nicht!«

»Ja, herzlichen Glückwunsch.«

»War auch ein bisschen teurer deswegen.«

»Und dass da noch ein Flohzirkus mit dabei ist, hat er dir aber nicht gesagt, oder?«

»Nein. Natürlich nicht.«

In dem Moment kommt Hekto-Pascal rein, sieht sich unter der Tanne um und sagt: »Leute, regt euch doch nicht auf. Das sind Rindenläuse. Die sind völlig harmlos.«

»Da hörst du es«, sage ich zu meiner Frau.

»Was höre ich?«

»Ach nein. Du kannst ihn ja gar nicht hören.«

»Wen kann ich nicht hören?«

»Vergiss es. Ich glaube jedenfalls, die sind total harmlos. Das sind bestimmt nur Rindenläuse oder so.«

»Was hörst du denn?«

»Nichts. Jetzt geh mal wieder raus hier, Katze.«

»Penner.«

»Selber.«

»Ich geh ins Bett, das wird mir hier zu unheimlich«, richtet mir daraufhin die verwirrte Gemahlin aus.

»Ich kaufe morgen ein Spray, wenn du willst …«, rufe ich ihr hinterher.

»Morgen ist Feiertag.«

»Oder wir stellen ihn über Nacht wieder raus.«

»Gute Nacht.«

31. Dezember, 19 Uhr
Den Silvesterabend verbringen wir bei Sabine und Klaus. Malte und Mareike freuen sich schon den ganzen Abend auf unsere Kinder, weil erst nach ihrem Erscheinen der Schokospringbrunnen eingeschaltet wird.

20 Uhr
Unsere Kinder ernähren sich den kompletten Abend über von der flüssigen, palmölgeschwängerten Masse. Selbst Fritten, Fleischstückchen und Salzstangen werden unter den Schokoladenfall gehalten. Immer wieder kommt Malte auf mich zu und fragt, ob ich die Geschichte mit dem Lachs und dem Dachs noch mal erzählen könnte. Aber sie will mir partout nicht mehr einfallen.

21 Uhr
Klaus startet für die vollgesauten Süßlinge ein Kinderfeuerwerk, was ein lautes »Guckt mal auf die Uhr, ihr Heiopeis!« aus der Nachbarschaft provoziert.

22 Uhr
Meine Idee des kindgerechten Bleigießens, nämlich ein rohes Ei in kochendes Wasser zu werfen und dann mal gucken, was die Zukunft bringt, wird mehrheitlich abgelehnt. Keine Phantasie, die Dullis.

23 Uhr
Wir verlassen die Party, um gemeinsam die überzuckerte Brut ins Bett zu bringen. »Danach kommen wir dann aber gleich wieder!«

0 Uhr
Werde mit meiner Frau auf dem heimischen Sofa schlafend von einem riesigen Geböller geweckt. »Guckt mal auf die Uhr, ihr Knalltüten«, überlege ich zu rufen, doch die angezeigte Uhrzeit des Telefons gibt den Ballernden recht. Na, dann. Prost Neujahr.

Bratwurst, Kölsch und Seifenblasen

oder:
Wie man das Glück erkennt, bevor es zerplatzt

Donnerstag, 8. Januar, 7.35 Uhr

»Guckt mal, Hekto-Pascal hat eine Maus gefangen und uns auf die Terrasse gelegt«, rufe ich ins Frühstücksgewirr. Die drei stehen auf und drängen sich vor die gläserne Tür. »Das hab ich außerdem schon vor dir gesehen«, teilt die Mittlere mit. »Warum hat der die nicht gegessen?«, will der Große wissen. »Maus, Katte, tot«, schlussfolgert die Kleine. Dann beginnt eine Kabbelei um den besten Fensterplatz.

»Das war doch so klar«, sagt meine Frau und meint damit, dass ich die Folgen meines Ausrufs nicht bedacht habe. Und das stimmt. Man muss immer bedenken, was dieser oder jener Satz in den darauffolgenden Sekunden anrichten wird mit dem unberechenbaren, kindischen Haufen. Speziell in der streng getakteten Zeit zwischen Frühstück und Wegbringen. Mein Fehler!

Eine kurze Absprache bzw. Zuweisung ergibt, dass mir als Nächstes die Aufgabe der Zahnputzkontrolle und der wettergemäßen Ankleidung des Großen zuteilwird, während meine Frau Brote schmiert und den Tisch abdeckt. Ich schiebe ihn also ins Bad, trage Zahnpasta auf und entferne mich wieder, um Schuhe anzuziehen und Telefon samt Portemonnaie zu suchen. Er soll schließlich nicht vor mir fertig sein. Das ist ganz wichtig: Wenn das Kind zum Schulgang bereit ist, muss der Erziehungsberechtigte ebenfalls dafür bereit sein, sonst macht das Kind nur Blödsinn. Das gilt für Schulgang, nicht aber für den ähnlich klingenden Stuhlgang.

»So, wie sieht es denn aus bei euch?«, frage ich Jacke anziehend mit dem Portemonnaie in der Hand. Da kommt die

Kleine mit einem Stück Seife in der Hand aus dem Bad und sagt: »Bäh, sauer.«

»Was hast du im Mund?«, frage ich angewidert.

»Die hat Seife gegessen«, informiert mich der Große.

»Seife? Aber Seife ist doch nicht sauer. Die ist bitter.«

»Was hat die?«, will jetzt meine Frau aus der Küche wissen.

»Die hat Seife gegessen«, ruft die Mittlere von irgendwo. Ah, sie sitzt in der Badewanne.

»Aber da müsst ihr doch Bescheid sagen.«

»Wollten wir ja auch machen. Aber dann hat die immer mehr gegessen. Und das war so lustig.«

»Wo warst du denn gerade?«, fragt mich meine Frau.

»Ich hab mir Schuhe angezogen.«

»Haben denn alle ihre Zähne geputzt?«

»Er, ja.«

»Wieso denn nur er?«

»Ich dachte …«

»Dann schmier mal sein Brot zu Ende.«

»Hast du mein Telefon gesehen?«

»Meinst du, die hat was davon runtergeschluckt?«

»Keine Ahnung.«

»Nein, hat die nicht. Das haben wir gesehen.«

»Wie willst du das denn sehen, wenn du flach in der Badewanne liegst?«

»Hast du jetzt mein Telefon gesehen?«

»Was?«

»Mama?«

»Ob du mein Telefon gesehen hast!«

»Mama?«

»Nein. So, jetzt spuck das mal alles aus.«

»Mama?«

»Soll ich es mal anrufen?«

»Ja.«

»Mama, ich muss Kacka.«

»Aber bitte nicht in die Badewanne.«

»Nein.«

»Kann ich aber auch mit dem Festnetz machen.«

»Was?«

»Mein Telefon anrufen.«

»Die hat total viel Seife in den Backen.«

»Ich habe es!«

»Meinst du, wir müssen zum Arzt?«

»Warum?«

»Nicht *die* Jacke, weißt du, wie kalt das ist?«

»Wie kalt ist das denn?«

»Dann will ich auch die Dünne.«

»Nein, er muss auch eine dicke Jacke anziehen.«

»Boah, stinkt das. Ich gucke mal im Netz nach.«

»Was?«

»Nach Erster Hilfe bei verschluckter Seife.«

»Ach so.«

»Ist es wenigstens Bio-Seife?«

»Na klar.«

»Papa?«

»Das ist ja widerlich, ich mach mal die Tür zu.«

»Nein!«

»Dann lass mich aber mit raus.«

»Sollen wir unsere Kinder nicht mal vegetarisch ernähren?«

»Von mir aus.«

»Papa?«

»Jaha.«

»Können wir jetzt gehen?«

»Ja klar. Ich bin fertig«, sage ich.

»Ich bin auch fertig«, bekennt meine Frau.

»Bis später.«

»Jaha.«

Zwei Minuten später komme ich wieder.

»Was ist denn?«

»Wir haben die Brotdose vergessen.«

»Wir?«

»Papa, wann kommst du denn?«

»Sag mal, hat der Sandalen an?«

»Wer?«

»ICH BIN FERRRRRRTIG!«

»Mach du das mal, ich gebe ihm andere Schuhe.«

»Bitte nicht. Den Gestank halte ich nicht aus.«

»Vielleicht brauchen wir einfach nur einen Tiefspüler?«

»Einen was?«

»Na ja, eine Toilette, bei der die Scheiße … erklär ich dir später.«

»Was ist mit der Scheiße, Papa?«

»Ruhe jetzt!«

8.30 Uhr

Wenn der eigene Kopf vor dem ersten Kaffee bereits eine Stunde lang in der Familientrommel feststeckte, um mit selbst gezeugten umherschleudernden tennisballartigen Wesen das Morgenmatch zu bestreiten, dann tut es gut, anschließend eine halbe Stunde im Café zu sitzen und durchs Caféfenster, das kein Zeitfenster ist, geruhsam herauszuglotzen. Den anderen dabei zuzusehen, wie sie zur Arbeit laufen, und zu raten, welcher Arbeit sie nachgehen, bringt mich wieder auf andere Gedanken.

Dann entdecke ich aber prompt zwei, die offensichtlich nicht arbeiten. Andreas mit seinem Niklas. Nein. Nils. Die lungern an der Bushaltestelle herum. Das passt. Vielleicht wollen sie gleich mit dem Bus fahren. Sehr interessant. Bestimmt zum Zoo. Natürlich. Da kommt ein Hund. Nils krallt sich panisch vor Angst an seinen Vater. Was für ein gestörtes Kind, denke ich. Eingesperrte Tiere anglotzen, aber sich vor so einem Hündchen verkriechen. Jetzt blickt Andreas in meine Richtung, und ich verkrümel mich hinter einer Elternzeitschrift.

9.07 Uhr
Gehe zum Biomarkt. Bin nicht besonders gut gelaunt. Warum, weiß der Kuckuck. Da steht Karl. Bitte nicht. Doch, er ist es. Aber was ist das? Komisch. Er sieht irgendwie verändert aus. Tatsächlich. Er trägt Lippenstift und hochhackige Schuhe. Dazu einen Rock über der schwarzen Strumpfhose. Und erst die Haare. Das gibt es doch nicht! Er sagt wie immer »Guten Morgen«, ich gehe wie immer rein und kaufe wie immer die gleichen Sachen.

9.30 Uhr
Bezahle 63 Euro 70. Nicht schlecht. In der relativ teuren Endsumme in diesem Laden ist in meinem Kopf immer eine Spende mit inbegriffen. Eine automatische Spende für eine bessere Welt. Hinzu kommt draußen noch die Spende für Karl. Werde gleich nett zu ihm sein, obwohl ich seinen Geiz und seine Beschimpfungen vor der U-Bahn nicht vergessen habe. Aber das war im letzten Jahr. Und da war es noch ein Mann.

9.35 Uhr
»Na«, sage ich, im Portemonnaie kramend, »dann passe ich jetzt aber auf, dass ich noch Geld für die Bahn behalte.«
    »Hallo, Johann.«
    »Hallo. Nicht nur, dass wir dir deinen Sprit bezahlen, sondern jetzt auch noch eine Geschlechtsumwandlung, oder wie sehe ich das?«
    »Das hat komplett die Kasse bezahlt.«
    »Du bist in einer Krankenkasse?«
    »Ja. Wieso nicht?«

»Ach, nur so. Aber dein Moped hast du noch?«

»Nein. Verkauft. Dafür sind die Brüste jetzt größer. Das war die Überraschung, hab ich dir doch vor Weihnachten gesagt.«

»Du bist echt ein Freak.«

»Selber Freak.«

»Was soll denn das heißen?«

»Na, ihr kauft doch auch nur im Biomarkt, weil ihr es euch leisten könnt!«

»Was soll das denn heißen?«

»Das soll gar nichts heißen.«

»Aha.«

»Oder vielleicht: Jeder kann machen, was und warum er will. Wenn er es sich leisten kann.«

»Soso.«

»Aber es muss nicht jeder verstehen.«

»Na gut.«

»Oder glaubst du wirklich, dass du ein besserer Mensch bist, weil das Schwein, das für dich geschlachtet wurde, ein besseres Leben hatte als das Schwein, das für den Billig-Supermarkt da hinten dran glauben musste?«

»Ich muss jetzt wirklich.«

»Jaja.«

»Mach's gut.«

»Warte.«

»Was?«

»Wie findest du es denn eigentlich?«

»Was?«

»Na, mich!«

»Na ja. Irgendwie … äh, anders.«

»Oh, vielen Dank.«

»Kein Problem.«

»Ehrlich. Du bist doch hier der Freak von uns beiden.«

»Na, dann sind wir uns ja einig. Tschö mit ö.«

»Jaja. Du mich auch. Ich heiße übrigens jetzt Karla.«

»Nicht im Ernst?«

»Na klar!«

»Tschö, Karla.«

»Tschö, Johann.«

9.58 Uhr

Muss immerzu an Karla denken. Komischer Vogel. Aber auch irgendwie ein interessanter Typ. Und jetzt ein Weibchen. Wie heißt denn die weibliche Form von Vogel oder Typ? Keine Ahnung. Laufe wie zufällig an einem Baum vorbei, in dem in zwei Metern Höhe ein präparierter Eichelhäher sitzt. Den habe ich dort vor Jahren mal drangebohrt, um den Stadtkindern Waldtiere näherzubringen. Er ist kaum wiederzuerkennen, der zerfetzte Geselle. Aber da, er hat mir zugezwinkert! Jetzt rauscht ein Krankenwagen vorbei. Karla? Es ist genau zehn Uhr. Was hat das alles zu bedeuten? Ich muss nach Hause.

12 Uhr

Bin mit meiner Frau in der Küche. In ein und derselben Küche. Wir haben gerade beide einige Zeit in unserem jeweiligen Heimbüro-Zimmer gearbeitet. Jetzt bereitet sie das Mittagessen vor, während ich die Spülmaschine aus- und die schmutzigen Frühstückssachen hineinräume. Das Radio läuft, und der Wasserkocher macht sein furios-dramatisches Aufheizgeräusch. Außerdem wird die betriebsame Geräuschkulisse verfeinert durch das hungrige Mauzen von Hekto-Pascal und das Brummen irgendeines Telefons. Ganz schön was los hier. Oder anders gesagt: Ein flockiges Gespräch oder gar ein erotischer Übergriff liegen nicht in der Luft. Was auch daran liegt, dass unsere Reinemachefrau das Wohnzimmer saugt.

Hausarbeit ist insgesamt einfach unsexy. Besonders für den Mann. Und am Ende wirkt es sich auf beide Eltern aus. Je gleichberechtigter Beziehungen sind, desto seltener schlafen Paare miteinander. Hab ich heute Morgen noch in der *ELTERNativ* gelesen. Das ist der Preis unserer Zeit, stand dort. Dazu wurden wir unterschwellig erzogen. Unsere einigermaßen gleichberechtigte Aufteilung der Hausarbeit bzw. der Gesamtarbeit kam ja nicht aufgrund des Drängens meiner normal emanzipierten Frau zustande, sondern ist für uns eine gesellschaftliche Selbstverständlichkeit. Und wenn ich viel zu Hause bin und dementsprechend häufiger in der Küche, in der sie auch etwas tut, dann fehlt auf Dauer die körperliche Distanz, die für körperliches Näherkommen förderlich ist. Verrückte Sache. Wieder einen Grund gefunden für die wenigen Neugeborenen in Deutschland. Männliche Hausarbeit. Da muss doch die Politik einschreiten. Aber was will man erwarten in einem Land, das eine kinderlose Frau regiert, die Mutti genannt wird.

12.55 Uhr

Das Mittagessen neigt sich dem Ende zu. Wir haben über Karla gesprochen, über Nils und über die antisexuelle Wirkung von männlicher Hausarbeit. »Was machst du denn heute Abend?«, versuche ich die Möglichkeit eines erotischen Arrangements auszuloten.

»Ich gehe doch ins Kino. Um sieben. Mit Steffi. Hast du das vergessen?«

»Was? Nein. Natürlich nicht. Würde ich sonst fragen?« Wir lachen. Wie schön.

Da fällt mir am Schluss noch eine Frage ein. »Sag mal, weißt du, wie ich meine neue Payback-Karte anmelden kann?«

»Wieso hast du eine Payback-Karte?«

»Weißt du, wie ich die anmelden kann?«

»Nein. Aber wieso hast du eine Payback-Karte?«

»Hat mir der Kassierer im Biomarkt gegeben.«

»Warum?«

»Der hat gesagt, so viel, wie ich hier einkaufe, würde sich das echt lohnen.«

»Aha.«

»Ja, und da war ich irgendwie ein bisschen stolz … und habe die angenommen.«

»Aber ich habe doch eine.«

»Ja, und?«

»Fändest du es nicht sinnvoller, wenn wir zusammen eine hätten?«

»Aber wir gehen doch nicht immer zusammen einkaufen. Dann müsste immer der, der einkaufen geht, erst gucken …«

»Nein! Ich meine eine … also, zwei Karten mit ein und derselben Nummer.«

»Aha.«

»Für dasselbe Konto.«

»Soso.«

»Ich habe dir sogar schon mal eine Zweitkarte gegeben.«

»Ja?«

»Ja. Keine Ahnung, wo du die wieder verschludert hast.«

»Wieso *wieder*?«

»Ich such die mal. Und sonst bestell ich dir eine neue.«

»Na dann.«

»Was denn?«

»Und wenn ich mein eigenes Konto haben will?«

»Du kennst dich doch überhaupt nicht aus mit dem Kram.«

»Und wenn ich selber entscheiden möchte, und mich nicht bevormunden lassen will wie ein …«

»Ja, dann mach doch.«

»Du willst doch nur meine Einkäufe kontrollieren.«

»Ja genau.«

»Zumindest willst du von meinen Einkäufen profitieren.«

»Unbedingt.«

»Und zwar doppelt profitieren.«

»So ist es. Nicht nur, dass ich dir die Einkäufe komplett weg-
fresse, ich will auch noch von deinen Punkten eine neue Mut-
ter-Kind-Frauen-Garten-Koch-Zeitschrift abonnieren.«

»Ja.«

»Die du dann auf dem Klo liegen lässt.«

»Ich lese die doch gar nicht.«

»Nein.«

»Okay, wir machen es so. Du besorgst mir eine Zweitkarte
von deinem Konto …«

»Genau. Und du darfst dir beim nächsten Mal was Schönes
aussuchen.«

»Au fein.«

»Geht doch.«

»Sag ich doch.«

»Wer holt jetzt die Kleine?«

»Immer der, der fragt.«

»Tschüs, bis später.«

15 Uhr

Der Große sammelt Fußballkarten wie viele seiner Klassenka-
meraden. Seitdem sind Gespräche wie das folgende häufiger
an der Tagesordnung: »Papa?«

»Jaha.«

»Reus hat 50, aber Lahm hat 106.«

»Ach.«

»Aber noch besser ist Robben.«

»Ja?«

»Aber Hummels hat erst zwei Tore.«

»Soso.«

16 Uhr

Man kann Kindern viel erzählen, aber wenn sie nicht zuhören,
dann bringt es nichts.

»ICH BIN FERTIG«, schreit der größte der drei Brüllaffen durch die geschlossene Badezimmertür. »Ich komme!«, rufe ich und schlurfe in seine Richtung. Nach vollendeter Wischwerk-Kontrolle betätigt der Kerl die Klospülung und sagt: »Papa, wo geht die ganze Kacka hin, wenn man abspült? In die Wand, oder wohin?«

»Nein«, beginne ich zu erklären, »obwohl, eigentlich doch. Das Abflussrohr führt erst mal in die Wand. Von da geht es dann runter, immer weiter, bis unter das Haus, dann geht es Richtung Straße, und da, wo die Gullys sind … weißt du, was Gullys sind? Diese großen, runden Deckel mit Löchern, auf der Straße. Oder auch die eckigen, wo das Regenwasser reinfließt. Da ist dann ein großer Abwasserkanal. Und da gehen von allen Toiletten hier in der Straße, geht da das Wasser rein. Von ganz Köln am Ende. Und das ganze Wasser …«

»Du, Papa.«

»Jaha?«

»Aber der Kopf von einem Riesen ist nicht größer als die Erde.«

»Was?«

»Jaha. Das stimmt.«

»Aha.«

»Das hab ich nämlich mal geträumt.«

»Alles klar.«

17 Uhr

Der Große erzählt der Mittleren gackernd irgendeinen Quatsch über Penis, Scheide und sexen. Hat er bestimmt in der Schule aufgeschnappt. So, denke ich, das ist wohl der richtige Zeitpunkt für ein erstes, kleines Aufklärungsgespräch.

»Kommt doch mal her, ihr beiden.«

»Och, warum das denn?«

»Wisst ihr eigentlich, wo die kleinen Babys herkommen?«

»Ja, aus dem Bauch von der Mama«, sagt die Mittlere.

»Nein, aus der Scheide«, korrigiert der Große.

»Hä, aber wie geht das denn?«, fragt die Schwester ungläubig.

»Jedenfalls«, mische ich mich wieder ein, »was ich meine, äh, wisst ihr denn, wo die Mama herkommt?«

»Nein.«

»Na, von der Oma«, sage ich lehrerhaft. »Die Mama war im Bauch von der Oma. Denn die Mama ist das Kind von der Oma. ... Und wo war ich im Bauch? Bei wem?«

»Bei der Mama«, sagt der Große mit dem wissenden Blick eines Unwissenden.

»Nein! Ich war im Bauch von meiner Oma. Äh, Mama. Also von eurer Oma. Die Oma Soest ist ja meine Mama.«

»Hä?«

»Aber bei dir im Bauch war keiner«, entfährt es dem Großen.

»Du hast einfach nur so ein' dicken Bauch«, ergänzt die Mittlere, »aber du kannst na klar kein Kind kriegen.«

»So ist es«, sage ich ungekränkt. Ungekränkt schauend. »Aber ...«, setze ich erneut an, »aber wenn ich jetzt mit der Mama ... äh, oder, vielleicht erst mal so gefragt, was unterscheidet denn ... also, was haben Mädchen, was Jungs nicht haben?«

Beide überlegen kurz, dann ruft die Mittlere: »Armbänders!«

»Genau«, sage ich, »und darum ...«

»Papa?«

»Und darum ist es wichtig ...«

»Papa?«

»Dass Mädchen und Jungs ...«

»Papa, können wir jetzt was gucken?«

»Na klar. Wie viel Uhr ist es denn? Fünf. Passt doch.«

18 Uhr

Abendbrot. Ohne die Mutter. Die ist im Kino. Zwar erst um sieben, aber wer will da … ich meine, es sei ihr gegönnt. Also Abendbrot nur zu viert. Ich freu mich drauf. Das wird gut. Das wird schön. Das wird ein ganz tolles Abendbrot. Das muss man sich einfach nur immer wieder sagen.

Die Kleine lässt alles, was sie sich zunächst euphorisch in den Mund stopft, nach kurzem Kauen wieder aus demselben purzeln und sagt: »Bäh, sauer.« Das finden Groß und Mittel so lustig, dass sie – angestachelt vom Lachen der Geschwister – nach immer mehr Essbarem verlangt. Ich bin längst nicht mehr willens, meine Handmulde als Auffangbecken anzubieten, und gebe ihr widerspruchslos alles mögliche Zeugs. Denn ich muss gestehen: Auch ich finde dieses Theater hier sehr lustig. Alle drei Kinder gleichzeitig lachen zu sehen ist immer ein Glücksmoment. Und ich genieße ihn.

Der Große wird bald sieben, die Mittlere fünf, und die Kleine ist knapp zwei. Interessant. Der Abstand zwischen Groß und Mittel beträgt zwei, zwischen Klein und Mittel fast drei Jahre. Wie konnte das denn passieren? Da haben wir wohl einfach nicht aufgepasst. Vermutlich zu viel Hausarbeit. Nein, jetzt erinnere ich mich: Als wir uns für das dritte Kind entschieden hatten, da war ich gerade beruflich fast vier Wochen am Stück unterwegs. Genau. Und als wir uns ein Jahr später dagegen entscheiden wollten, da war es bereits zu spät. So ungefähr.

18.41 Uhr

Die Mittlere ist strikt dagegen, dass ich ihre sehr langen und sehr dreckigen Fingernägel schneide oder sonst wie mit einem Gerät bearbeite. Also ziehe ich den Dreck unter ihren Nägeln mit meinem kräftigen Zeigefingernagel hervor und schnipse ihn ins Waschbecken. Das ist für sie völlig in Ordnung. »So macht das die Mama auch immer«, sagt sie. Sehr interessant.

20.30 Uhr

Hekto-Pascal sagt, dass er keinen Bock mehr darauf hat, die Rolle des Hausschweins zu übernehmen. Wenn ich ihm weiterhin aus Faulheit alle Essensreste der Kinder auf einen großen Teller kippen würde, dann werde er sich künftig bei der neuen Nachbarin einschleimen und dort essen. »Das mache ich nicht aus Faulheit«, erwidere ich ruhig, »das mache ich nur, um unsere tägliche Riesenmenge an weggeworfener Nahrung zu reduzieren.«

»Dann lass aber wenigstens die Sachen weg, die sie schon im Mund hatten«, fordert er. »Das ist wirklich ekelig.«

»Du hast ja recht«, pflichte ich ihm bei, »heute ist es wirklich besonders viel und besonders matschig. Pass auf. Ich hole dir jetzt etwas Trockenfutter. Und dann such ich noch 'ne Katzenmilch. Und am Schluss teilen wir uns noch ein bisschen Schinken. Abgemacht?«

»Okay.«

22.32 Uhr

Diejenigen Gesellschaften haben mehr Kinder, in denen Frauen keinen Zugang zu Bildung haben. Das steht hier. Schaue meine Frau an und erschrecke. Oh mein Gott, wie viele Kinder hätten wir, wenn sie keine Schule und keine Universität besucht hätte? Zwanzig? Da bin ich doch ganz froh über Bildung als Schwangerschaftsreduzierer. Als Vermehrungsblockierer. Als Empfängnishemmnis. Gute Nacht.

Samstag, 10. Januar

Der Geburtstag meiner Frau dient uns als Anlass, nach Jahren mal wieder in ein Restaurant zu gehen, um uns dort von vorne bis hinten bedienen zu lassen. Das haben wir uns aber auch verdient, sind wir uns einig, womit dieser kurze Absatz bereits viermal das Wörtchen *uns* beherbergt und damit ausdrückt, wem allein dieser Abend gehören soll. Uns.

Die Babyfon-Bewacherin ist pünktlich, das Taxi auch, meine Frau sowieso, ich suche noch mein Telefon. Das Restaurant ist edel, der Wein ist lecker, die Speisen teuer, dafür sind die Portionen angenehm übersichtlich. Dennoch ist etwas übrig geblieben. Die Erklärung dazu ist einfach: »Wir essen ja so spät eigentlich nicht mehr, sondern schon um sechs, mit den Kindern, und weil wir da, also um sechs, schon so einen Hunger hatten, haben wir da natürlich auch schon etwas gegessen, obwohl wir vorhatten, das nicht zu machen«, erzähle ich dem abräumenden Kellner, den das alles sehr interessiert, weil er sich mit seinen Anfang zwanzig gerne jetzt schon jetzt einen Eindruck verschafft über mögliche, spätere, familiäre Essenszeiten. Er lässt sich sein Interesse aber nicht anmerken, Profi wie er ist, und fragt nach einem Dessertwunsch. »Äh, eine Frage noch vorweg: Könnten Sie die Reste vielleicht einpacken? Zum Mitnehmen? Für zu Hause? Für die Kinder. Oder den Kater?«

»Aber selbstverständlich, mein Herr.«

»Toll. Also ich brauche jetzt einen ordentlichen Schnaps«, eröffne ich bauchstreichelnd. Meinen Bauch streichelnd. »Ach komm, dann nehme ich auch einen«, kontert meine Frau.

»Was? Du?«, frage ich überrascht. Und zum Kellner: »Sie trinkt ja eigentlich gar nicht. Aber heute ist ihr Ehrentag. Na, ich bin gespannt.«

»Was ist denn der süßeste Schnaps, den Sie haben?«, fragt sie ungeniert.

»Das ist ein brauner Sambucca. Der schmeckt wie eine extra gesüßte, flüssige Lakritzschnecke.«

»Den nehme ich. Einen Doppelten bitte.«

21.45 Uhr

Der Geburtstag kommt langsam in Schwung. Wer selten Alkohol trinkt, hat mehr davon. Hat mein Vater immer gesagt. Der Wein ist alle. »Herr Ober!«

Schöner Abend. Wir lachen. »Du lachst genau wie der Große«, sagt meine Frau, während sie mit den Fingern in den kleberigen Resten von umgeschüttetem Sambucca herumpatscht. »Und du patschst genau wie die Kleine auf dem Tisch herum«, sage ich, etwas zu laut.

Wir werden zunehmend albern und kindisch. Hektisch springe ich auf und lege den kurzen Weg zur Toilette – genau wie die Kinder – rennend zurück. Meine Frau lacht. Als ich wiederkomme, frage ich sie: »Hast du eigentlich schon das Hirschgeweih gesehen, vorne an der Tür?«

»Das habe ich außerdem schon vor dir gesehen!«, artikuliert sie im Duktus der Mittleren.

»Wer probiert denn jetzt den Nachtisch hier?«

»Okay, ich mach's«, sage ich und schiebe mir einen Löffel mit der undefinierbaren Masse in den Mund. Es schmeckt eher unlecker. Also verziehe ich die Mundwinkel, öffne den Mund, lasse das Zeugs auf den Tisch purzeln und sage: »Bäh, sauer.« Die ganz kurz zuckende Hand meiner Frau war wohl ein Ausdruck für ihren Reflex, das Mus aufzufangen, weil sie es immer so macht und es hier zusätzlich darum ging, einen Peinlichkeitsmoment zu entschärfen. Aber dieser Sambucca verklebt sogar mütterliche Reflexe. Jetzt lacht meine Frau über meinen Quatsch, und ich fühle mich angestachelt, weiterzumachen. »Ich will auch mal«, ruft sie jetzt und löffelt sich einen großen Haufen von dem feinen Zeugs in die lakritzverschmierte Schnute, um ihn nach kurzem Schmecken in ein Sambucca-Glas fallen zu lassen.

22 Uhr

»Wir wollten eh nie wieder herkommen in Ihren Saftladen«, beschimpfe ich den Chef des Restaurants, aus dem uns gerade zwei kräftige Küchenburschen zu drängen versuchen. Da läuft plötzlich Dr. Jäger an uns vorbei, bleibt stehen, schaut mich an und geht weiter. »Glotz nicht so blöd, Jägerken. TAXI!«

23 Uhr

Nee, war das schön! Wie zu unseren allerbesten Zeiten. Wie früher, vor den …, zu den vorfamiliären Zeiten, als … »Stell dir vor, wir hätten noch keine Kinder. Würdest du alles genauso wieder machen?«, frage ich angeheitert und glücklich. »Na klar. Vielleicht nicht mir dir, aber generell …« Den Humor meiner Frau in allen Ehren, aber manchmal fehlt ihr das Gefühl für den richtigen Zeitpunkt.

14. Januar, 16 Uhr

Die Mittlere malt am Kindertisch, der Große langweilt sich. Er kann sich nicht so gut allein beschäftigen. Stattdessen geht er immer wieder zu seiner Schwester, um sich selbst von seiner Langeweile abzulenken und ihre Selbstzufriedenheit in kleinen Schritten zu beenden.

Was malst du denn da? So sieht doch keine Katze aus. Das ist mein Stift. Ich will auch ein Blatt. Das Grün brauch ich jetzt.

Das ist sowohl für den Betrachter als auch für die Betroffene schwer zu ertragen. Meine Sätze dazu: *Lässt du deine Schwester mal in Ruhe malen? Dann setzt du dich an diesen Tisch. Ich geb dir ein Blatt. Die Stifte gehören euch beiden. Dann mal jetzt auch.*

Gehe kurz in die Küche, um einen Apfel zurechtzuschneiden, zwei Sekunden später höre ich zänkisches Geschrei. Eile zurück.

»Was ist denn los?«

»Er hat mir …«

»Ich will nichts hören. Ihr werdet ja wohl …« Der Große tritt die Mittlere unterm Tisch an den Fuß. Die heult auf, als hätte man ihr den Fuß abgehackt. »Jetzt heul doch nicht so.«

»Aber er hat mir …«

»Ja, hab ich gesehen. Und du hörst auf damit. Setz dich mal woanders hin.«

»Nein.«

»Sollen wir zwei mal was spielen?«

»Nein.«

»Lotti Karotti? Oder Uno?«

»Nein. Vorlesen!«

»Ich les jetzt nichts vor. Das macht mich zu müde. Wir können gerne was spielen. Oder puzzeln?«

»Nein.«

»Oder rausgehen.«

»NEIN!«, schreit er. Dabei tritt er ununterbrochen mit dem Fuß an das Tischbein. Ich ziehe ihn am Arm weg, drücke ihn auf den Sitzsack und setze mich daneben. »Hattet ihr eigentlich Sport heute in der Schule?«

»Nein.«

»Sollen wir gleich hier ein bisschen Fußball spielen?«

»Okay.«

»Ich mache eben den Apfel fertig, und dann spielen wir Fußball.«

»Ja.«

Gehe Richtung Küche, bleibe hinterm Türrahmen stehen und spinkse so um die Ecke, dass mich die beiden nicht sehen. Der Große steht auf, geht zur Mittleren und zieht an ihrem Blatt. Dann greift er nach dem Stift, den sie gerade benutzt. Ich gehe dazwischen, ermahne, er rennt weg, gehe wieder Richtung Küche, er wieder zu ihr, tritt an ihren Stuhl, ich wieder hin, er wieder weg, und so weiter. Was hier vielleicht lustig klingt, erhöht meinen Stresspegel unaufhaltsam.

Dieses stumpfsinnige Triezen des friedlich malenden, schwächeren Kindes, dieses Ermahnungen annehmen und im nächsten Moment ignorieren, dieses Grinsen in seinem Gesicht, all das ärgert mich maßlos und irgendwie auch unverhältnismäßig, weil er ja nicht direkt mich angeht, sondern seine Schwester, aber es macht mich hilflos und wütend, weil er mich so hilflos dastehen lässt, und ich merke, wie mein pädagogischer Verstand langsam den Geist aufgibt, obwohl ich alt und klug genug sein müsste, ihn einzusetzen, die Situation zu verlassen, kurz auf den Balkon zu gehen und durchzulüften. Aber ich schaffe es nicht, und das Wesen, das ich wie nichts auf der Welt liebe, hämmert unverdrossen weiter an die relativ fest verschlossene Tür meines aggressiven Potenzials.

Und so trete ich irgendwann dem weglaufenden Sohn im unkontrollierten Affekt so kräftig mit dem Vollspann in den Hintern, dass er auf denselben fällt und aufheult wie ein angeschossenes Tier. Es ist wohl weniger der körperliche Schmerz, der das Geschrei in sehr unangenehmer Länge und Lautstärke verursacht, als vielmehr der Schock des Kindes, den der plötzliche Gewaltausbruch des bisher so friedfertigen Vaters nach sich zieht. Für mich ist es die größtmögliche Niederlage.

Die Mittlere schaut auf und fragt: »Hast du den getreten?«

Beschämt gehe ich zum Großen, der mich wegschlägt, und setze mich auf den Sitzsack. Es dauert eine ganze Weile, bis wir dort gemeinsam sitzen und ich mich entschuldige und erkläre. Es ist irgendwie wieder gut. Aber schön ist es nicht.

19 Uhr
Am Abend nach dem Vorlesen sagt meine Frau zu den Kindern, dass sie mal »richtig Tschüs zum Papa« sagen sollen, weil sie den jetzt vier Tage nicht sehen. »Tschüs, Gemüs«, sagt die Mittlere, »Papa«, die Kleine. Der Große schaut mich an, kommt zu mir und umarmt mich lange. Und zum ersten Mal seit seiner Geburt verursacht er bei mir einen Schauer der Rührung, der mit einer fester werdenden Umarmung und Tränen in den Augen endet.

Sonntag, 18. Januar

Die Mittlere ist beim Turnen auf die Fresse geflogen und hat sich das rechte Handgelenk angebrochen. Als ich am Sonntagmittag von der Tour nach Hause komme, trudelt auch meine Frau mit den drei Rotbäckchen ein, mit denen sie den Vormittag in der Kinderklinik verbracht hat. Die Verletzte zeigt mir stolz ihren bis zum Ellbogen eingegipsten Arm. »Gips doch gar nicht«, rufe ich belustig und ernte eine hochgezogene Augenbraue.

Dann erzählt meine Frau, dass sie ganz tapfer war und gleichzeitig sehr stolz, weil sich alles nur um sie drehte. Ich mache schnell ein paar Nudeln.

Als ich der Verletzten die gekochten Weißmehlspiralen serviere, nimmt sie die Gabel zuerst in die rechte Hand, dann in die linke, überlegt ein bisschen und fragt dann: »Kann ich den Gips zum Essen ausziehen?« Das war wieder einer dieser Momente, in denen man besser nicht lacht, aber nicht anders kann, als laut loszuprusten, was der Stimmung des Mädchens ordentlich schadet.

23. Januar, 11 Uhr

Die Mittlere hat aufgrund ihrer sechswöchigen rechtarmigen Stilllegung aus versicherungstechnischen Gründen keine Erlaubnis, den Kindergarten zu besuchen. Eine Herausforderung für alle Beteiligten.

Als Belohnung für ihr verletztes Handgelenk bekommt sie zahlreiche Geschenke überreicht. Von der einen Oma persönlich, von der anderen per Post, von der Mama über den Paketboten und von Clara in den Briefkasten gestopft. Wenn sie die ganze Geschichte aus diesem Grund abschließend positiv beurteilt, werden wir noch einige Anbrüche und Verstauchungen erleben, denke ich, als ich mit ihr über den Neusser Platz laufe, wo sich das Orakel vom Biomarkt gerade die Lippen nachzieht. Die nicht mehr ganz neue Nachbarin kommt uns entgegen, grüßt freundlich und geht weiter.

»Papa?«, fragt das Mädchen, dessen Arm unter der dicken Jacke nicht zu sehen ist.

»Jaha.«

»Du, Papa, wusste die Frau gerade, dass ich einen Gips habe?«

»Jaha. Das wusste die. Ich habe die gestern schon getroffen und kurz mit der geredet. Und da habe ich ihr das erzählt.«

»Aber Papa!«

»Ja, was ist denn?«

»Und warum hat die mir dann kein Geschenk gegeben?«, fragt sie entgeistert bis empört.

»Das weiß ich auch nicht. Das werde ich sie morgen gleich mal fragen. Das geht doch nicht.«

18 Uhr

Das Abendbrot beginnt, der Große ist noch beim Kindergeburtstag. Die Behinderung der Mittleren macht ihr doch mehr zu schaffen, als anfänglich vermutet.

Meine Frau fragt sie: »Was willst du denn essen?«

Sie: »Nichts.«

»Aha, und du?«, fragt sie nun die Kleine.

»Au nitz«, erwidert die, die gerade alles auch will, was die anderen haben, und sei es auch nichts.

»Na, von mir aus.«

Meine Frau beginnt, sich ein Brot zu schmieren, ich mache mir alte Nudeln warm. Die Mittlere meldet sich und spricht, um sehr viel Aufmerksamkeit zu bekommen, mit sehr wenig Lautstärke. Ein Trick, der mir als Lehramtsanwärter während eines Blockpraktikums vor vielen Jahren empfohlen wurde und dessen Wirkung ich nun eindrucksvoll vorgeführt bekomme.

»Was hast du gesagt?«, fragt meine Frau geduldig nach.

»Will Drot mit Lade«, macht sie nun zusätzlich auf Kleinkind. *Drot* hat sie früher zu Brot gesagt, *Lade* sagt zurzeit die Kleine zu Marmelade. Eine durchaus nachvollziehbare Abkürzung, wie ich finde. Im Gegensatz zu ihren sonstigen Phantasieworten.

»Also noch einmal: Was möchtest du essen?«

»Drot mit Lade«, flüstert sie.

»Sprich vernünftig, vorher helfe ich dir nicht.«

Ich gehe zum Gasherd, um nach meinen Nudeln zu gucken.

»I au«, ruft die Kleine, die natürlich mit möchte zum Feuer.

»Ich will Brot mit Marmelade«, brüllt jetzt die Mittlere ihre Mutter an, die ihr daraufhin ein Brot schneidet und es ihr auf den Teller wirft. Ich stehe derweil mit der Kleinen auf dem Arm am Herd und bugsiere die heißen Nudeln aus der Pfanne direkt auf meinen Teller und die andere Hälfte in das heiße Gasgitter.

»Und wo ist jetzt die Marmelade?«, will die Mittlere wissen.

»Es gibt abends keine Marmelade.«

»DOCH!«

Ich beginne die Nudeln zu essen, die Kleine guckt mich an und sagt: »I au.« Ich gebe ihr eine, die sie prompt aus dem Mund fallen lässt, weil sie angeblich zu heiß ist. Die Mittlere bohrt Löcher in ihre Vollkornscheibe, meine Frau isst ein Brot mit Frischkäse. »I au«, ruft die Kleine in Richtung Frischkäse und bekommt von meiner Frau die halbleere Plastikverpackung vor die Nase gesetzt, die sie sofort eifrig auslöffelt. Während der Überlegung, ob ich das cool oder abartig finde, streue ich mir Pfeffer auf die Nudeln und empfange von links ein deutliches »I au.«

»Das ist nichts für Kinder. Das ist Pfeffer. Der ist ganz scharf.«

»I au, i au.«

»Nein.«

Sie beginnt zu heulen, ich ergebe mich und streue ihr also

doch ein ganz bisschen Pfeffer auf einen Löffel mit Frischkäse, den sie mit Tränen in den Augen isst und dann wieder losheult, weil das ja wirklich scharf ist, wie der Papa gesagt hat.

Meine Frau kapituliert beim Marmeladen-Kampf. »Ausnahmsweise«, sagt ihre zerbröselte Konsequenz und schiebt der Mittleren das Glas vor die Nase. Der Grund für ihr Einknicken ist sicherlich die Überlegung, dass ein gar nicht essendes Kind den ganzen Abend lang über Hunger klagen wird, bis man ihm am Ende doch noch eine Scheibe Brot ins Bettchen wirft.

Meine zweite Nudelportion könnte ein bisschen Salz vertragen und ich überlege allen Ernstes, sie unbemerkt, versteckt, hinter vorgehaltener Hand zu bestreuen. Das ist mir dann aber doch zu blöd, woraufhin das kleine I-au-Monster, das mittlerweile auch ein Marmeladenbrot vor sich hat, dieses Brot mit reichlich Salz bestreut, probiert und alles wieder ausspuckt.

»Ich hole mal den Großen ab, hoffentlich ist der schon satt«, reime ich zum Abschied in die Runde, in welcher nun die Mittlere ihr zweites Marmeladenbrot isst und die Kleine auf dem mütterlichen Schoß auf und ab wippt und ihr das Brot mit Schinken wegfrisst.

Mittwoch, 28. Januar, 9 Uhr

Lese in meiner liebsten Elternzeitschrift einen mehrseitigen Artikel über die Möglichkeiten der geschlechtsneutralen Erziehung. »Erziehen wir unsere Kinder zu Rosa und Blau, oder suchen sie sich das selbst aus?« So ungefähr lautet die provokante Streitfrage. Wahrscheinlich ist es wieder irgendetwas dazwischen, so wie immer bei Schwarz-Weiß-Überschriften, denke ich genervt und lese dann doch interessiert weiter. Es wird berichtet von einem Versuch mit Zweijährigen, denen man ein Mobiltelefon zum Spielen gab. Anschließend befragte man die Eltern. Bei Jungs wurde eine starke Beschäftigung mit dem Gerät als technisches Interesse gewertet, bei Mädchen als Spaß an dem bunt leuchtenden Bildschirm. Interessant. Die unterschiedlichen Zuschreibungen entsprechen unbewusst dem geschlechtsspezifischen Erziehungsstil und werden am Ende zur sich selbst erfüllenden Prophezeiung. Nämlich dann, wenn der Junge nerdiger Ingenieur wird und das Mädchen eine farbenfrohe Quasselstrippe. Soso. Für manche liegt die Motivation für eine neutrale Erziehung darin, ein nicht auf Heterosexualität beschränktes Weltbild zu vermitteln. Sieh an. Bei Zweijährigen spielt das aber noch keine Rolle. Aha. Eine komplett objektive und vorurteilsfreie Förderung hält die am Schluss interviewte Geschlechtsforscherin für krampfig, unsinnig und auch unmöglich. Ja, danke.

Die lesbische Frau aus der Nachbarschaft betritt das Café, im Schlepptau ihre zwei Kinder, die sofort in die Spielecke verschwinden. Zufälle gibt's.

»Morgen«, begrüße ich sie.

»Ach, hallo.«

»Was ist los, kein Kindergarten heute?«

»Nein, die streiken doch.«

»Ach ja.«

»Bei euch nicht?«

»Nein, unsere sind doch nicht in einem Städtischen.«

»Ach ja?«

»Sondern in einem Evangelischen.«

»Ach so, ja. Die Kleine auch schon?«

»Ja.«

»Seid ihr denn evangelisch?«

»Nein.«

»Katholisch?«

»Nein.«

»Gar nicht getauft?«

»Nein. Ich meine ja, gar nicht getauft.«

»Aber ist der Große nicht auf der katholischen Grundschule jetzt?«

»Jaja.«

»Aber das ist euch egal.«

»Ja.«

»Soso.«

»Wir haben ja nichts gegen Religion in dem Sinne. Und so lernen sie ja irgendwie beide christlichen Dinger kennen.«

Sie hat derweil ihre Jacke ausgezogen und setzt sich an den Nebentisch. »Also, alles Katholische käme für uns ja nicht infrage«, erzählt sie mir.

»Ja klar«, sage ich, »das ... das ist ja ... äh, auch klar. Wegen ... na ja, dem ganzen ...«

»Genau.«

»Aber insgesamt tut sich da doch einiges, oder?«

»Na ja.«

»Will Irland nicht bald die Einführung der Homosexualität, äh ...«

»Der Homoehe. Aber die katholische Kirche ist natürlich dagegen. Sag mal, kommt hier jemand an den Tisch oder muss man vorne hingehen?«

»Da kommt jemand.«

»Gut.«

Ich nehme meine Zeitschrift wieder in die Hand, rede aber weiter mit ihr. »Ach ja, die Katholen«, sage ich abschätzig, »können einfach nicht aus ihrer Haut, was?«

»Keine Ahnung«, erwidert sie.

»Erzieht ihr eure Kinder eigentlich neutral?«

»Wie, neutral?«

»Na ja, ihr habt doch Junge und Mädchen.«

»Ja.«

»Und schafft ihr das, die genau gleich ... also wollt ihr das überhaupt ...«

»Weil wir zwei Frauen sind, oder was?«

»Nein, einfach weil ihr …«

»Du willst wissen, ob wir zwei Frauen die Kinder wie zwei Mütter erziehen?«

»Nein.«

»Ach komm. Das wollen alle wissen!«

»Nein. Meine Frage war, ob das Mädchen eher …«

»Du willst wissen, wer von uns eher einen männlich einge- stuften Erziehungsstil pflegt?«

»Was? Nein. Ich wollte einfach … weil, ich habe hier ge- rade einen Artikel gelesen …«

»Mama!«

»Über …«

»Mama.«

»Ich komme! Ich muss mal rüber. Bis später.«

»Alles klar.«

Das Thema ist einfach auch zu kompliziert, um es in einer kleinen Frühstücksplauderei abzuhandeln.

10 Uhr

Bin im Biomarkt und lege einen riesigen Haufen loser Äpfel, Bananen, Birnen und Möhren aufs Band. »Wieso nehmen Sie denn kein Tütchen?«, fragt die Kassiererin verständnislos. »Darf ich nicht«, erwidere ich genervt. »Wegen meiner Frau und we- gen der Umwelt, wegen der Meere und wegen der Fische. Es gibt Plastik-Inseln im Pazifik, die sind so groß wie Europa.«

»Ist ja gut«, beruhigt mich die Frau. »Aber dann legen Sie doch beim nächsten Mal nur den Apfel mit dem Preisaufkleber aufs Band.«

»Mach ich.«

Verlasse den Laden, will Karla einen Apfel schenken, doch die redet mit Andreas. Dann ess ich ihn eben selber.

12 Uhr

Schneide zwei Schalotten fürs Mittagessen. Meine Frau sitzt am Küchentisch. Ach ja: Übermorgen hat die Mittlere Geburtstag. Das fällt mir wieder ein, als ich sehe, wie meine Frau eine Puppe mit langen blonden Zöpfen in Geschenkpapier einwickelt.

»Was ist das?«, frage ich sie.

»Das ist die Eiskönigin. Hat sie sich gewünscht.«

»Aha.«

»Was ist denn?«

»Warum schenkst du ihr eigentlich nicht was Jungstypisches?«, will ich wissen.

»Warum soll ich ihr was Jungstypisches schenken?«

»Warum schenkst du ihr eigentlich nicht etwas Jungstypisches?«, wiederhole ich stur meine Frage, die ich nicht mit einer Gegenfrage beantwortet haben möchte.

»Boah, du nervst vielleicht mit deinem Gegenfragen-Getue. Warum soll ich ihr denn etwas Jungstypisches schenken?« Dazu sage ich gar nichts. »Okay«, fährt sie fort, »ich schenke ihr nichts Jungstypisches, weil ich weiß, dass sie sich hierüber mehr freuen wird als über irgendein Bauarbeiterset oder Laserschwert.«

»Glaubst du nicht«, gebe ich zu bedenken, »dass du durch solche Geschenke ihr glitzeriges rosa Mädchen-Getue unterstützt, förderst und am Ende so verfestigst, dass sie gar nicht mehr anders kann, als eines dieser typischen blöden Girlies zu werden?«

»Hast du wieder irgendwas gelesen heute Morgen, oder was ist los?«

»Nein! Ich frage mich einfach nur …«

»Natürlich hast du was gelesen.«

»Ich frage mich einfach nur, warum man dieses Kind als Mädchen erzieht.«

»Weil es ein Mädchen ist?«

»Ja. Das ist richtig. Aber vielleicht … ist sie ja auch lesbisch.«

»Hä? Jetzt schon? Dann wäre sie aber immer noch ein Mädchen.«

»Ich meine doch nur, dass man aufpassen muss, was die Vergeschlechtlichung angeht.«

»Was ist das denn?«

»Na ja, das man eben guckt, dass sie nicht in die männlich dominierte Geschlechterrolle rutscht. Bob, der Baumeister zum Beispiel, der kann alles, packt alles an, sagt: Ja, wir schaffen das. Das sollte doch auch ein Vorbild für Mädchen sein.«

»Sagt das nicht ›Der kleine rote Traktor‹?«

»Das ist doch jetzt egal! Dieser Puppe jedenfalls kann man doch höchstens die Haare kämmen.«

»In der Eiskönigin geht es überhaupt nicht um mädchenhaftes Benehmen oder so etwas«, belehrt mich meine Frau, und ich muss zugeben, dass ich die Geschichte gar nicht kenne. »Ich finde es ja richtig, sich mal zu hinterfragen in der Beziehung«, schiebt sie dann nach.

»Ja?«

»Und ob man durch andere Geschenke die Kinder in eine noch offenere Richtung erziehen kann.«

»Das meine ich ja! Vielleicht haben es diejenigen Kinder später leichter beim Coming-out, die von vornherein alles mitgekriegt und erlebt haben und in alle Richtungen gefördert wurden.«

»Coming-out?«

»Ja. Das kommt bestimmt früher bei denen.«

»Was?«

»Das Coming-out. Ist doch viel besser, wenn man das möglichst früh macht, und nicht erst normal heiratet, Kinder kriegt und dann irgendwann merkt …«

»Merkst du gerade, dass du schwul bist?«

»Was? Nein! Ich will nur …«

»*Willst* du, dass sie lesbisch wird?«

»Nein. Aber wir dürfen auch nichts dagegen haben.«

»Ich *habe* nichts dagegen.«

»Na, dann ist ja gut.«

Das Nudelwasser sprudelt, die Schalotten schwitzen, wir schweigen. »Dass du kochst zum Beispiel«, durchbricht meine Frau die Stille, »das ist für den Großen ein ganz toll vorgelebtes, unkonventionelles Rollenbild.«

»Ich weiß.«

»Der wird später auch kochen.«

»Der wird hoffentlich was Vernünftiges arbeiten um diese Zeit.«

»Ja, stimmt. Als Baumeister oder als Krankenschwester?«

»Das ist mir völlig gleich.«

»Wo bist du eigentlich übermorgen, an ihrem Geburtstag?«

»In Passau.«

»Ach, schön. Da kommst du ja bestimmt nachher noch nach Hause zum Aufräumen.«

»Aber klar.«

»Und fährst dann von hier weiter nach Regensburg.«

»Sehr gerne.«

Solange der Humor geschlechterübergreifend ist, denke ich, sind Rollenbilder doch gar nicht so wichtig.

11. Februar
Innerhalb von elf Tagen sind die Mittlere fünf und der Große sieben geworden. Herzlichen Glückwunsch an alle Beteiligten.

Veilchendienstag, 17. Februar, 14 Uhr
Die bisherigen Karnevalstage haben wir alle schadlos überstanden. Heute nun steht der Höhepunkt der jecken Zeit auf

dem Programm, der Zug durchs Viertel, der sogenannte *Vee-dels-Zoch*. Das Ritual verlangt, an diesem Tag dicht gedrängt am Straßenrand zu stehen und haushohe selbst gebastelte Wagen mit alten verkleideten Männern an Bord anzuschreien, um anschließend mit billiger Süßware beschmissen zu werden. Auch die Laufgruppen zwischen den Wagen werden von vielen goldenen Kinderkehlen dazu angehalten, den Zuckerkram aus ihren Stoffbeuteln in die gierig grapschende Menschenmenge zu schleudern. Der Große kann an diesem Tag noch so viel grapschen und greifen, noch so flott und flink flitzen und durch Beine robben, den größten Anteil des süßen Schatzes bekommt definitiv die Mittlere in ihre Tüten gesteckt, weil sie mitleiderregend mit gut sichtbarem blauen Gips über der roten Jacke dasteht und einfach nur zuckersüß schaut.

15 Uhr
Sind mit sehr vielen anderen Verkleidungskünstlern auf dem zentral gelegenen Viertelsspielplatz und trinken Kölsch aus Flaschen. »Ich finde das nicht gut, dass Sie hier Bier trinken, Herr König«, zischt mich plötzlich die wie immer aus dem Nichts herbeigeschneite alte Frau von schräg gegenüber an. »Sie sollten doch ein Vorbild sein. Für die Jugend. Für Ihre eigenen Kinder. Und was machen Sie? Sie trinken Bier auf dem Spielplatz.«

»Hallo, Frau Schmitz, wie haben Sie mich denn erkannt?«, frage ich sie so, wie man nun einmal fragt, wenn man verkleidet und leicht angeheitert auf einem Spielplatz mit vielen anderen Eltern als Zuschauern auf eine alte Ewiggestrige stößt. Etwas zu laut und leicht überheblich.

»Sie sollten sich schämen«, ruft sie jetzt, »das hätte es früher …«

»Wo ist denn Ihr Kostüm, junge Frau«, unterbreche ich sie. »Sie müssen doch nur die alte Uniform von Ihrem Mann anziehen, und schon sind Sie von Ihren braunen Gesinnungsbrüdern kaum noch zu unterscheiden.« Doch da ist sie auch schon verschwunden, wie sie gekommen war, schnell und unauffällig.

»Wer war das denn, Papa?«, fragt der Große.

»Das war ... äh, das ... war die Frau vom alten Petersson.«

16 Uhr

Wir haben den gesammelten Süßkram aus den fünf Stoffbeuteln auf den Küchentisch geschüttet und sortieren ihn nun in drei Kartons mit den Aufschriften »aufbewahren«, »jetzt essen« und »weg damit, isst eh keiner«. Meine weise Frau wirft das Gros der Sachen in den letztgenannten. »Die Sachen kann ich verschenken. An Karla, oder so«, argumentiere ich gegen ihre Wegwerfmentalität. »Von mir aus«, bekomme ich zu hören.

17 Uhr

»Papa? Mir ist schlecht.«

»Mir ist auch schlecht.«

»Aber Kinder, es gibt gleich Abendbrot.«

»Ich geh mal kurz in den Wäschekeller.«

»Wo warst du denn bis gerade?«

»Ich war oben mit deiner Tochter. Die hat alles vollgekotzt.«

»Oh. Ja, die beiden hier kotzen auch gleich.«

»Dann hol schon mal einen Eimer.«

»Wieso eigentlich *deine Tochter*?«

»Was?«

»Es ist genauso deine Tochter.«

»Ich höre dich nicht mehr.«

»Und immer, wenn sie etwas Blödes macht, wie zum Beispiel kotzen, dann wird sie ganz schnell zu meiner Tochter ... aber egal.«

»Papa?«

»Jaha.«

»Ich brauche einen Lappen.«

»Was stinkt denn hier so?«

»Ich auch.«

»KANNST DU ZWEI EIMER MITBRINGEN AUS DEM KELLER?«

Montag, 23. Februar, 9.30 Uhr

»Wieso müssen eigentlich alle versuchen, ihre alten Kamelletüten bei mir loszuwerden?«, pampt mich Karla an, als ich ihr meinen Beutel unter die Nase halte. »Ehrlich. Das verstehe ich nicht. Seit einer Woche geht das jetzt so. Seh ich so aus, als würd ich alles fressen, oder was? Das schmeckt doch nicht mehr. Das hat auch schon vor zwei Wochen nicht geschmeckt. Guck dir das mal an hier. Zertretene No-Name-Produkte, total hartes Schaumgummi, ehrlich, was soll ich damit? Bin ich euer Müllschlucker, oder was? Nichts für ungut, Johann, aber da kriege ich echt das Kotzen.«

Ich gehe weiter und schütte die Sachen in den nächsten Abfalleimer.

10 Uhr

»Na, du siehst aber gut aus heute«, begrüße ich meine Frau, als ich vom Einkauf wiederkomme.

»Oh, danke«, antwortet sie. »Ich fasse das mal als Kompliment auf, auch wenn das *heute* ein bisschen komisch anmutet.«

»Nein, so mein ich das gar nicht. Einfach schön. Was hast du vor?«, will ich wissen.

»Gar nichts. Also nichts Besonderes.«

»Hallo, Papa«, empfängt mich die Mittlere. »Guck mal, was ich gemalt habe.«

»Oh, schön.«

»Weißt du, was das ist?«

»Äh, nein. Oder doch, warte mal. Ein Mann. Und ein Kind.

Und der Mann hat ein Messer in der Hand. Ah, ich weiß, das sind wir beide.«

»Nein! Das ist Dr. Jäger. Der mir den Gips abmacht. Da fahren wir jetzt hin.«

»Aha.«

»Endlich kommt mein Gips ab!«

»Super. Das wusste ich ja gar nicht.«

»Steht im Kalender«, informiert mich meine rotlippige Frau und zieht den schicken Mantel an.

»Aha. Und da fahrt ihr jetzt hin?«

»Genau.«

»Und dafür machst du dich so schick?«

»Ich hatte einfach Lust dazu.«

»Aha.«

»Und danach wollten wir vielleicht noch in den Zoo.«

»Aha.«

»Und noch kurz in die Stadt, sie braucht dringend neue Schuhe. Wir würden dann auch da was essen.«

»Aha.«

»Wenn du noch einmal *Aha* sagst, schreie ich.«

»Ah so. Na dann sag ich mal: Bis später.«

»Ach ja, und du müsstest dann allerdings die Kleine um eins abholen.«

»Aha.«

»Tschüss.«

»Tschüss, Papa.«

Einige Zeit später
Stehe mit einem Ohr an die Tür gepresst vor Dr. Jägers Behandlungszimmer und höre verdächtige Geräusche. Sehe mich gleichzeitig im Praxisflur um. Hinten auf einem Stuhl sitzt die Mittlere ohne Gips und spielt ein Steckpuzzle. »Wo ist denn die Mama?«, frage ich sie.

»Die ist noch bei Dr. Jäger drin«, antwortet sie gleichgültig.

Na, wartet. Jetzt hab ich euch. Hole mein Telefon aus der Tasche, schalte die Videofunktion ein und nehme einen kurzen Anlauf. Als ich mit der Schulter nach vorn durch die Tür stürmen will, wird diese aufgerissen und ich stolpere über einen Stuhl ins Behandlungszimmer.

»Herr König, warum so stürmisch?«, lacht mir Dr. Jäger entgegen, während meine Frau auf der Liege sitzt und sich die Bluse zurechtzuppelt. Das Licht ist gedimmt, es riecht nach Schweiß.

»Was machst du denn hier?«, fragt meine Frau unerschrocken.

»Ich wollte einfach mal sehen …«

»Gut, dass Sie kommen, Herr König. Ich habe gerade bei Ihrer Frau die U30 gemacht.«

»Was?«

»Eine Vorsorgeuntersuchung speziell für hübsche Frauen.«

»Ja, und?«

»Ihrer Frau geht es blendend.«

»Aha.«

»Was ihr fehlt, ist ein bisschen mehr Liebe. Hahahahaha.«

Mit weit aufgerissenem Mund lacht Dr. Jäger sein schallendstes Gelächter. Und da, wo bei normalen Menschen das Zäpfchen ist, da ist bei ihm eine kleine Glühbirne. Und so kulminieren der Spott seines Lachens und der mundgroße Lichtspot zu einer näher kommenden, blendenden Bedrohung. »Hahahahahahahhaaaaaaaaa«, schallt es mir entgegen. »NEIIIIIIIIIIIII-NNNNNNN«, rufe ich schließlich und haue mit der Hand gegen die Lichtquelle. Da fängt die Kleine neben mir an zu heulen, der ich soeben die Taschenlampe aus der Hand geschlagen habe. Oh nein. Es tut mir leid. Offensichtlich hatte sie unseren gemeinsamen Mittagsschlaf vor mir beendet und mich mit der kleinen Kinderlampe wecken wollen. Ich öffne den Vorhang und schaue auf die Uhr. Es ist viertel nach drei. Alles wird gut.

Mittwoch, 18. März, 8.06 Uhr

Sitze im Café und streiche mir fortwährend über die Oberschenkel. Ein kühler, feiner Nieselregen hat meine Hose gleichmäßig angefeuchtet. Mit den heißen Handinnenflächen versuche ich jetzt, sie trocken zu bügeln. Die Bedienung wirft mir einen entsprechenden Blick zu und verstrickt mich in einen kurzen Dialog, den ich so effektiv wie möglich gestalte: »Fies draußen, was?«

»Ja.«

»Wie immer?«

»Ja.«

»Croissants dauern noch.«

»Okay.«

»Zeitung kommt.«

»Gut.« Ich bin der erste und bisher einzige Gast. Physisch präsent, geistig im Dämmerzustand. Seit einer Stunde bin ich jetzt wach. Und die folgende Stunde dient allein dazu, geduldig und behutsam die zähe Müdigkeit aus dem Körper zu vertreiben. Stumpf und unfokussiert starre ich ins matte Grau der langsam erwachenden Hauptgeschäftsstraße. Die Wege und Verhaltensweisen der kommenden Menschen sind mir mittlerweile schablonenartig ins Morgenhirn geritzt. Gleich kommt der Grauhaarige, der vorne rechts von mir sitzt und auf seinem Kleinrechner die Digitalausgabe der *Süddeutschen* liest, dann kreuzt ein schicker mitteljunger Mann auf und holt sich einen Cappuccino zum Mitnehmen. Als Nächstes tritt die schwarzhaarige Frau herein, der ich immer die ausgelesenen Zeitungsblätter herüberreiche, dann erscheinen die beiden Schornsteinfeger, die fix das schnellste aller Kölner Presseorgane durchblättern und über den FC palavern. Und anschließend rückt die kinderwagenschiebende Boulevard-Redakteurin des ortsansässigen TV-Senders an und durchpflügt berufsbedingt das mitgebrachte Revolverblatt, das hier freiwillig nicht ausgelegt wird. Dass es langsam dem Ende meines Aufenthaltes zugeht, erkenne ich stets daran, dass der Betreiber vom Café nebenan seinen Kombi in der Ladezone parkt, um diverse Kisten, Kartons und Aluminiumwannen in seinen erst um neun Uhr öffnenden Konkurrenzbetrieb zu schleppen.

Zwischendurch treten immer wieder auch andere Menschen in Erscheinung, aber erst ein regelmäßiges Auftauchen über Wochen, besser Monate, befördert sie in mein selektives Schema, das ich mir als festen Halt für den schwammigen Tagesbeginn angelegt habe.

Um zehn vor neun deponiere ich das abgezählte Geld auf dem Tisch und verabschiede mich großräumig. Beim Rausgehen an diesem Morgen nehme ich auf einer Eckbank zwei Gestalten wahr, die mir bekannt vorkommen, allerdings nicht von hier. Ich sage »Hallo«, und bleibe dann kurz stehen. »Hallo«, erwidern sie freundlich und blicken mich an. »Ihr seid doch die … äh, von …«, stottere ich herum und ärgere mich im selben Augenblick darüber, überhaupt stehen geblieben zu sein. Der Grund fürs Stehenbleiben lag natürlich in der Unsicherheit begründet, sie zu kennen, ohne zu wissen, woher, und gleichzeitig zu mutmaßen, dass ein haltloses Weitergehen eventuell als unfreundliches Benehmen gewertet würde. Vielleicht sind die beiden mir oder meiner Frau ja so bekannt, dass zügiges Weitergehen den Eindruck von Unnahbarkeit oder Arroganz, im besten Falle Kauzigkeit nach sich gezogen hätte. Woher soll ich das denn alles wissen? Es ist noch nicht mal neun. Und warum ist mir das nicht egal?

Die beiden helfen mir jedenfalls weiter und sagen: »Genau. Wir sind die Eltern von Janis. Der ist zusammen mit deiner mittleren Tochter in der Sonnenblumengruppe.«

»Ach ja«, sage ich reflexartig. Und dann erinnere ich mich tatsächlich. Er ist Grundschullehrer und sie die extrem hübsche, sehr strenge, blonde, perlohrringtragende, zu ihm und ihrem Beruf optisch wie auch menschlich völlig unpassende Direktorin an derselben Schule. So unsere Kurzanalyse beim letzten Weihnachtsfest. Und Janis ist das auffällig ungezogene, übergewichtige und einzige Kind der beiden, das wir spaßeshalber als alleinerziehend bezeichnet haben.

Es rattert. Aber warum sind sie jetzt nicht in der Schule? Super! Das frage ich sie einfach. »Und? Habt ihr frei heute, oder ...«

»Ich habe mir heute freigenommen«, erklärt sie.

»Und ich habe montags immer erst ab der achten Stunde«, fügt er hinzu.

»Aha.«

»Ja, das ist total nervig. Dann bin ich immer total spät zu Hause.«

»Aha.«

»Dafür kann ich aber am Dienstag schon um zwölf gehen.«

»Ja?«

»Ja. Das ist der aktuelle Stundenplan. Der sich aber jedes Halbjahr wieder ändert. Na ja.«

»Ja, ja«, bemerke ich abschließend, »flexibel ... äh, ...bilität. Na dann ... Tschö.«

Was für ein Heiopei, denke ich, als ich die Straße überquere, und meine damit natürlich mich selbst. Meine morgendlichen Fähigkeiten zum Kurzgespräch sind oft erst zur Mittagszeit völlig entfaltet. Das ist mir seit Jahren bekannt. Und trotzdem bleibe ich immer wieder an solchen Stolpersteinen hängen, die am Ende nichts anderes sind als projizierte Erwartungsfallen.

Freitag 24. April, 15.15 Uhr

»Papa?«

»Ja, mein Großer.«

»Der Jeremy hat Gündogan in Glitzer.«

»Nein!«

»Doch! Hab ich gesehen.«

»Ja, okay.«

»Ich hab den nur in normal.«

»Soso.«

»Aber ich hab Timo Horn in durchsichtig.«

»Oh, zeig mal.«

»Hier.«

»Schön.«

Was sind doch die Fußballkartenhersteller für gewiefte Arschgeigen. Es gibt doch tatsächlich jeden Spieler in normal, durchsichtig und in Glitzer. Das verdreifacht ihre Einnahmen und meine Ausgaben. Widerlich.

Sonntag, 26. April, 16.30 Uhr

Haare schneiden tut nicht weh. Das musste schon Supergrobi lernen. Aber was ist mit Haare waschen?

Um der Mittleren das Abschneiden der verfilzten Haarenden zu ersparen, will meine Frau die seit einer guten Stunde angekündigte Haarwaschung nun endlich in Angriff nehmen. Der Ausdruck »in Angriff nehmen« passt hier sehr gut, denn die sich im Kopf des Kindes zu einem grausamen Monster aufgeladene Prozedur hat bei ihr eine Verteidigungskraft entwickelt, die nicht von schlechten Eltern ist. Jetzt ist eine exzellente Strategie gefragt, um diese Kraft zu überwinden. Diese Strategie lautet:

1. Ruhiges, argumentatives Zureden mit Dingen wie »geht auch ganz schnell«, »tut nicht weh«, »musst dir den Waschlappen einfach ganz fest auf die Augen drücken«, »sonst müssen wir dir die Haare ganz kurz schneiden«

und »danach könnt ihr auch was Süßes« oder – je nach Uhrzeit – »danach könnt ihr auch was gucken«. Zur Erinnerung: Diese Methode wird bereits seit längerer Zeit angewandt.

2. Ausnutzen der anatomisch vorgegebenen Kräfteverhältnisse mit Priorität auf der Umleitung der Gegner-Energie zugunsten der eigenen Ziele.

»Soll ich irgendwas tun?«, frage ich leicht besorgt die Frau, die gerade sehr tief einatmet.

»Nein, nein. Ich mach das jetzt. Die haben wir vor vier Wochen zuletzt gewaschen. Das geht so nicht.«

»Wie du meinst«, sage ich und verkrümele mich zu dem Großen aufs Sofa, der dort immer noch mit leidendem Blick seine beiden großflächig aufgeschürften Knie bewundert, die er als Erinnerung an das morgendliche Aschenplatzturnier mitgebracht hat.

Nebenan wird die Schlacht eröffnet, und ich schließe zur Geräuschdämpfung eine weitere Tür.

16.45 Uhr

Nach zehn Minuten Gebrüll, Geschimpfe, Gestampfe und Geplansche lässt meine Frau den Duschkopf fallen und nimmt die Treppe nach oben. »Machst du den Rest?«, fragt sie völlig fertig.

»Na klar.«

»Ich brauch mal kurz eine Auszeit auf dem Balkon.«

»Natürlich.«

»Warum grinst du denn so?«

»Ich freue mich bloß, dass ich gar kein Blut sehe hier im Bad.«

»Wieso?«

»Für mich klang das ja eher wie eine Beschneidung.«

»Sehr witzig. Bis später.«

Trage das mittlere Kind im Handtuch eingewickelt aufs Sofa zum großen Schürfwundenforscher und schalte den Fernseher ein. Da fragt sie mit zitternder Stimme: »Können wir jetzt ein Eis?«

»Aber klar«, sage ich.

»I au Eis«, ruft daraufhin die Kleine, die ich total vergessen hatte, weil sie eine lange Zeit lang mit der Verkleidungskiste beschäftigt war und uns durch die Verteilung aller Verkleidungssachen auf dem Boden endlich mal zeigt, wie viel von dem Zeugs wir eigentlich haben.

»Warum heulst denn du so rum? Heulsuse. Nur wegen Haarewaschen? Voll die Heulsuse.«, höre ich noch, wie der aufgeschürfte Große in der kleinen Psyche der labilen Mittleren herumstochert, während ich zum Eisfach eile. Mit drei Gummibärcheneisen komme ich zurück und werde von einem lautstarken Aufheulen des Gefoulten empfangen, den die schmerzhafte Erinnerung an den Sturz auf dem Aschenplatz wieder einholt, als ihm die Kleine das Ritterschwert unmotiviert auf die dünne Kruste hämmert. Ich tröste ihn und verteile die Eise. Die Kleine zeigt auf den Großen und sagt »Aua Bein«, ich schimpfe sie aus, und sie heult beleidigt los. Die Mittlere fragt, wann ich die DVD endlich anmache und wohin der Müll soll. Der Große möchte ein Taschentuch und ein Pflaster, die Kleine haut mir ein Eis aus der Hand.

Oft hört man ja, dass ein Leben mit Kindern total nervig ist. Ständig Geschrei, Zankerei, man muss immer schlichten, sie bedienen und erhält keinen Dank. Wenn man dann aber Kinder hat, dann merkt man: In Wirklichkeit ist das alles noch viel, viel schlimmer.

Jetzt sitzen die drei Arschkrampen endlich ruhig auf dem Sofa, weil ein Produkt namens *Tom & Jerry, DVD 1, Folgen 1–8* sie von einer Sekunde auf die andere hinfortbeamt in eine andere Welt. In die unfassbar lustig anzusehende Welt zweier sich immerfort triezender, verletzender, provozierender und hassender Rivalen, die ohne einander nicht leben könnten.

17.00 Uhr
Meine Frau kommt herein und sagt erstaunt: »Ich dachte, Eis *oder* was gucken.«

»Alles klar bei dir?«

»Weißt du, wie spät es ist?«

»Ja, dann …«

»Oh, die brauchen eine Schüssel, sonst kleckern die alles voll.«

»Hol ich.«

»Und was stinkt hier so? Hast du mal in ihre Windel geguckt?«

»Ich?«

Dienstag, 5. Mai, 8.45 Uhr
In der Studie einer israelischen Soziologin kam heraus, dass einige bis viele Frauen ihre Mutterschaft bereuen. Unter dem doppelkreuzmarkierten Schlagwort *RegrettingMotherhood* entstand eine netzweite Debatte über diesen angeblichen Tabubruch. Dabei wurden von diesen Frauen ausdrücklich nicht die Kinder bereut, sondern die Mutterschaft und ihre Folgen. Wie auch immer frau das trennen kann. Oftmals ziehen die Kinder ihre Mütter aus dem Berufsleben heraus, sodass das menschliche Grundbedürfnis nach Anerkennung extrem eingeschränkt wird. Wenn die berufliche Anerkennung wegfällt, wer bleibt dann übrig als Lob- und Respekt-Lieferant? Die Kinder? Die Mutter? Der Mann? Die Freundin?

Ich als Vater kann sagen, dass ich die Vaterschaft nicht eine Sekunde bereut habe. Kinder sind einfach wunderbar. Etwas ganz Wunderbares. Ein … keine Ahnung, *ein notwendiges Übel auf dem Weg zum Glück* hätte ich jetzt fast gesagt, aber das trifft es nicht. Nicht ganz. Wenn ich meine berufliche Laufbahn hätte einschränken müssen wegen der Kinder, dann sähe die Sache vermutlich anders aus. Aber das ist Theorie. »Je ne regrette rien«, würde ich am Ende meines Lebens am liebsten mit Edith Piaf singen, aber wer möchte das nicht?! Regretting-Motherhood? Ich lehne ja generell jede Form der Verschlagwortung ab. Mutterschaft. Klingt ein bisschen nach Herrschaft einer Mutter. Dabei werden wir ja wie bereits erwähnt seit vielen, vielen Jahren von einer Frau regiert, die Mutti genannt wird. Und die dabei kinderlos ist. Das muss man sich mal vorstellen. Unsere Bundesmutti ist laut Forbes die mächtigste Frau der Welt. Und sie formt mit beiden Händen eine Raute vor ihrem Bauch. Genau auf der Höhe der Plazenta. Ein leeres Viereck da, wo nie ein Kindlein war.

Lege meine Gedanken beiseite und schaue wieder aus dem Café-Fenster.

Donnerstag, 21. Mai, 17 Uhr
Ein überfülltes Flüchtlingsboot aus Nordafrika ist auf dem Fernsehbildschirm zu sehen. Die Nachrichten sind ja eigentlich nichts für Kinder. Ich sage, dass diese Menschen fliehen, weil in ihrem Land Krieg herrscht. Die Mittlere sagt: Wir müssen eine Tür in den Fernseher bauen, damit die Leute zu uns kommen können.

Freitag, 22. Mai, 19 Uhr
Morgen ist das Pfingstturnier des Großen. Mit Übernachtung. Habe das Auto mit dem Nötigsten vollgepackt: zwei Schlafsäcke, zwei Klappmatratzen, zwei Stühle, zwei Taschenlampen, Tischchen, Taschenmesser, Fußballtor, drei Bälle, Ballpumpe, Feuerschale, Feuerholz, Grill, Grillfleisch, Grillanzünder, Feuerzeug, Fernglas, Soßen, Brot, Besteck, Teller, Marmelade, Mandelcreme, Sportzeugs und natürlich das nagelneue Fünf-

personenzelt mit Stehhöhe! Zufrieden schließe ich die Heck-klappe.

20.20 Uhr
Der Große kommt fertig angekleidet die Treppe herunter und fragt, ob wir jetzt gleich losfahren. Er dachte, bereits geschlafen zu haben. Dann stand er auf, sah, dass es ist draußen hell ist, und folgerte den Morgen herbei. Lustig.

Samstag, 23. Mai, 8 Uhr
Der Große quält sich mühsam aus dem Bett. »Raus aus der Feder, ent oder weder«, zitiere ich kurz aus einem Lied von Erdmöbel, ohne allerdings eine messbare Reaktion hervorzu-rufen.

10 Uhr
»DRUCK, DRUCK, DRUCK, DRUCK, DRUCK«, brüllt der gegne-rische Bambini-Trainer neben mir seine kleinen Jungs an und fordert so das nach eigenem ungewolltem Ballverlust notwen-dige Gegenpressing. Unsere Mannschaft ist dagegen schon ei-nen gehörigen Schritt weiter und zelebriert in zahllosen Varian-ten den absichtlichen Ballverlust, der den Gegner in Sicherheit wiegt und ihn so aufrücken lässt, dass er anschließend mühe-los das vier zu null schießt und sich endgültig auf der Sieger-straße wähnt.

Dass die kämpferischen und verbalen Fähigkeiten der Kon-trahenten mit den unsrigen nicht viel gemein haben, könnte an den unterschiedlichen Milieus liegen, die hier aufeinander treffen. »Die spielen ja so, als würden die alle kein Abendbrot kriegen, wenn die hier nicht gewinnen«, sage ich leise zu ei-nem neben mir stehenden Biolehrer-Vater, der mit einer Pa-ckung Dinkelstangen, einer Banane und einer Trinkflasche das mangelhafte Treiben unserer Kicker beobachtet.

»Das stimmt«, bestätigt er, »wir spielen aber auch gar nicht mal so gut.«

»Ja, vielleicht liegt es an den fehlenden Strafandrohungen vor dem Spiel.«

»Wahrscheinlich. Und ein bisschen auch an Nils.«

»Oh ja«, stimme ich zu. »Seit wann spielt der denn hier mit? Der steht ja nur rum und guckt Löcher in den Rasen.«

»Ja, genau wie sein Vater.«

»Ja, richtig, wie heißt der noch?«

»Andreas.«

»Genau.«

»Ich glaube, die suchen einfach Anschluss hier durch den Verein.«

»Ach ja.«

»Denen ist doch angeblich die Frau abgehauen.«

»Ja, ja. Ich hörte davon.«

»Armer Kerl.«

»Der bereut seine Vaterschaft bestimmt.«

»Ja, wahrscheinlich.« Wir lachen.

Der Gegner-Trainer schaut zu uns rüber, und sein Blick verrät, dass er uns für zwei perverse Öko-Snobs hält. Dann fällt das fünf zu null.

15 Uhr

Das letzte Spiel, in dem es um Platz neun und zehn ging, gewannen unsere fleißigen kleinen Racker klar mit zwei zu eins. Euphorisiert schauen sie sich nun das Finale an, in dem der DRUCK-DRUCK-DRUCK-DRUCK-DRUCK-Trainer knapp unterliegt und jetzt seine heulende Truppe aufzumuntern versucht.

»Die scheinen wirklich kein Abendbrot zu kriegen heute«, schildert der Biolehrer-Vater seinen Eindruck, der sich mit meinem deckt.

»Wenn das letzte Spiel gewonnen wird, ist doch alles supi,

oder?«, mischt sich jetzt Andreas dazu, dessen Sohn im letzten Spiel das Gegentor zum eins zu eins durch einen angeschossenen Kopfballtreffer selbst erzielte.

»Das stimmt«, pflichte ich ihm bei, »das kann man so sagen, die sehen wirklich alle sehr zufrieden aus, für einen neunten Platz.«

Beim Turnierzweiten kippt in diesem Augenblick die Stimmung von Trauer in Raserei, woraufhin der Spielführer der Mannschaft einen herumliegenden Ball wütend wegdrischt. Dass er so dem kleinen Nils ungewollt, aber gekonnt die Banane aus der Hand feuert, ist für mich persönlich die Pointe des Tages.

Montag, 25. Mai, 10 Uhr

Wegen des Fußballturniers sind wir über Pfingsten nicht weggefahren. Das haben wir nun davon. Pfingstmontag ohne Plan zu Hause. Es regnet. Die Terrassentür steht offen. »Der Mai ist aber auch wieder durchlöchert mit unsinnigen Feiertagen«, sage ich zu meiner ausgetretenen Frau. »Wer braucht denn Pfingsten?«

»Papa?«

»Ja?«

»Was ist Finksten?«

»Pfingsten? Das ist ein christliches Fest. Wegen Jesus. Weißt du doch. Jesus. Der angekreuzt wurde. An Ostern. Dieser Jesus hat … also, Jesus ist ja am Ostersonntag, glaub ich, auferstanden.«

»Hatte der sich hingelegt?«

»Auferstanden, nicht aufgestanden. Und an Pfingsten ist der …«

»Da war der doch schon längst im Himmel.«

»Ja, dann erklär du es ihm.«

Schaue derweil im Küchenrechner nach kindergerechten

Veranstaltungen in der Region. »Ich hab's«, rufe ich nach längerer Recherche. »Wir fahren ins Museum.«

Die Kleine: »I au!« Der Große: »Oh nein.« Die Mittlere: »Und was sollen wir da?« Meine Frau: »Museum, am Montag?«

»Ja!«, sage ich entschlossen. »Wir fahren nämlich ins Maus-Museum. Das hat heute geöffnet, ist nicht weit weg, ist überdacht und ganz toll für Kinder.«

»Hurra.«

»Aber ich will vorne sitzen.«

»Nein, ich.«

»Ich bleib hier mit der Kleinen.«

»Sehr gut.«

Also wir drei ins Auto, anschnallen, losfahren und …

… und da sind wir auch schon. Die Schlange ist lang und bewegt sich nicht. Der Große freut sich, weil auch die Star-Wars-Ausstellung in diesem Museum stattfindet. »Da gehen wir aber nicht hin.«

»Oh Mann!«

Nach einer Viertelstunde kommt ein Mann und sagt, dass alle, die bloß ins Maus-Museum möchten und nicht in die Star-Wars-Ausstellung, da vorne durch den Rollstuhleingang hineingehen können. »Ihr wollt bloß ins Maus-Museum?«

»Nein!«

»Doch, wollen wir.«

Und da sind wir auch schon. Es ist unfassbar voll. Unzählige Familien mit Kindern bevölkern das riesige Areal. Ekelhaft. Ich habe meine Frau und ein Kind schön zu Hause gelassen. Aber die hier haben die nichts Besseres zu tun, als mit ihrer kompletten Mischpoke das Museum zu verstopfen! Am Feiertag. Bei Regen. Arschkrampen.

In der Fülle der Masse ist es nicht möglich, die kindgerecht beschriebenen Mitmachexperimente in Ruhe zu lesen, zu verstehen, den Kindern zu erklären und sie mit ihnen durchzuführen. Schade eigentlich. Dabei hätte ich das gern gemacht. Oder? Oder bin ich einfach nur zu faul? Keine Ahnung. Die Kinder zeigen aber auch keinerlei Interesse an elterlicher Anleitung. Sie stellen keine Fragen an mich. Sie klappern eine Station nach der anderen oberflächlich ab. Gucken hier mal rein, fassen da mal an, und weiter geht's. Eine längere Konzentration auf eine Station ist nicht drin. Sie laufen durch diesen Raum im Grunde so, wie ich mich im Internet bewege: Hier mal gucken, da mal gucken, hier mal klicken, weiterscrollen, kurz was lesen, wieder schließen, weiterziehen. Ganz selbstverständlich kurz angebunden. Als hätte sich dieser alltägliche Netz-Nutz-Rhythmus der Eltern auf die Kinder übertragen. Ach was! Kann ja gar nicht. Alles Quatsch. Totaler Blödsinn. Wie sollte das denn gehen?

Was schreibe ich hier eigentlich? *In der Fülle der Masse* z. B. ist ein ganz furchtbarer Sprachquark. Oder auch *Familien mit Kindern*. Oder das Wort *eigentlich*. Sollte man doch so gut es geht vermeiden. Oder nicht?

Jetzt krabbeln die Kinder in die vierstöckige Kletteranlage, die mit der Maus wohl nichts zu tun hat, aber die einfach dazugehört in so eine Anlage, für den körperlichen Ausgleich der vielen Störenfriede. Verzeihung. Der lieben Kleinen. Der kleinen lieben Furzknoten, die einen am Pfingstmontag unbewusst in so einen musealen Kinderstall zwingen. Das kann dauern, bis sie da wieder rauskommen, denke ich. Ich könnte also ein bisschen abschalten. Haha. Abschalten. Sehr witzig. In diesem Getümmel. Zumindest könnte ich mich mal anders beschäftigen als mit Aufsicht.

Ich beobachte heimlich andere Eltern und deren Erziehungsstil. Beziehungsweise ihre festgefahrenen Erziehungsrituale, die nur ein Außenstehender objektiv beurteilen kann. Dass sich die öffentlich-rechtlichen Fernsehsender keine kluge und unterhaltsame Erziehungssendung leisten, ist mir völlig schleierhaft. Jetzt stolpert ein vielleicht dreijähriges Mädchen über einen Absatz, fällt vor meine Füße und brüllt. Der Reflex, dem Kind hochzuhelfen, wird durchschossen von der Angst, gleich einer missmutigen Glucke gegenüberzustehen, die jede fremde Berührung ihres Heiligtums übergriffig und verdächtig findet. Zügig stelle ich das überstürzte Fräulein auf seine Beine und lasse es los in der Hoffnung, dass es stehen bleibt. Und dass sich bald ein bei ihrer Zeugung Anwesender nähert und dem Gebrüll ein Ende bereitet. Im vierten Stock weint eine andere Göre, während ein langes Mädchen unten aus der Rutsche herausgeschossen kommt und einem dicken Jungen die Beine weggrätscht. Ich versuche, im Telefon einen Browser zu öffnen, um etwas nachzugucken, aber ich weiß schon nicht mehr, was es war. Der Schreihals in der obersten Etage scheint ein ernsthaftes Problem zu haben, der Vater des gestürzten Kindes bedankt sich überschwänglich für meine Hilfeleistung, und das gerutschte Mädchen hat schwer zu kämpfen unter der Last des adipösen Buben.

Stumpfsinnig betrachte ich den sich langsam verlängernden Ladebalken des Seitenöffners. Da kommt der Große auf mich zugerannt und berichtet sehr aufgeregt, dass sich der Fuß seiner Schwester im Netz der Kletterhölle verfangen hat und sie nicht mehr alleine herauskommt.

»Wo ist sie denn?«, frage ich.

»Da oben«, sagt er und zeigt in die vierte Etage. Ach, die brüllt da die ganze Zeit.

Der entwürdigende Anblick der Väter, die sich tief gebückt im Erdgeschoss des Kraxel-Areals aufhalten, um helfend einzugreifen, dieses Bild ist nichts gegen das eines alten grauhaarigen Buckligen, der von seinem sechsjährigen Sprössling angeleitet und gut sichtbar für alle unten Stehenden das oberste Stockwerk erklimmen muss, um seiner ersten Tochter den Schuh vom Fuß zu zerren, damit sie ihn aus der Schlinge ziehen kann.

»Sollen wir mal etwas essen?«

»Ja!«

Und da sind wir auch schon. Das Essen im perfiderweise vorm Ausgang erbauten Snackrestaurants haben wir uns jetzt aber redlich verdient, denke ich bei der handlichen oralen Fritzenzufuhr. Noch perfider ist allerdings der obligatorische »Museumsshop«, der direkt nebenan seinen überteuerten Ramsch anbietet. Meine beiden Sprösslinge pendeln also zwischen Imbissstand, Souvenirlädchen und unserem Platz hin und her und wollen abwechselnd ein Eis oder ein Kuscheltier. Bei jedem neuen Wunsch halte ich ihnen ein paar Pommes hin. Meinen sprachlichen Ausstoß in dieser Zeit könnte man verknappt so zusammenfassen: Entweder Eis oder Spielzeug, habt ihr nicht genug Kuscheltiere, wie viel kostet das denn, dann frag jemanden, sechzig Euro neunundneunzig sind zu viel, dann entscheide dich, da kann ich dir auch nicht helfen, das interessiert mich nicht, hier ist Geld, Pommes sind alle.

Kinder in diesem Alter selbstständig zum Einkaufen zu schicken ist ganz wichtig. Der Große erzählte neulich erst, dass sie in der Schule über Geld gesprochen hätten. »Woher kommt denn das Geld?«, fragte ich ihn neugierig. »Von der Arbeit«, war seine Antwort. »Und wofür braucht man Geld?«, hakte ich nach. »Um was zu kaufen«, erwiderte er, ohne nachzudenken. »Und als es noch kein Geld gab?«, wollte ich jetzt das geschichtliche Fass aufmachen. Er überlegte. Lange. Sehr lange. Dann sagte er: »Da haben die Menschen geklaut.« Jawohl. Sehr richtig. Wenn man kein Geld hat, um etwas zu kaufen, dann muss man klauen. Guter Junge.

Bin gespannt, was die beiden jetzt mit den zehn Euro anfangen, die ich ihnen gegeben habe.

Ein Mann kommt auf mich zu und möchte ein Foto von uns machen. Na klar. »Das wäre super. Ich weiß ja nicht, ob Sie heute schon oft penetriert wurden.«

»Sie meinen … äh …«

»Was?«

»Ich meine, nein. Also penetriert wurde ich heute noch gar nicht.«

»Cool. Also … na, komm schon. … wieso blitzt der jetzt nicht? … Oh, Shit, jetzt habe ich einen Film gemacht … So, jetzt aber. Danke. Schönen Tag noch.«

»Papa?«

»Jaha.«

»Kanntest du den Mann gerade?«

»Ja, das war ein Arbeitskollege.«

»Papa?«

»Jaha.«

»Die Frau hat gesagt, das Geld reicht nicht.«

»Was? Wofür? Was wolltet ihr denn … ich komme mal mit.«

Und so weiter und so weiter.

13 Uhr
Ein kurzer Disput zu Beginn der Rückfahrt mit Erkenntnisgewinn über kinderinterne Sprachlogik. Der Große beginnt.

»Ich sitze wieder vorne.«

»Ich sitze vorne!«

»Nein, ich.«

»Du warst schon bei der Vorfahrt vorne … Warum lachst du, Papa?«

»Weil ihr beide ganz schön bescheuert seid.«

Freitag, 29. Mai, 13.15 Uhr
Meine Frau holt die Kleine vom Kindergarten ab, ich räume die Küche auf. Dabei fällt mir ein vollgekrakeltes Blatt in die Hand. Schön ist was anderes. Ich bin sehr froh, dass ich nicht dieser verrückte Kanadier bin, der sich seit Jahren Zeichnungen seines anfangs vierjährigen Sohnes auf den Körper tätowieren lässt.

Da kommt die Kleine an, reißt die Küchentür auf und schaut

mich an. Dann zeigt sie mit dem Finger auf mich und sagt mit gesenktem Blick: »Du Bösen.« Und geht wieder.

»Hallo. Warst du im Kindergarten? War's schön? Hast du auch schon Mittag gegessen?«, spule ich meine ritualisierte Begrüßung ab und muss schmunzeln über ihre Worte. Was die im Kindergarten nicht alles lernen.

»Du Bösen«, sagt sie wieder und geht in den Flur, um sich die Jacke auszuziehen.

Samstag, 30. Mai, 15 Uhr
Hänge mit den beiden Großen auf dem Spielplatz ab. Ihnen ist genau so langweilig wie mir. Niemand da, den sie kennen. »Kommt, wir gehen ein Eis essen.«

»Jaaaa!« Mein Vorschlag wird begeistert aufgenommen. Irre. Beim Laufen in Richtung der viertelseigenen Hauptstraße stellen wir fest, dass diese wegen eines Straßenfestes gesperrt ist. Oh. Das ist heute? Das Straßenfest? Das war doch erst … äh, letztes Jahr. Oh weia. Darum war auch keiner auf dem Spielplatz. Da will ich jetzt aber auf gar keinen Fall hin! Wie kriege ich das jetzt geregelt? Brauche eine taktisch kluge Ansage. »Passt mal auf, wir gehen zu einer anderen Eisdiele, die ist … da müssen wir … ihr wisst doch, die … die hat auch viel besseres …«

»NEIN!«, brüllen die beiden Spaßkanonen und rennen frohgemut auf die sonnengetränkte Amüsiermeile zu. Na gut. Überredet. Was soll's. Die Nachkommen sind so schnell, dass ich kaum nachkomme.

»Aber es gibt nur Eis.«

»Ja.«

»Keinen Plastikschrott!«

»Jaja.«

Na ja. Warum sollte ich die jetzt fernhalten vom Straßenfest in ihrem Stadtteil? Hat ja auch was für sich, diese Hauptschlagader mal als Fußgängerzone zu erleben. Keine Autos, kein »Pass auf«, kein Lasterlärm. Dafür Bratwurst, Bier und Bumsmusik. Um mal die naheliegendste Alliteration zu bemühen. In Köln läuft natürlich Karnevalsmusik. Und das, was man daraus macht. Schunkeltauglicher Schlagerrock mit den kölschen Grundpfeilern *Jeföhl, wiggerjonn, Stolz, zesammen stonn, Hetz, Dom und Rhein*. Die große Bühne, die das Ende der Festmeile markiert, ist für uns der Anfang. Gebannt betrachten die Kinder eine Darbietung, bei der ein junger Mann von Technobeats untermauert und von Cheerleader-Gehopse umrahmt ein Medley altbewährter Karnevalshits ins Handmikrofon schmettert. Die gewagte Mischung der Stilrichtungen schmälert die Stimmung der älteren Generation nicht, da spätestens der in die Seele eingravierte Refrain bei den Umstehenden einen Pawlowschen Mitsing-Reflex auslöst. Die elektronischen Elemente sowie das Lametta-Gewedel der beinschwingenden jungen Damen bewirken, dass auch die Jugend karnevalsmäßig am Ball bleibt. So meine knallharte Analyse. Blicke mich um und frage mich, warum hier nicht »Schüttel deinen Speck« von Peter Fox gesungen wird. Sehr umfangreiche, Kölsch und Wurst verschlingende Herrschaften mit ebensolchen Damen bevölkern den Platz, wobei einige der weiblichen Herrschaften ihren Unterleib in fußlose, elastische Strumpfhosen gezogen haben. Einfach damit … äh, um zu zeigen, dass … also damit jeder direkt weiß … was weiß ich. Es widert mich an, mir selbst hier beim Denken zuzuhören. Dieser arrogante schlanke Blick auf adipöse Andersartige ist einfach zum Kotzen. Ich möchte jetzt an etwas anderes denken.

Kartoffeln. Ich brauche noch Kartoffeln. Morgen sollte es Kartoffelstampf geben. Wo kriege ich jetzt noch Kartoffeln her?

Der gestampfte Rhythmus des Medleys verklingt, und ich ziehe meine Kinder an den Händen aus dem dicken Pulk. Dabei höre ich noch, wie der Moderator den nächsten Stargast ankündigt: »Hier kommt sie nun, die Grand Dame des Fastelovend,

die Königin des Mottoliedes, die einzige Frau, die die Willi-Os-
termann-Medaille gewonnen hat, hier ist Larie Nuise Mukita.«
Jubel brandet auf, wir schauen uns alle drei noch mal um, und
die Mittlere sagt: »Häh? Ist das die Mama von Pumuckl?«

»Genau.«

»Da will ich hin.«

»Nein.«

»Warum nicht?«

»Ich habe einen Witz gemacht. Die ist … das ist gefärbt.«

»Hä?«

»Kommt jetzt. Wir wollen doch Eis essen.«

»Nein, das wollen wir!«

»Was?«

»Das hier. Mit den Seifenblasen!«

»Nein.«

»Doch. Bitte, Papa!«

Die beiden sind auf einen Stand zugesteuert, hinter dem ein
Mann eine elektrische Seifenblasenpistole in der Hand hält und
damit auf Passanten zielt. Toll, denke ich. Endlich mal … so etwas. Eine harmlose Pistole. Eine Friedenspistole. Ein spaßiges,
völlig ungefährliches Schießeisen. Subversiv pazifistisches Kin-
derspielzeug. Krieg als Seifenblase. Aus China. Ich bin begeistert. Der lustlos lächelnde Ladenhüter drückt permanent auf den
Auslöser, wobei das maschinengewehrartige Herausfliegen der
Seifenblasen von einem Maschinengewehrgeräusch untermalt
wird. Ach, nicht schlimm, denke ich. Das Geräusch kann man
bestimmt unterbinden, indem man die Batterien herausnimmt.
Jetzt wird das Geräusch auch noch garniert mit dem Gejoller der
betagten Rotmähnigen, die auf der Bühne eines ihrer gefürchte-
ten Motto-Lied-Medleys singt und damit zahlreiche jugendliche
Karnevalsskeptiker in deren Skeptik bestätigt. Oder Skepsis. Was
mir aber zu sehr nach Sepsis klingt. Meine beiden vergnügungs-
süchtigen Dreikäsehochs haben die Skeptik noch nicht für sich

entdeckt. Sie setzen ihren braven, kindchenschematischen Hundeblick auf und fragen fortwährend: »Können wir so eins?«

»Entschuldigung?«, frage ich den seifenblasenden beige bemützten Pistolenheini, »eine Frage: Wenn man die Batterien herausnimmt, ist dann das Geräusch weg?«

»Wat?«, erwidert der Mann etwas erschrocken und macht einen leichten Ausfallschritt zur Seite.

»Ich wollte nur wissen, ob man das Geräusch unterbinden kann, wenn man einfach die Batterien herausnimmt. Da sind doch Batterien drin, oder?«

»Jung, wenn du de Batterien erus nimmst«, beginnt er mir zu erklären und macht eine Pause. »Wenn du de Batterien erus nimmst …«

»Ja?«

»Dänn ist dat Jeräusch wesch.«

»Okay. Das wollte ich wissen.«

»Dann ist aber och de Schießfunktion wesch.«

»Oh.«

»Dann ist im Jrunde de janze Spaß wesch.«

»Oh nein.«

»Dann kannste och direktemang en Stück Holz nehme.«

»Verstehe.«

»Na, Kinder, wollt ihr leever en Stück Holz, oder dieset schöne Pistölschen?«

»Okay«, sage ich leicht angestrengt, »ich nehme zwei.«

»Euer Vater is sisch no nisch so sischer, wat?«

»Doch, ich nehme zwei.«

»Wat haben Se eijentlisch alle jejen Batterien heutzetach!«

»Nichts, ich nehme ja zwei.«

»Wejen der Umwelt, oder wat?«

»ZWEI, BITTE.«

»Ja, mer wollt isch doch jar nisch höre, junger Mann. Also zweimal dat Pistölschen. Zwanzisch Euro.«

»Aber Sie wissen schon auch, dass Batterien umwelttechnisch gesehen, also auch, was die Entsorgung angeht, äußerst kritisch ... äh, keine Plastiktüte bitte, äh, kritisch, auch gerade in Kinderhänden, die können auslaufen und ...«

»Jaja.«

»Wie *jaja*?«

»Jaja.«

»*Jaja* heißt *leck misch arm Arsch*.« In dem Moment kommt eine Frau mit Pommes und Bier hinter den Stand getreten und reicht ihm eine Stange Kölsch. Ich erkenne sie sofort. Es ist die Zoofrau. »Wat machen Sie denn schon wieder hier?«, begrüßt sie mich unfreudig überrascht.

»Wieso schon wieder?«

»Immer, wenn ich irgendwo bin, tauchen Sie irgendwann auf.«

»Das ist doch Quatsch. Außerdem wohne ich hier.«

»Und wieso sagen Sie *Leck mich am Arsch* zu meinem Mann?«

»Das war ... das ist ja jetzt völlig aus dem ...«

Nun schaltet sich ihr Kompagnon ein. »Der Tünnes hier is mir de janze Zick 'ne Frikadelle ans Ohr am labere.«

»ICH???«

»Ja sischa.«

»Das ist der Typ, wo ich dir von erzählt hatte. Der im Zoo mal alle Fotos zerknickt hat, und dann wollte er die nicht bezahlen.«

»Ich wollte doch keine Plastiktüte.«

»Jetzt nimm. Is ümmesünst.«

»Komm, Papa. Wir gehen weiter.« Der Große zerrt mich am Arm. Schaue mich noch einmal um zu dem Mann, senke leicht den Kopf und sage: »Du Bösen.« Dann schlendern wir weiter.

»Papa?«

»Ja?«

»Können wir eine Frikadelle?«

»Von mir aus. Wo gibt es die denn?«

»Weiß ich nicht.«

»Papa?«

»Ja?«

»Was hat der Mann da gerade geredet?«

»Der hat Kölsch geredet. Und getrunken.«

»Ich weiß auch ein Wort von kölsch.«

»Ja?«

»Ja, aber das hab ich vergessen.«

»Aha.«

»Können wir das hier?«

»Das ist Zuckerwatte.«

»Können wir Zuckerwatte?«

»Mögt ihr die denn?«

»Ja.«

»Okay. Ich hole aber erst mal eine.«

»Nein. Wir wollen beide eine.«

»Nein, Kinder. Eine, und dann …«

»Nein. Jeder eine«, ruft der Große. Die Mittlere stemmt die Arme in die Hüften und pflichtet ihm entrüstet bei: »Ja, genau. Wir wollen zwei Zuckerwatten. Und außerdem … Erwachsene bestimmen nicht über die Kinder.« Ich muss lachen. Laut und befreit. Was selten ist. Aber das finde ich zu lustig. In diesem Moment. Und unsinnig. Unsinnig, dumm und klug zugleich. Denn natürlich bestimme ich in gewisser Weise über die beiden. Aber gleichzeitig und oft in höherem Maße bestimmen sie mein Leben. Seinen Rhythmus. Seine Eigenschaft. Seine Qualität. *Immer bist du der Bestimmer*, dieses Lied von Willy Astor hätte sie auch singen können. Mein kleines süßes bescheuertes mittelgroßes Frikadellchen. So, was mache ich jetzt? Wie könnten wir einen Kompromiss finden? Muss kurz überlegen.

16.05 Uhr

Wir stehen am Bierstand und ich bestelle mein zweites Kölsch, während sich jedes der Kinder genüsslich eine medizinball-große Zuckerkugel ins Gesicht drückt. »Na, schmeckt's?«, frage ich den linken Wattebausch, und keine Antwort ist in diesem Fall die beste. Man kann es ja oft nicht allen recht machen, aber hier und jetzt ist es mal gelungen.

Das zweite Kölsch schmeckt noch besser als das erste. Ein Kölschglas ist vom Umfang her so dünn, dass es Stange genannt wird. In München bezeichnet man es schenkelklopfend als Reagenzglas. Zwei Stangen Kölsch sind weniger als ein kleines Bier in Bayern. Sehr interessant alles.

Die gute stille Stimmung ist nur von kurzer Dauer. »Papa, ich mag das nicht.«

»Ich auch nicht.«

»Aber ihr habt doch schon ganz viel gegessen.«

»Ja, aber wir mögen das nicht. Können wir jetzt ein Eis?«

»Okay. Aber nur eine Kugel.«

»Zwei!«

»Wir gucken mal.«

»Du hast auch zwei Bier gehabt.«

»Das hat damit ja nun mal überhaupt gar nichts zu tun.«

»Warum nicht?«

»Kommt jetzt.«

»EY, MEISTER, WILLST DU NICHT BEZAHLEN?«

»Oh, Entschuldigung, das ist mir irgendwie … Verzeihung.« Ich klemme die zwei Zuckerwattenstiele in eine Hand und bezahle, dann presse ich die fiesen Kariesbeschleuniger in einen Mülleimer hinein, dessen Öffnung dadurch komplett verstopft und verklebt ist.

»Papa?«

»Was ist denn jetzt schon wieder?«

»Können wir jetzt endlich die Seifenblasendinger haben?«,

fragt der Große so genervt, als hätte er mich das in den letzten Minuten bereits zwanzig Mal gefragt. »Die probieren wir erst zu Hause aus«, formuliere ich im Kopf eine Forderung vor, von der ich bereits weiß, dass ich viel zu schwach bin, ihre Einhaltung mit aller Konsequenz durchzusetzen. Während die Kinder also damit beschäftigt sind, die Packung aufzureißen, flöte ich mir noch schnell eine Stange rein. Andreas und Nils kommen vorbei und gesellen sich zu uns. »Hallo, Johann.«

»Na, ihr beiden. Auch nicht auf dem Spielplatz?«

»Nein. Aber ich wusste gar nicht, dass heute Straßenfest ist.«

»Wir auch nicht. Furchtbar, oder?«

»Ja? Findest du? Also, ich find's eigentlich … ganz nett. Und wir wollten eh was essen.«

»Ach so, ja. Ja, essen kann man hier natürlich.«

»Papa?«

»Jaha.«

»Wir kriegen das nicht auf.«

»Oha, das ist ja da richtig feste dran, was? Dann machen wir das wohl gleich in Ruhe auf, wenn wir zu Hause …«

»Soll ich mal versuchen? Ich habe zufällig ein Taschenmesser dabei.«

»Ja!!!«

Andreas nimmt sich die Verpackungen und schneidet die kabelbinderartigen Spielzeug-an-Pappe-Fixierer auf.

»Was sagt man?«

»Sind da schon Batterien drin?«

»Was sagt man?«

»Ich hör gar nichts.«

»Was sagt man?«

»Papa?«

»Könnt ihr mal Danke sagen?«

»Danke.«

»Gerne.«

»Papa, sind die Batterien schon drin? Ich höre gar nichts.«

»Zeig mal her.«

»Auch noch ein Kölsch, Johann?«

»Nee, lass mal.«

»Papa, kann ich auch so eins?«

»Nein, Nils, das hatten wir doch besprochen.«

»Andreas?«

»Wir wollten hier nur kurz etwas essen.«

»Andreas?«

»Und dann wieder nach Hause gehen.«

»Andreas?«

»Ja?«

»Ich nehme doch noch eins.«

»Okay.«

Außen am Batteriefach der Seifenblasenpistole hängt ein dünner Plastikstreifen, den man herausziehen sollte, wenn man möchte, dass die eingesetzten Batterien Kontakt zueinander haben. Anschließend kann man einen Aluminiumfoliendeckel von einer kleinen Kunststoffflasche lösen, in welcher sich die Seifenmischung befindet. Das schraubige Gewinde der nun geöffneten Kunststofflasche passt exakt in das Innengewinde des bunten Pistölschens. Irre. Was für Freaks das ausgetüftelt haben. Klasse. Andreas und ich sind von Kölsch zu Kölsch begeisterter über die raffinierte Technik. Das Gerät des Großen ist betriebsbereit, und er ballert munter drauflos. Die Mittlere verschüttet etwas von ihrer seifigen Lauge. Nicht schlimm. Werden endlich mal die Hände richtig sauber. Bestelle rasch eine Stange Leitungswasser und schütte es ihr über die glitschigen Flossen. Jetzt kann auch sie loslegen. Die beiden zielen ziellos in die Luft, dann nehmen sie den kleinen Nils unter Beschuss. »Passt du kurz auf hier?«, fragt Andreas und entfleucht nach meinem Nicken. Fünf Minuten später kommt er mit einer fertig geladenen Schnellfeuerwaffe für Nils daher, die sofort unzählige hohle Kugeln aus einem dünnen Film von Seifenwasser in die wurstige Luft bläst. Gedankenverloren schaue ich den Blasen hinterher. Ihrem regenbogenfarbigen Film. Die Geräusche werden leiser. Wie beim Beginn der Narkose. Gesichter werden erkennbar. Viertels-Gesichter. Karla. Andreas. Die Zoofrau. Da, ein Eichelhäher. Sie alle fliegen davon und zerplatzen sanft im Abendhimmel. Ein schöner Tag.

Mittwoch, 3. Juni, 8.30 Uhr
Sitze im Café und lese einen besorgniserregenden Artikel. Nach einer Statistik des Hamburger Weltwirtschaftsinstituts hat Deutschland die niedrigste Geburtenrate weltweit. Und zwar dann, wenn man die Geburten pro tausend Einwohner betrachtet. Da liegt Deutschland mit 8,28 Bruttoregistertonnen … nein, Moment »… *liegt Deutschland mit einer Bruttogeburtenziffer von 8,28 Geburten pro tausend Einwohner auf dem letzten Platz. Hinter Japan.*« Ja, herzlichen Glückwunsch. Schlusslicht beim Befruchten. Die rote Laterne beim Zeugen. Wie konnte das denn passieren? Die Erklärung ist einfach: Es gibt immer weniger Frauen im gebärfähigen Alter. Obwohl dieses Alter vor einem Jahr von einer Berlinerin auf fünfundsechzig Jahre angehoben wurde. Aber seit Jahrzehnten sterben in Deutschland mehr Menschen, als geboren werden. Es gibt also allein deswegen schon Jahr für Jahr weniger Frauen. Also auch immer weniger Frauen, die Kinder bekommen können. Davon sind es relativ wenige, die überhaupt Kinder wollen, und von denen bekommen die meisten auch noch relativ wenige Kinder. So habe ich es verstanden. Die Zahl der Erwerbs- und der Gebärfähigen vermindert sich rapide. Die Experten machen sich Sorgen. Erwerben und Gebären. Beides sehr wichtig. Wirtschafts- und Bevölkerungswachstum schrumpfen. Nicht gut, wenn Wachstum schrumpft. Fünfhunderttausend Arbeitsmig-

ranten pro Jahr sind nötig, um das auszugleichen. Eine Menge. Oder mehr Kinder. Eigene Kinder. Arbeitskinder. Kinderarbeit. Kinder erwerben. Frauen begehren. Frauen gebären. Deutschland geht den Bach herunter. Das ist mein Fazit des Artikels.

Ein Glatzkopf betritt das Café. Warum nutzen die Rechtspopulisten von Pro Köln das Thema »menschliche Aufforstung« eigentlich nicht für sich? Mit flotten Slogans: *Fremdländische Facharbeiter? Nein danke, wir machen uns eigene.* Oder: *Zuwanderung verhindern mit eigenen Kindern.* Etwas kompakter: *Vögeln für Deutschland – nur mit uns.* Das wäre doch was. Zeugen Neonazis eigentlich mehr eigenes Jungvolk als normale Menschen? Wäre nur logisch. Andere Frage: Können die auch Facharbeiter herstellen?

Mit der Zeitung in der Hand schaue ich durchs Café-Fenster nach draußen und werfe einen schwammigen Blick in die Zukunft. In die deutsche Zukunft. Sie ist kinder- und arbeitslos. Herrlich. Sie ist voll Ruhe und Zeit für Müßiggang. Wir könnten uns alle mal besinnen auf die wichtigen Dinge. Ein Traum. Die Maschinen stehen still. Die Handwerker auch. Der Paketbote nervt nicht mehr. Die Müllabfuhr … na ja. Nur noch Ärzte haben Arbeit. Und … und die Bauern. Und wenn dann noch einer das Internet abstellt. Sagen wir, für eineinhalb Jahre. Dann würden wir nach einer kurzen Zeit der Verzweiflung, Leere und unruhiger Erstarrtheit wieder richtiges Interesse aneinander bekommen. Mit der Ahnung, dass die Befriedigungen, die der Kapitalismus verspricht, immer nur Ersatzbefriedigungen sein können, und ohne groß nachzudenken, einfach aus Spaß und zur Vertreibung der Langeweile würden wir anfangen, der hemmungslosen Liebe zueinander freien Lauf zu lassen und uns vermehren wie der statistische Tabellenführer Niger mit fast fünfzig Geburten pro tausend Einwohner. Und dann wären die Kreißsäle wieder gerammelt voll mit schreienden Kindern und Frauen. Und Vätern auf den Fluren, die nicht genau wissen, was sie freudiger erwarten: ihren ersten Sohn oder die Wiederfreigabe des Internets.

»Bitte schön.«

»Was?« Der ohne Aufforderung gereichte zweite Espresso reißt mich dann heraus aus dem morgendlichen Gedankenbums. »Oh, danke. Ich war gerade, äh, woanders.« Ich lege die Zeitung zurück in den Ständer und entdecke die neue ELTERNativ. Beim Durchblättern frage ich mich, ob ich hier Gründe finde für die deutsche Kinderlustlosigkeit. Dann stoße ich auf. Entschuldigung. Und dann stoße ich auf eine Doppelseite mit Zeichnungen von hängender Frauenhaut. Es geht um die sichtbaren Veränderungen des weiblichen Körpers durch die Geburt. Vorher-Nachher-Skizzen von Brüsten, Po, Oberschenkeln und Bauch. Ja, herzlichen Glückwunsch. Diese Bilder sollte man allen Paaren schicken, die überlegen, ein Kind zu bekommen. Dann könnte Japan uns nicht mehr verdrängen vom letzten Platz. Natürlich ist es richtig, die Wahrheit zu beschreiben. Und kein kinderloser Mensch liest die ELTERNativ. Also kein Grund zur Aufregung. Aber dann lese ich auf der Folgeseite ein Interview mit einem Intimchirurgen, der sagt, es sei sinnvoll, nach mehreren Geburten die Vagina wieder zu verengen. Dabei würde er oft gleichzeitig die Klitoris etwas nach unten versetzen, denn da gehöre sie seiner Meinung nach hin. Jawohl. Gott hat nicht viel falsch gemacht, aber da hat er wirklich geschludert. Und du bist sein Sohn und sollst es wieder richten. Empört und etwas theatralisch schließe ich die Zeitschrift und lasse sie kopfschüttelnd auf den Tisch fallen.

»Zahlen bitte.«

»Komme.«

»Und einen Lappen.«

9.15 Uhr

Zu Hause weicht meine Empörung einem wissenschaftlichen Interesse, und ich vertiefe mich in Beiträge über Vaginalverengungen, Schamlippenbeschneidungen und Klitorisversetzungen. Sehr aufschlussreich. So hab ich das ja noch nie gesehen. Es gibt 3D-animierte Beschreibungen des Eingriffs. Wahrscheinlich für Hobbyoperateure. Assoziationen schießen mir durch den Kopf. Viele dieser Gedanken will ich gar nicht haben. Diesen aber doch: Wo würde ich das Lustorgan der Frau hinverpflanzen? Um den Spaß am Küssen zu verbessern, würde ich sie wohl auf die Zunge setzen. Es würde viel mehr geküsst werden. Und anschließend gezeugt. Da bin ich wieder beim Thema.

Es gibt eine rasant steigende Zahl an intimchirurgischen Eingriffen, lese ich. Die Wichtigkeit des genitalen Aussehens scheint enorm gestiegen zu sein in den letzten Jahren. Und je wichtiger einer Frau die Schönheit ihres untergeschossigen Schmuckkästchens ist, desto weniger möchte sie sich diese Schönheit von einem blutverschmierten Säugling versauen lassen. Das ist meine These. Die Schönheitsindustrie trägt eine Mitschuld. Gebe jetzt in die Suchmaschine den Slogan *Vögeln für Deutschland* ein. Einfach um zu gucken, ob das schon mal irgendwer benutzt hat. Aber ich lande immer auf Seiten über Vögel in Deutschland. Bei drei unterschiedlichen Netzdurchsuchern! Das gibt's doch gar nicht. Immer nur geht es um Vögel. Gibt es eigentlich keine Suchmaschine, bei der im Zweifelsfall die zweifelhaften, unseriösen und versauten Seiten angezeigt werden? Das wäre doch mal eine Marktlücke. Im Zweifel sucht sie nach Vögeln als Verb und nicht als Tier. Im Zweifel für den Zweifel. Das ist doch ein Lied von Tocotronic. Suche das Lied. Im Zweifel für den Zweifel. Toller Titel. Auf dieser Videoplattform ist es gesperrt. Aha. Ob die Jungs das selbst beantragt haben? Auf der nächsten ist es frei zugänglich. Sehr gut. Hier muss man sich allerdings erst eine Werbung ansehen. Eine Möbelhauswerbung. Eine Möbelhauswerbung für ein sehr zweifelhaftes Möbelhaus. Ein Möbelhaus, das unter anderem mit Zwangsarbeit in DDR-Gefängnissen, mit illegal abgeholzten Wäldern in der Taiga, mit Urwaldrodungen in Indonesien und Malaysia als Landgewinnung für die palmölgeschwängerte Kerzenwachsproduktion und mit Diskriminierung und Überwachung der eigenen Mitarbeiter einen Gewinn erzielt, den es steuergünstig über Luxemburg abwickelt. Aus Schweden. Sehr interessant. Das sind ja alles Dinge, die Tocotronic schon seit Jahren voll und ganz unterstützen, denke ich in einem Anflug von Ironie. Ein Anflug von Ironie. Schöne Redewendung. *Ein Anflug von.* Schaue aus dem Fenster meines Schreibzimmers. Höre Schwalben. Ein zackiger, schwalbenhafter Anflug von Ironie. So wie die Schwalben, die gerade mit Karacho an die Dachrinnen zu dengeln scheinen, dann aber doch in das winzige Loch darunter schlüpfen und für sattes Glück sorgen. So ist es auch mit der Ironie. Sie ist klein und fein, und nicht jedem ist es vergönnt, ihren schmalen Spalt zu erkennen. Aber wenn man es geschafft hat, entsteht etwas Glück. Schalte den Ton wieder an, denn die Werbung ist vorbei und das Lied *Im Zweifel für den Zweifel* läuft schon. *Im Zweifel für Verzettelung* singt Dirk von Lowtzow jetzt. Toll. Das ist genau mein Thema. Verzettelung. Bei mir liegen überall Zettel herum. Auf dem Schreibtisch, auf dem Nachttisch, auf dem Klo. Immer Zettel mit Notizen. Notizen, die keiner versteht. Verzettelung ist Freiheit. Macht aber auch kirre. Im Zweifel *für einen Willen aus Wachs*, heißt es nun im Lied. Wachs? Wachs. Kerzenwachs. Palmöl. Möbel und Teelichter. *Unser Wille aus Wachs macht diese Welt erst möglich*, singt er nicht. Trotzdem schönes Lied. Schlage Tocotronic nach. Natürlich im unabhängigen Netzlexikon. Suche jetzt den Text des Liedes. Da ist er auch schon. Oh. Dort steht nicht Verzettelung, sondern *Verzärtelung*. Blöder Affe, der Lowtzow. Da hab ich mal was verstanden von seinen Texten, und dann war's doch falsch.

Ich muss hier raus. Schließe alle Seiten und gehe in die Küche.

10 Uhr

Rufe mehrfach laut »Hallo« in die Wohnung. Scheint aber keiner da zu sein. Was für ein Tag ist denn heute? Wo ist meine Frau? Und was gibt's zum Mittagessen? »HALLO«, mache ich einen letzten Versuch.

11.30 Uhr

Meine Gemahlin ist wieder da und hat mir vom Ökoklamottenladen einen veganen Korkgürtel mitgebracht. »Oh, für mich? Schick, danke«, versuche ich ganz unironisch, Freude zu zeigen.

»Ja, ich dachte für deine Schuhe.«

»Für meine Schuhe?«

»Für die hellbraunen Schuhe, dazu passt der doch bestimmt gut.«

»Bestimmt. Stimmt. Das könnte passen. Sehr gut. Und dafür ist kein Tier irgendwie …«

»Nein.«

12 Uhr

Ich schäle Kartoffeln und Spargel. Meine Frau fragt, ob sie kurz an meinen Rechner kann, um etwas für die Kinder zu bestellen. »Ja klar«, antworte ich, ohne die Folgen zu überblicken. Als sie *Klettverschlussschuh* eingeben will, erscheint bereits nach den ersten zwei Buchstaben als Autovervollständigung *Klitoris versetzen*.

»Was soll das denn hier? Klitoris versetzen?«

»Ach so, ja, das ist … wegen … ich habe im Café einen

Artikel, fürs Buch …« Mühsam erkläre ich ihr den Grund für meine Recherche. Nach der erfolgreichen Schuhbestellung will sie noch vegetarische Kindergerichte suchen, doch schon das eingegebene *V* beschert ihr die Suchvorschläge *Vaginalverengung* und *Vögeln für Deutschland*.

»Sag mal, was schreibst du eigentlich für ein Buch?«

»Wieso? Ein ganz normales Familienbuch.«

»Das sieht aber nicht so aus. Sieht eher aus wie ein perverses Sexualhandbuch.«

»Ich kann das erklären …«

15.15 Uhr

»Papa?«

»Ja, mein Großer.«

»Der Jeremy hat Boateng in Gold.«

»Gibt's doch nicht.«

»Doch, gibt's. Hab ich gesehen. Aber ich hab Reus in Gold.«

»Super.«

»Und der Jeremy wollte tauschen, aber ich weiß nicht.«

»Hm.«

»Reus hat ja 80 und Boateng 90.«

»Soso.«

15.30 Uhr

Jetzt kommt auch die Mittlere vom Kindergarten nach Hause und kann sich kaum halten vor Begeisterung über ihre neu erworbene Fertigkeit. »Papa. Papa.«

»Hallo, mein Kind. Was ist denn?«

»Papa, ich kann jetzt eine Schleife!«

»Ja, zeig mal.«

Ich gebe ihr einen Schuh von mir und warte gespannt auf die Vorführung.

»Also, erst mal zwei Hasenohren …«

Hier kürze ich mal ab. Es hat noch nicht ganz geklappt mit der Schleife. Weil es mein Schuh war und die Schnürsenkel »zu klein«. Aber im Kindergarten konnte sie es noch, wie sie glaubwürdig versichert. »Glaube ich nicht«, sage ich provozierend spöttisch, wobei der Gedanke an die augenblickliche Unpassenheit des Satzes und das Wissen um das Nichtfunktionieren der Ironie einfach einen Tick zu langsam waren. Sie wirft daraufhin frustriert meinen Schuh in die Ecke und schmollt. Mit gesenktem Kopf. Darum sieht sie auch die Kleine nicht, die alles genau beobachtet hat und jetzt angerannt kommt mit einer Brotdose in der Hand. Diese zimmert sie ihr mit Schmackes auf den Kopf und spricht ihren Fluch: »Du Bösen.«

18 Uhr
Abendbrot – Zeit der aufgewärmten Witze
Wenn wir am Sonntagabend ein Stück Pizza vom Vortag aufwärmen, dann essen die Kinder dieses Stück nur, wenn einer von uns vorher das kleine vertrocknete Basilikumblättchen von der Margherita gepult hat. Das ist etwas nervig. Noch nerviger finde ich allerdings die Erinnerung, dass ich das als Kind früher ganz ähnlich gemacht habe mit dem grünen Gemüse aus der grünen Gemüsesuppe.

Heute Abend wird eine neue Dimension der Essensverschmähung erreicht. Es gibt frisch gewaschene Erdbeeren. Noch im letzten Jahr hat die Mittlere eine Schale davon allein verputzt. Jetzt sagt sie: »Ich mag die nicht.«

»Aber warum denn nicht?«, will meine Frau wissen.

»Ich mag nicht die grünen Punkte da drin.«

Schallendes Gelächter meiner Frau, ich dagegen weiß gar nicht, was sie meint.

»Was meint sie denn?«

»Sie meint diese winzigen grünen Pünktchen auf der Oberfläche.« Jetzt muss auch ich lachen, der Große und die Kleine stimmen aus Solidarität mit ein. »Das sind die Samen, die schmecken nach nichts«, sage ich ihr mit der Ahnung, dass botanisches Fachwissen ihr im Moment nicht weiterhelfen wird.

Versuche, die Stimmung der Mittleren aufzuheitern und erzähle einen Witz zum Thema, den man aber auch schnell für jedes andere Thema umformulieren kann. »Kennt ihr den schon? Eine Kuh sitzt auf einer Bank und strickt sich ein Fahrrad. Da kommt ein Polizist und sagt: Angeln ist hier verboten. Da sagt die Kuh: Behalten Sie Ihre Gummistiefel, ich suche hier nach Erdbeeren.«

Der Große sagt: »Hä?«, und die Mittlere: »Kapier ich nicht.« Nur die Kleine hat's verstanden, zeigt nacheinander mit dem Finger auf uns und sagt: »Du alle Bösen.«

18.15 Uhr

Der Große fühlt sich nun angestachelt, auch einen Witz zum Besten zu geben, und erzählt seinen aktuellen Lieblingsscherz: »Sitzen zwei Frösche auf einer Seerose. Da sagt der eine: Komm, wir gehen ins Wasser, sonst werden wir noch nass.«

»Hä?«

»Ach nee, es fängt an zu regnen …«

»Hä?«

»Sitzen zwei Frösche auf dem See, da sagt … nein, da fängt der Regen an. Und da sagt der eine: Komm, schnell, sonst werden wir noch nass.«

»Komm schnell ins Wasser, meinst du?«

»Nein. Komm schnell. Ja, ins Wasser. Oh Mann. Also: Sitzen …«

»Ich kenne auch einen«, unterbricht ihn die Mittlere. »Fritzchen und Oma …«

»JETZT ERZÄHLE ICH ERST MAL!!!«

18.30 Uhr

Nachdem der Witz des Großen unfallfrei vorgetragen wurde und sich auch die Mittlere bis zu Fritzchens kecker Antwort-Pointe durchgewurschtelt hat, erzählt der Große seinen zweiten Lieblingswitz. Dabei klappert er nervös mit dem Messer. »Also: Ein Deutscher, ein Französischer und ein Chinesischer fliegen im Flugzeug. Da wirft der Deutsche einen Löffel aus dem Fenster. Und dann fliegen die weiter.«

»Kannst du das Messer in Ruhe lassen?«

»Was?«

»Das Messer.«

»Ja. Dann würft der Französische einen Apfel aus dem Fenster.«

»Der Franzose.«

»Und dann fliegen die wieder weiter. Und dann …«

»Kenn ich.«

»Und dann wirft der Chinesische einen Legostein aus dem Fenster.«

»Kenn ich.«

»Nimmst du ihm mal das Messer weg?«

»Dann geht ein Mann spazieren. Und da trifft der ein Mädchen. Das weint. Und der Mann fragt: Mädchen, warum weinst du denn? Ja, mir ist ein Löffel auf den Kopf gefallen. Dann geht der weiter. Da trifft er wieder ein Mädchen, das weint. Mädchen, warum weinst du denn? Ja, mir ist ein Apfel auf den Kopf geflogen. Aha. Dann geht der weiter und trifft wieder …«

»Kenn ich.«

»Nein, dann trifft der einen Jungen, der weint. Da sagt der: Warum weinst du denn, Junge? Da sagt der Junge: Ja, mir ist ein Legoteil auf den Kopf gefallen.« Atemlose Stille erfasst die Umsitzenden, während der Große lacht und kichert. »Die haben alles auf den Kopf gekriegt, was die rausgeworfen haben«, fügt er giggelnd hinzu. Verständnislose Blicke treffen den Großen. Ich aber denke: Welch ein Meister des pointenlosen Witzes.

21 Uhr
Bin ziemlich erschöpft. Muss gleich ins Bett. Habe aber keine Lust. Sitze noch am Küchentisch mit einer Flasche Wein und bewege mich mit einem Finger durch die digitale Welt. Bin jetzt in einem Mutterblog gelandet. Ach, wie schön: ein Foto von einer herzverzierten Milchschaumhaube. Und die Mutter sitzt daneben mit der Sonnenbrille auf der Nase und macht den Daumen hoch. Toll. Bilder von Kuchen und Torten und anderen Müttern mit leckeren Kindergerichten auf fein gedeckten Geburtstagstischen folgen. Überlege kurz, den ausgespuckten Abendbrot-Matsch aus unserem Mülleimer zu holen, herzförmig auf dem Tisch anzuordnen und zu fotografieren. Aber … och, nö. Viel zu aufwendig. Könnte stattdessen einen provozierenden Kommentar hinterlassen. Vielleicht einen welternährungskritischen: *Wisst ihr eigentlich, wie viele Kinder gar nichts zu essen haben, ihr dekadenten dicktittigen Tortentanten?* Oder einen belehrenden: *Tolle Rezepte, meine Liebe. Aber du solltest auch wissen, dass Zucker süchtig macht. Ist erwiesen. Und nach achtzehn Uhr solltest du am besten gar nichts mehr essen. So wie du ausschaust. Und viiiiiiiiiiiiiel Wasser trinken! Mindestens drei Liter! Bussi;) von Conny (Mutter von vier Kindern und erfolgreiche Vollzeit-Architektin).*

Sehe mir noch ein paar Fotos der Blogbetreiberin an. Sympathisch und locker will sie rüberkommen, das sieht man deutlich. Aber was sehe ich da an ihrem Bauch? Entwerfe einen kritischen Kommentar: *Hallo, Supermutti. Tolle Figur. Aber dein Gürtel. Der ist doch aus Leder! Du weißt schon, dass dafür ein Tier sterben musste? Denk auch mal daran. An die Gürteltiere.:))))))*

Verlasse den Blog ohne Eintrag und suche jetzt einfach mal im Netz nach kritischen Berichten über die Korkproduktion. Finde aber nichts. Sehr verdächtig. Der Korken von meiner Weinflasche ist dem Gefühl nach eher aus Kunststoff. Nicht gut. Heißt der dann überhaupt noch Korken? Wohl eher nicht.

21.30 Uhr
Möchte ins Bett gehen, die Weinflasche ist noch nicht ganz leer, ich bekomme aber den Kunststoffpfropfen nicht mehr drauf. Hekto-Pascal sitzt mittlerweile vor meinen Füßen und beobachtet mich jetzt dabei, wie ich überlege, die Flasche mit meinem Korkgürtel zu verschließen. »Mach es nicht«, flüstert der weise Kater mir zu. »Das gibt nur Flecken auf dem Gürtel.«
»Du hast recht«, stimme ich zu.
»Geh ins Bett, du siehst fertig aus.«
»Mach ich. Gute Nacht.«

Donnerstag, 4. Juni, 4.30 Uhr
Die Mittlere steht plötzlich vor unserem Bett und beklagt sich darüber, dass sie nicht einschlafen kann. »Was willst du? Weißt du, wie spät es ist? Es ist mitten in der Nacht. Du hast bestimmt schon geschlafen. Versuch es einfach noch mal«, bekommt sie daraufhin als Antwort und trottet davon.

7 Uhr
Komme sehr schlecht aus dem Bett. Habe jetzt schon keine Lust auf den ganzen Tag. Wann werde ich wohl wieder hier liegen? In wie vielen Stunden? Muss ich wirklich aufstehen? Bin nicht ich heute dran mit liegen bleiben? Warum nicht? Fragen über Fragen.

7.30 Uhr
Sitzen beim Frühstück. Bis auf eine. »Wo ist denn unsere Nachteule?«, möchte ich wissen. »Ich hab die nicht wach gekriegt und hatte auch keine Lust auf Theater. Versuch du es gerne mal.«

»Gleich. Mach ich gleich. Muss noch kurz sitzen.« »Ellebogenalarm«, ruft da der Große und haut mir gegen die kinnstützende Hand.

»LASS DAS! Mann … Ich geh mal hoch und leg mich dazu.«

»Du weißt schon noch, dass ich ihn gleich zur Schule bringe und danach arbeiten muss bis zwei?«

»Ja klar«, lüge ich ihr ins Gesicht. »Bin gleich wieder da.«

8.15 Uhr
Fahre Klein und Mittel mit dem Kinderwagen zum Kindergarten, obwohl der Weg dorthin nicht besonders weit ist und beide schon laufen können. Es war dies aber die einzige Möglichkeit, die Kinder und die Anziehsachen der Mittleren, die noch immer ihren Schlafanzug trägt, weil ich irrsinnigerweise gesagt habe, dass es mir egal ist, wie sie in den Kindergarten geht, Hauptsache sie geht, woraufhin die Kleine natürlich auch wieder ihren Schlafanzug anziehen wollte, was ich ihr lauthals verbat und ein Geheul erntete, das die Nachbarn darauf brachte, dass bei uns wohl jemand zu Hause ist, der das freundlicherweise von ihnen für uns angenommene Paket annehmen könnte, in dem ein paar Sommerschuhe für mich drin sein müssten, zügig in Richtung Betreuungsanstalt zu befördern.

8.30 Uhr
Der zweite Espresso tut sein Möglichstes, hat es aber schwer gegen die bleierne Trägheit des Ihn-sich-in-den-Hals-Schüttenden. Wenn mich selbst so ein morgendliches Theater nicht richtig wachrüttelt, dann stimmt was nicht. Werde bestimmt krank.

Schaue nach draußen. Andreas läuft trantütig wie immer über den Neusser Platz. Aber irgendetwas stimmt auch bei ihm nicht. Ja, richtig. Sein selbst gezeugtes Anhängsel mit Namen Nils klebt nicht an seiner Hand. Sehr komisch.

8.45 Uhr
Bin jetzt endlich wach und bereit zu lesen. Jippi. Die neue *ELTERNativ* ist da. Hurra. Ein Titelthema: *AFTER-BABY-SEX – Gibt es einen richtigen Zeitpunkt für das zweite erste Mal?* Huijuijui, denke ich freudig erregt. Das werde ich doch hoffentlich gleich erfahren. AFTER-BABY-SEX. Klingt irgendwie nicht gut. Klingt nach dem exakten Gegenteil von After-Show-Party. AFTER-BABY-SEX. Je öfter man es liest, desto unangenehmer wird das Wort. Es sind ja auch im Grunde drei Worte. Drei Worte, mit Bindestrichen zu einem Wort zusammengedengelt. Ohne das Wort BABY in der Mitte hätten sie doch wohl kaum vorne den Anglizismus benutzt, oder? Oder vielleicht doch. AFTER-SEX-TALK würde ich denen tatsächlich auch zutrauen. After. Laut Freier Enzyklopädie »die Austrittsöffnung des Darmkanals vielzelliger Tiere«. Ja, herzlichen Glückwunsch.

9.30 Uhr
Wiege im Biomarkt drei Äpfel ab und drücke aus Versehen extra auf die Möhrentaste. Ich alter Fuchs.

9.45 Uhr
Andreas schenkt Karla eine Birne und geht fröhlich lachend weiter. Sehr verdächtig.

10 Uhr
Die immer noch interessante Nachbarin läuft mir über den Weg und bleibt kurz stehen: »Hast du schon gehört, die alte Frau

Schmitz ist gestorben«, sagt sie eindringlich und geht dann einfach weiter. Merkwürdig.

11.45 Uhr
Bin allein im Garten. Die Sonne scheint. Könnte mir einen Milchkaffee mit Herz bringen lassen. Aber von wem? Heute soll es richtig warm werden. Fast fünfundzwanzig Grad. Genau richtig für den ersten Planschbeckentag des Jahres. Also: Planschbecken rausholen, sauber machen, aufbauen, Schlauch rein und Wasser marsch. »Aber wer? Ich?« »Ja, oder siehst du hier noch einen?«

13 Uhr
Das Planschbecken ist gut gefüllt. Allerdings ist das Wasser doch sehr kalt für die Jahreszeit. Also, mir wäre das zu kalt.

13.30 Uhr
Latsche zum vierten Mal in den Garten, um die heißen 1,8 Liter aus dem Wasserkocher ins Planschbecken zu schütten, und erspüre danach zum ersten Mal eine Temperaturverbesserung. »Na, was machen Sie denn da?«, fragt ein Nachbar durch die Hecke. »Ein Dampfbad?«

»Nein«, versuche ich einen noch lustigeren Konter einzuleiten, »wir machen gleich eine Teeparty. Jeder bringt einen Beutel mit und wirft ihn hier rein.«

»Ja, ja. Er nun wieder«, verabschiedet sich die Hecke.

14.30 Uhr
Meine Frau ist wieder da. Yeah. »Ging denn alles so weit?«, fragt sie.

»Ja klar.«

»Ist das Essen noch warm?«

»Ja, äh, gleich.«

»Ist das Paket da für dich?«

»Ja.«

»Und was ist drin?«

»Das werden die Pantoletten sein.«

»Soso.«

»Pantoletten«, erkläre ich, »ein Mischung aus Pantoffel und … äh, keine Ahnung.

»Aha«, erwidert sie, »na ja, solange du keine Schawatte bestellst, ist alles in Ordnung.«

15 Uhr

Die Abholung der Mädchen ist hinsichtlich des Nervfaktors vom Hinbringen kaum zu unterscheiden. Die Mittlere hat mit ihrer Freundin Carla, Entschuldigung, Clara, alle Klamotten, auch die Unterhose, getauscht, was eine neuerliche Umzugsaktion im geräumigen Vorraum des Kindergartens nach sich zieht. Die Kleine hat derweil logischerweise über ihre normale Kleidung den Schlafanzug ihrer großen Schwester gezogen.

Dass ich den ganzen Vormittag frei hatte, hilft in diesem Moment ein wenig. Was? Nein! Noch mal. Dass ich den ganzen Vormittag frei hatte, hilft in diesem Moment wenig. Wie doch das kleine Wort *ein* den Sinn ganz ordentlich verändern kann. Respekt.

15.20 Uhr

Die beiden Prinzessinnen ziehen sich gleichzeitig vorm Planschbecken aus. »Wir machen immer alles das Gleiche«, freut sich die Mittlere. »Wir sind nämlich Zwingelinge!«

»Ah ja.«

»Lässt du mal die Windel an«, bittet meine Frau die Kleine, stößt aber auf taube Ohren.

15.30 Uhr
Die Badesaison ist bereits wieder beendet, da die Kleine eine wasserinterne Stuhlentleerung vorgenommen hat und die übrigen Badegäste die jetzige Wasserqualität so nicht tolerieren wollen.

16 Uhr
Die Kleine kommt mit einer Plastiktüte auf dem Kopf in die Küche und sagt etwas gedämpft: »Du alle Bösen.«

Meine Frau springt auf und reißt sie ihr vom Schädel. »Siehst du, darum möchte ich nicht, dass du dir irgendwo Plastiktüten geben lässt!«

»Deswegen? Ich dachte wegen der Umwelt. Wegen der Meere.«

»Ja, auch. Wo kommt die denn jetzt her?«

»Da waren meine Pantoletten drin.«

»Passen die denn wenigstens?«

»Nein.«

»Dann zieh sie mal schnell wieder aus, wenn du sie umtauschen willst.«

»Ach ja, richtig.«

19.10 Uhr
Die Mittlere hat sich auf dem Weg zum Bettfertigmachen neue Schuhe angezogen. Nein. Sie hat Etuis an. Beuteletuis. Stoffbeutel mit Reißverschluss. Da waren vorher Stifte drin. Sehr schön. Der Reißverschluss ist halb verschlossen am Knöchel. Sieht lustig aus. Bringt uns aber alle im Moment nicht weiter.

19.20 Uhr
Bin ziemlich fertig und lese daher mal wieder nicht alles vor, sondern kürze großzügig ab. »Und was steht hier? Das musst du auch noch vorlesen«, mahnt der Große, bei dem ich immer

wieder vergesse, dass er so langsam lesen und schreiben kann. Blöde Schule.

22.30 Uhr
»Paradox ist, dass man auf alten Bildern immer jünger aussieht«, liest mir meine Frau aus einem Internet-Foto-Blog vor.

»Lustig«, kommentiere ich. »Ich hatte auch neulich eins. Ein Paradoxon. Was war es noch? Ach, ja. Die größte Minderheit.«

»Na ja«, erwidert sie müde.

Greife noch nach einer Elternzeitschrift. »Oder hier«, sage ich. »Familienglück.« Dann schlafe ich ein.

Irgendwann sehr viel später
Ich stehe im Wald und gleite mit einem Kartoffelschäler immerzu über die weiße Rinde einer einsamen Birke. Es ist die einzige Birke weit und breit. An einem Ast hängt ein Schild: ICH BIN EINE BIO-BIRKE.

Da kommt meine Frau mit zehn kleinen, zehn mittleren und zehn großen Kindern vorbei und fragt, wie wir alle von einer einzigen Birke satt werden sollen. Dann gehen sie wieder.

Ich schäle fleißig weiter und sammle die Späne in einem Topf.

Plötzlich taucht Squash-Rainer auf und fragt bohrend: »Du weißt schon, seit wann wir nicht mehr zusammen spielen, oder?«

»Ja«, sage ich, »tut mir leid. Ich melde mich bei dir.« Und weg ist er. Ich will auch weglaufen, aber es geht nicht. Irgendwie geht es nicht.

Der Topf ist voll. Was nun? Schaue mich um. Schaue nach oben in die Birke.

Im Baum sitzen Karla und Andreas und knutschen. Das gibt's doch gar nicht. Die beiden. Ausgerechnet. »Hey, könnt ihr mir mal helfen«, rufe ich ihnen zu und rüttel am Baumstamm. Ohne mit dem Küssen aufzuhören, schüttet mir Karla daraufhin einen Beutel Kamelle auf den Kopf. Ja, vielen Dank auch. Packe die Kamelle aus und werfe sie mit in meinen Topf.

Brauche Wasser. Und Feuer. Versuche wieder wegzulaufen, schaffe es aber nicht. Zwischen den Rindenspänen laufen kleine Tierchen. Ungeziefer wegen Bio-Birke, denke ich. Die Mutter aus dem Mutterblog erscheint, schaut in den Topf, sagt: »Die muss man aber abkochen, die Tierchen«, und verschwindet wieder. Ja, schönen Dank auch.

Was soll ich tun? Sehe, dass in den Birkenstamm ein Radio eingearbeitet ist. Schalte es ein und überlege weiter. Schaue wieder nach oben. Da sitzt Karla noch, schüttelt sich einen Lippenstift aus dem Ohr und beginnt, Andreas zu schminken.

Ich versuche, konzentriert und strategisch sinnvoll die nächsten Schritte zu planen.

Im Radio wird gemeldet, dass ein fünfköpfiger Familienvater seine Sippe mit einem riesigen, benzinbetriebenen Laubwegbläser traktiert hat. Bestimmt ein Versprecher. Müsste doch eher heißen, dass ein fünfköpfiger Familienvater seine Sippe mit einem riesigen Laub*sauger* versucht hat … oder … Oh nein, was ist das? Die alte Frau Schmitz kommt mit einem riesigen Hund auf mich zu. Oder ist es ein Wolf? Nein. Ein Hund. Ein Schäferhund. Natürlich. Das passt. Aber alles andere passt nicht. Denn sie hält in einer Hand die Leine, in der anderen eine Flasche Bier, trägt ein St.-Pauli-Trikot und steht auf einem Long-Board.

»Na, Frau Schmitz, doch noch gar nicht tot?«, frage ich lachend. »Hätte mich auch gewundert. Sie sind doch bestimmt zäh wie Leder, oder? Das Braun steht Ihnen ja ausgezeichnet. Wirklich toll. Wenngleich … wenngleich … wenn gleich meine Kinder kommen, dann stellen Sie das Bier aber weg, ja?« Wortlos, starr und ohne Schwung zu holen, nur vom Hund gezogen, gleitet sie langsam an mir vorbei. Komisch, denke ich. Vielleicht doch schon tot.

Im Radio laufen immer noch die Nachrichten. Und ich höre zu: *Das Unwort des Jahres ist in diesem Jahr das Wort Unwort.* »Sehr gut«, stimme ich zu. *Ein Wort kann niemals ein Unwort im Sinne eines Nicht-Wortes sein, da ein Wort immer ein Wort ist.* »So ist es!« *Ähnlich verhält es sich mit dem Wort Unkraut, dessen diskriminierender Charakter erst durch den korrekten Begriff Beikraut deutlich wird.* »Mein Reden, mein Reden! Oder? Das habe ich schon … hallo, hört ihr mir überhaupt zu? Hört … hört … hört doch mal auf zu Knutschen da oben. Das ist ja ekelhaft. Helft ihr mir jetzt beim Essenmachen?«

»Nicht, solange du dieses T-Shirt anhast«, stellt Andreas in einer Knutschpause klar.

»Was? Ich? Was für ein T-Shirt? Oh. Was steht da?« Ziehe das Shirt aus und lese den Satz: *Lasst mich doch einfach alle in Ruhe.* »Alles klar. Kein Problem. Ist aus«, melde ich, aber da haben sich die zwei Schmusebacken schon wieder ganz lieb.

Versuche erneut, mich langsam vom Baum zu entfernen. Sehe weit hinten bestimmt dreißig Kinder, die einen Clown durch die Wiesen jagen. Ein irres Bild. Und da ist auch meine Frau. Sie steht neben etwas Weißem. Auch eine Birke? Nein, es ist ein Mensch. Es ist … es ist … es ist der Weißkittel Dr. Jäger. Das Schwein. »Hey, du Arschloch! Lass meine Frau in Ruhe«, brülle ich zu ihm rüber, aber meine Stimme klingt merkwürdig dumpf und kläglich.

»Lass gut sein«, beruhigt mich Hekto-Pascal, der aus dem Gras gehüpft kommt. »Der ist harmlos. Und außerdem hat er längst eine andere.«

»Woher weißt du das?«

»Das weiß jeder hier.«

»Aha.«

Jetzt wird der Clown, den ich als Lucky identifiziere, von einem Kind erwischt und zerfällt zu Staub.

Ich gehe zurück zu meiner Birke, wo Karla und Andreas auf

mich warten. »Na, ihr zwei Knutschaffen, Hunger?«, will ich scherzhaft wissen, da packen sie mich an den Armen und fesseln mich an den geschälten Birkenstamm.

»Hey, spinnt ihr? Was soll das?«

»Pass mal auf, du Spacko«, beginnt Karla und fummelt zwei große, runde Schaumstoffwürfel aus ihrem Dekolletee. »Du musst jetzt eine Dreiundvierzig würfeln.«

»Warum?«

»Frag nicht.«

»Aber die sind rund.«

Ich merke, wie sich im Hintergrund langsam meine dreißig Kinder auf mich zubewegen. Sie haben Pistolen in den Händen. Echte Pistolen. Und ihr Kreis wird enger und enger. »Los, würfel.« – »Nein.« – »Würfel.« – »NEIN.«

»Würfel, würfel, würfel!«, rufen jetzt alle Anwesenden im Takt. Ich werfe die Würfel, so hoch ich kann, die Kinder eröffnen das Feuer und schießen Tausende Seifenblasen in die Luft. Dann singen sie von meiner Frau angestimmt *Happy Birthday to you*.

»Überraschung, mein Lieber«, sagt sie, »und alles Gute zum Geburtstag.«

»Danke. Da bin ich aber froh.«

»Das wollten die Kinder so. Eine große Überraschungsparty für den Papa.«

»Das ist aber toll. Das gibt's doch gar nicht. Das habt ihr alles für mich so geplant?«

»Alles!«

»Auch das mit Karla und Andreas?«

»Auch das. Die wollten erst nicht, aber dann haben sie ganz offensichtlich doch Gefallen an sich gefunden.«

»Und Dr. Jäger?«

»War bestellt und ist gekommen.«

»Und die ganzen Kinder?«

»Alles gut verkleidete Komparsen.«

»Irre. Und Hekto-Pascal?«

»Hekto-Pascal? Nein. Der war leider nicht dabei. Aber Reiner habe ich noch mal wieder ausgegraben.«

»Stimmt.«

»Und die alte Frau Schmitz.«

»Wie jetzt?«

»Hast du doch sicher gemerkt, dass das ein Nachbau war.«

»Was?«

»Ich war extra noch auf ihrer Beerdigung und habe ein Foto gemacht.«

»Das gibt es nicht.«

»Nur eine hat sich partout geweigert, mitzumachen.«

»Wer?«

»Die Zoofrau.«

»Ach, nicht schlimm.«

»Dacht ich mir.«

»Du bist wirklich ein Schatz.«

»Ich weiß.«

»Danke.«

»Gerne.«

Freitag, 5. Juni, 8.30 Uhr

Sitze im Café und versuche, nicht an meinen Traum zu denken. Aber es klappt nicht. Karla steht vorm Biomarkt. Ich muss schmunzeln.

9.30 Uhr

Auf dem Nachhauseweg treffe ich Andreas. Muss wieder schmunzeln. »Was ist?«, fragt der, »warum grinst du so?«

»Ach, nur so.«

»Weißt du es auch schon länger, oder was?«

»Was denn?«

»Ich habe das Gefühl, alle wissen schon lange Bescheid, nur ich kriege es wieder als Letzter mit.«

»Was meinst du denn?«

»Steffi, meine Frau. Meine Ex-Frau.«

»Ja? Was ist mit der?«

»Ich weiß jetzt, mit wem die durchgebrannt ist.«

»Nein. Mit wem?«

»Mit unserem Kinderarzt.«

»Wer ist das?«

»Kennst du vielleicht auch. Dr. Jäger.«

»Dr. Jäger. Ja, habe ich schon mal gehört. Fieser Typ, glaube ich.«

»Kann sein.«

»Aber das ist doch gut. Dass du jetzt Bescheid weißt.«

»Findest du?«

»Auf jeden Fall. Mach's gut, Andreas.«

»Jaja.«

15.20 Uhr

Sitzen alle fünfe im Garten. Sauberes Wasser läuft ins Planschbecken. Das Thermometer zeigt 29 Grad. Das wird ein Spaß.

Jetzt zanken sich die Kinder um irgendeinen Quatsch. Ich bin noch immer in der Traumdeutung verhaftet und kann gerade nicht eingreifen. Aber meine Frau weiß Rat.

15.25 Uhr

Ein ordentliches Eis am Stiel für jeden lässt wieder Ruhe Unvernuft einkehren. Entschuldigung. Lässt wieder Ruhe und Vernunft einkehren. Wir kühlen alle ein bisschen runter und schauen uns gegenseitig beim Schlecken zu. Die Sonne brennt. Das Eis schmilzt. Die Kinder lachen. Ich hole Musik.

15.35 Uhr

Ein lustiger Nachmittag nimmt Fahrt auf, denn ich spiele lustige Lieder auf der bluetooth-gesteuerten Lautsprecherbox ab. Jetzt hören wir Helge Schneiders Vogellied *Meisenmann*. Muss an meine Vogelrecherche denken. Die Kinder lachen am meisten über den Schlusssatz: *Wenn hier jemand lacht, der kriegt gescheuert.*

15.45 Uhr

Das Becken ist voll. Alle ins Wasser. Wer will noch ein Eis? ICH, ICH, ICH.

Hole die Kamera und mache mit dem Selbstauslöser ein Foto von uns fünfen, wie wir Eis essend im Becken stehen. Zeige meiner Frau das Bild im Display. Alle sind drauf. Im Vordergrund läuft Hekto-Pascal vorbei. Im Hintergrund steht unsere Birke. Aus der Box klingt das Lied *Sommer* von Dota Kehr. Es beschreibt einen ganz normalen Sommertag am See. Mit der Schlusszeile, die sich mir beim Anblick meiner liebsten Rasselbande unausweichlich ins Herz brennt:

… und ich will nie wieder glauben,
Glück sei irgendwie anders und irgendwie mehr.

Ende

Nachwort

Das bisher Niedergeschriebene hat sein Fundament oft in einer wahren Begebenheit. Darauf aufgebaut, folgte dann eine fantasievolle Ausarbeitung der Szenerie. Oder es ist genau umgekehrt. Diese allerletzte Anekdote ist tatsächlich die einzige, welche exakt so geschehen ist wie hier notiert.

Die Ausgangslage:
Der finale Satz ist geschrieben, der äußerste Punkt ist gesetzt, die Änderungen sind gespeichert. Ein gutes Gefühl. Da wird auch schon das bestellte Abendessen hereingetragen. In Absprache mit bzw. auf Anraten meiner Frau, habe ich die letzte Woche der Schreibarbeit in einem romantischen Waldhotel im kölnnahen Bensberg verbracht, um konzentriert und effektiv mein erstes zusammenhängendes Werk zu vollenden. Tolle Idee. Sommer, Sonne, Wald und Mangold heißen die Rahmenbedingungen für diese entscheidenden Tage. Das während der Neunzehn-Uhr-Nachrichten eingenommene Mahl hat alles, was der zu belohnende Körper verlangt. Es ist üppig und fettreich.

Um halb acht durchfährt mich der unbedingte Wunsch nach dunkler Schokolade. Ja, herzlichen Glückwunsch. Das Hotel hat nur Kekse, das weiß ich bereits, und deshalb begebe ich mich erstmals in die nähere Umgebung meiner Unterkunft, um einen ortsansässigen Süßwarenanbieter aufzustöbern. In kurzer Hose und mit Schiebermütze, durchkreuze ich die gar nicht mal so schöne City des kleinen Städtchens, doch ein Kiosk oder etwas Ähnliches ist nicht zu finden. Ich beschließe, an der Bar des nächsten gastronomischen Betriebes einen Schnaps zu trinken, um als Belohnung für die Einkehr einen Insidertipp für mein heißes Verlangen zu bekommen. Und so betrete ich einen italienisch anmutenden Laden, steuere zielorientiert die Theke an und bestelle aufgrund der griechisch riechenden Speisen, die an mir vorbeigetragen werden, einen Ouzo. Keine zwei Sekunden später steht der kalte, klare Anisschnaps auf dem rustikalen Tresen. »Oh, das geht aber schnell hier«, sage ich anerkennend.

»Die haben wir immer schon vorbereitet«, entgegnet der blonde Kellner mit einem holländischen Akzent. Bin etwas verwirrt und stürze das Gläschen herunter.

»Noch einen, Herr König?«, fragt der Blondling, was ich nickend bejahe.

»Was kostet denn einer?«, will ich wissen.

»Ouzo geht immer aufs Haus«, sagt er schmunzelnd.

»Aha«, erwidere ich, »ich wollte ja gar nichts anderes, das ist ja dann vielleicht ein bisschen komisch. Nicht, dass Sie denken, ich würde hier nur …«

»Herr König. Ma' keine Bange. Et waren schon viele Prominente hier.«

»Ja?«

»Ich meine, richtige Prominente.«

»Wer denn?«

»Der Robbie Williams war hier. Der Henry Krautmacher.«

»Ach.«

»Ist also nichts Besonderes für uns.«

»Nein, das wollte ich ja auch gar nicht …«

»Nehm' Sie noch ein'?«

»Von mir aus.«

Gut, dass ich von dieser Gastfreundschaft um die Ecke erst jetzt erfahre, denke ich nach dem vierten Ouzo und bemerke ein zunehmendes Getuschel um mich herum. »Ich bin ja eigentlich nur hergekommen«, setze ich an, »um zu fragen, ob es hier in der Nähe …«

»Herr König«, unterbricht mich da ganz offensichtlich der griechische Chef des Ladens, der irgendwie gar nicht griechisch aussieht.

»Mensch, schön, dass Sie mal hier sind. Was verschlägt Sie denn her? Machst du uns zwei Ouzo? Ich sehe Sie so gerne. Äh, äh, äh, ja, ja, hallo erst mal, ich lache mich jedes Mal schlapp. Wirklich toll. Prost.«

»Prost. Ich bin eigentlich nur hier, weil ich fragen wollte, wo ich hier in der Nähe eine Tafel Schokolade herbekomme.«

»Hahahahaaaaaa, das ist gut. Sie sind ja auch privat lustig. Sehr, sehr gut.«

»Nein, im Ernst. Ich wohne hier um die Ecke im Waldhotel und wollte nach einem deftigen Abendessen einfach nur schnell noch am Kiosk oder wo Schokolade kaufen.«

»Okay. Machst du uns noch zwei? Okay. Ja, im Ernst. Ich kenne das. Prost. Wenn man noch ganz dringend was Süßes braucht.«

»Ja, oder?«

»Was für Schokolade mögen Sie denn?«

»Dunkle! Mit Marzipan drum oder Pfefferminz oder ohne, egal, Hauptsache …«

»Okay. Warten Sie. Sie bleiben hier. Ich kümmere mich.«

»Aber ich würde ja auch selber …«

»Ist zu weit. Warten Sie hier.«

»Noch einen Ouzo für Sie?«

»Nein. … Ja, doch. Einen letzten.«

»Nehmen Sie doch ein Bier dazu, dann dauerts länger.«

»Überredet. Sie sprechen aber gut deutsch«, sage ich zum Zapfer, »dafür, dass Sie Holländer sind.«

»Ja, danke. Das stimmt. Ich bin 'ne Fritte.«

»Guten Tag, Herr König«, kommt wieder ein neuer Herr dazu.

»Hallo, 'n Abend.«

»Machst du uns zwei Ouzo?«

»Jau.«

»Ich hab Sie ja gleich erkannt.«

»Ja?«

»Ja, meine Frau sagte noch: Guck mal, kennste den? Aber sie wusste gar nicht, wer Sie sind. Aber mir war ja sofort klar … Prost.«

»Prost.«

»Ich will Sie auch gar nicht lange aufhalten.«

»Gut.«

»Sie wollen ja schließlich auch Ihre Ruhe haben.«

»Ja, ja.«

»Ihr Privatleben.«

»Genau.«

»Aber für mich sind Sie ja nichts Besonderes.«

»Nein?«

»Nein. Hier waren schon viele Prominente.«

»Ja?«

»Ja klar. Die wohnen immer oben im Schlosshotel.«

»Aha.«

»Wo wohnen Sie denn gerade?«

»Unten. Im Waldhotel.«

»Sehen Se. Das mein ich. Jeder so, wie er … möchte.«

»Ich nehm noch einen.«

»Der Robbie Williams war schon mal hier.«

»Ich weiß. Und der Henry Maske.«

»Ja? Das weiß ich jetzt gar nicht.«

»Prost.«

»Prost. Aber um auch mal auf Ihr …, äh, Level zu kommen, der Profitlich war mal hier.«

»Aha.«

»Ich bin ja eigentlich Polizist.«

»Soso.«

»Und ich war auf Streife, da fährt plötzlich einer durch die Fußgängerzone.«

»Nein!«

»Doch.«

»Der Profitlich!«

»Genau. Der wollte zum Kino.«

»Gibt's doch nicht.«

»Doch. Und da hab ich zu ihm gesagt: Ja, was machen Sie denn hier? Das geht doch nicht. Und da sagt er: Ja, ich wollte zum Kino. Da hab ich gesagt: Aber hier ist Fußgängerzone. Da sagte er: Das tut mir leid, das hab ich nicht gesehen. Und ich zu ihm: Herr Profitlich. Ich hab Sie doch längst erkannt. Passen Se auf. Wir machen es so: Ich kriege ein Selfie mit Ihnen, und schon ist die Sache vergessen. Er meinte: Okay. Und das war's auch schon.«

»So funktioniert das hier.«

»Na klar. Und der Robbie Williams, lief hier zu Fuß vom Schloss runter mit seinen Bodyguards und wollte unbedingt noch ein Eis essen.«

»Interessant.«

»Und ich war auf Streife und wusste das natürlich.«

»Klar.«

»So was kriegen wir immer durchgesagt.«

»Ja.«

»Also bei den richtig Prominenten.«

»…«

»Und dann hatte ich ihm gezeigt, wo es das beste Eis gibt.

Dann hat der noch Fotos gemacht und am Schluss ganz groß auf der Motorhaube vom Streifenwagen unterschrieben.«

»Toll. Nichts für ungut, aber … ich muss dann jetzt auch.«

»Jan? Machst du uns noch zwei?«

»Ja.«

»Herr König, ganz kurz: Können wir ein Foto machen?«

»Vorher?«

»Wie, vorher?«

»Na, bevor ich was ausgefressen habe?«

»Ja, bitte.«

»Okay, aber dann darf ich auch demnächst mit meinem Wagen direkt zum Kino fahren.«

»Aber klar. Kommen Se. Ach so. Erst mal: Prost.«

»Prost.«

»Kannst du das machen, Jan?«

»Mach ich.« Beim Rauswanken drückt mir noch der Chefe drei Tafeln feinste Edelbitterschokolade in die Hand.

»Hier, Herr König. Hab ich von dem Konfisuerei gegenüber. Der hat extra noch mal aufgeschlossen.«

»Das ist aber nett.«

»Dafür kriegt der ein Foto.«

»Och, nö.«

»Hab ich ihm extra versprochen.«

»Na gut.«

»Danke, Herr König. Einen Ouzo noch?«

»Auf gar … auf jeden Fall.«

»Super. Sie sind echt korrekt.«

Und so entstand auf dem Höhepunkt der europäischen Griechenlandkrise in trauter Eintracht mit einem holländischen Kellner, einem deutschen Polizisten und einem griechischen Schokoladendealer in einem Kölner Vorort dieses wirklich wahre Nachwort.